鲁班文化与工匠精神

谷道宗 王光炎 等 编著

清华大学出版社
北京

内 容 简 介

本书梳理了历代典籍文献中关于鲁班及工匠文化的记载,将鲁班文化的产生和传承进行归纳整理,对中华优秀传统文化中工匠精神的形成及发展进行了溯源与分析,甄选了十位当代典型的大国工匠和六个大国重器科研攻关典型案例。在民族复兴的伟大实践中,从学校、企业、社会3个层面,提出传承鲁班文化、弘扬现代工匠精神、培养具有"匠心、匠气、匠技"的新时代工匠人才的途径。本书内容共六章,包括百工圣祖、匠人智慧、善国双圣、工匠精神、大国工匠、匠心筑梦。

本书是教师团队深入研究鲁班工匠文化的通识课程教材。本书可以作为青年学生和鲁班文化爱好者的知识读本,也可以作为工科类、人文历史类专业学生的工匠精神教育、鲁班历史文化的拓展选修教材。

本书封面贴有清华大学出版社防伪标签,无标签者不得销售。

版权所有,侵权必究。举报:010-62782989,beiqinquan@tup.tsinghua.edu.cn。

图书在版编目(CIP)数据

鲁班文化与工匠精神/谷道宗等编著.—北京:清华大学出版社,2021.8(2023.7重印)
ISBN 978-7-302-58431-5

Ⅰ.①鲁… Ⅱ.①谷… Ⅲ.①公输般(约前507年—前444年)-生平事迹-学习参考资料 ②职业道德-学习参考资料 Ⅳ.①K826.16 ②B822.9

中国版本图书馆CIP数据核字(2021)第115124号

责任编辑:杜 晓
封面设计:常雪影
责任校对:刘 静
责任印制:宋 林

出版发行:清华大学出版社
网 址:http://www.tup.com.cn,http://www.wqbook.com
地 址:北京清华大学学研大厦A座 邮 编:100084
社 总 机:010-83470000 邮 购:010-62786544
投稿与读者服务:010-62776969,c-service@tup.tsinghua.edu.cn
质量反馈:010-62772015,zhiliang@tup.tsinghua.edu.cn
印 装 者:北京博海升彩色印刷有限公司
经 销:全国新华书店
开 本:185mm×260mm 印 张:17.5 字 数:239千字
版 次:2021年8月第1版 印 次:2023年7月第2次印刷
定 价:68.50元

产品编号:091625-02

鲁班文化系列丛书
编委会

主 任 委 员：侯同运　谷道宗
副主任委员：杨　琼　孔德丰　王光炎　贾　佳
编 委 成 员：郭　勇　程茂堂　胡　燕
　　　　　　王　艳　姚洪文　于　淼

本书编委会

郭　勇　程茂堂　胡　燕　王　艳
姚洪文　于　淼　谷道宗　王光炎

前言 PREFACE

恩格斯在《劳动在从猿到人转变过程中的作用》中强调，真正的劳动是从制造工具开始的。这充分说明，工匠几乎是伴随人类的历史出现的。人类早期制造工具是出于辅助劳动的目的，最初将木头、石块、动物的骨头等天然材料通过加工制作成工具，这是手工艺的雏形，它使人类迈出由猿到人的关键一步。随着人类社会不断的发展进步，工具制作的工艺不仅日益精湛，而且不断满足人类精神层面对美的追求，从凿磨石器工具到雕制玉器，从粗陋的陶器到精美的瓷器，技艺不断精湛，工匠也就出现了。

在古代，所有从事手工技艺的人统称为匠人，如木匠、石匠、铁匠、铜匠、泥瓦匠等。荀况在《荀子·儒效》中说，"人积耨耕而为农夫，积斫削而为工匠"，意思是说，长期从事农业生产的人为农夫，长期使用斧头等工具的人为工匠。《周礼·考工记序》："审曲面势，以饬五材，以辨民器，谓之百工。"百工造物，造物之材，取自自然（五材即石、土、木、金、革），匠人要充分了解自然物材的形状、性能，并根据材料本身的性状，施加人工，制为器物，并为百姓所用，是百工的职责所在，对工匠从理论知识和技艺技能两个方面提出了很高的要求。早在春秋时期，各种手工艺制作已经形成一定的规模，鲁班则被世人推崇为"百工圣祖"。随着工业文明时代的到来，现代工艺已经取代了手工艺，当今社会是机械技术工艺和智能技术工艺的时代，技艺水平的不断发展标志着人类科技文明的进步。而学习鲁班文化、传承鲁班精神、永远是培养匠心、涵养匠气、精研匠技的内核所在。

进入后现代工业社会，传统技艺工匠逐渐淡出人们的生活，取而代之的是机械技艺和智能技艺，工匠以新的面貌出现在各行各业中，这就是现代工业领域里的新型工匠——机械技术工匠和智能技术工匠。随着"中国制造2025"国家制造行动纲领的提出，我国要成为世界制造强国，面临着从"制造大国"向"智造大国"的升级转换，直接影响工业水准和制造水准全面提升的就是精湛的技艺技能。因此，更需要将中华优秀传统文化中所深蕴的工匠文化在新时代条件下发扬光大，鲁班文化及其体现出的精益求精的工匠精神就是传统工匠文化不可或缺的重要组成部分。

山东省滕州市有着传承了7300年的"北辛文化"，古为"三国五邑之地、文化昌明之邦"，是世界级科技巨匠墨子、鲁班、奚仲的故里。因此，发扬光大鲁班文化责无旁贷。本着"挖掘、开发、研究、普及、传承"鲁班文化与工匠精神的原则,2017年"鲁班文化与现代工匠精神研究"课题组成立,2018年3月此课题被立项为山东省高等学校人文社会科学研究计划项目(项目编号:J18RB034),经过两年多的研究,形成了一批丰硕的研究成果,本书便是研究成果之一。

本书包含6个方面的内容:第一章是百工圣祖,系统梳理了历史文献典籍中对鲁班其人其事的记载,真实还原鲁班其人其事,力求呈现一个真实的鲁班形象;第二章是匠人智慧,以中华传统文化的传承与创新为切入点,着重阐述"匠人智慧"的精神实质与核心内涵,全面分析"匠人智慧"的起源、发展及同中华历史文化的内在关联,让读者感受我国古代劳动人民的伟大智慧和中华民族所创造的璀璨文明;第三章是善国双圣,国学大师季羡林先生称"墨子鲁班,善国双圣",主要阐释了鲁班和墨子文化的内涵及传承、鲁班精神的实质和墨子思想的价值取向;第四章是工匠精神,论述了新时代工匠精神提出的重要意义、现代工匠精神的内涵、创新文化与工匠精神的内在关系;第五章是大国工匠,介绍了工匠精神在我国的薪火相传、传承和发扬,甄选了十位当代典型的大国工匠和六个大国重器的科研攻关过程,诠释了新时代工匠精神在凝聚我国智慧中的重要作用;第六章是匠心筑梦,从教育、企业、社会3个层面探讨了工匠和工匠精神的培养模式、培养方法和路径。

我们虽然在这一领域的研究具有得天独厚的条件,但是才刚刚起步。这些研究不可避免地会存在缺憾,现将本书呈现给广大读者,也希望得到更多的专家学者批评、指正,以使我们在今后更加广泛、深入的探究中更加严谨、完善。

在本书的编写过程中,参阅了大量的文献资料,在此向提供这些研究资料的专家学者致以衷心的感谢!有些文献资料由于各种原因,无法与作者取得联系,也请作者能主动与我们联系,以向您表示诚挚的谢意。在此也向清华大学出版社的编辑致以崇高的敬意,他们以精益求精的态度对书稿反复校核修改,这是工匠精神真正的体现。

王光炎
2021年3月7日

目录 CONTENTS

第一章 百工圣祖

第一节 先师鲁班 004
一、鲁班其人 004
二、历史记载 008
三、鲁班工巧 019

第二节 鲁班的传说 021
一、师圣之说 021
二、工匠之说 026
三、神仙之说 032
四、戏趣之说 039
五、讽褒之说 040

第三节 鲁班的贡献及影响 041
一、鲁班发明与创造 041
二、鲁班字、鲁班造像、鲁班庙 052

第二章 匠人智慧

第一节 "匠"字的起源 057
一、"匠"字释义 057
二、与"匠"有关的成语 060
三、"匠意""匠心""哲匠" 062

第二节 我国古代的匠人智慧 064
一、匠人起源 064
二、工匠智慧 069
三、文化匠人 073

第三节　匠人信仰　　075
一、工匠含义的演化　　075
二、百工释义　　076
三、技艺与技术　　077
四、传统"工匠"的基本特征　　078
五、百工的演化　　079

第四节　匠人智慧的精神内涵　　090
一、敬业　　091
二、精益　　094
三、专注　　097
四、创新　　100

第五节　匠人精神与我国古代科学技术的发展　　103

第三章　善国双圣

第一节　鲁班精神　　114
一、执着坚韧、持之以恒的探索精神　　115
二、求实与创新的科学精神　　119
三、精益求精、发明创造的工匠精神　　119
四、无私奉献、爱岗敬业的劳模精神　　121
五、紧密联系实践的务实精神　　122

第二节　墨子思想　　124
一、墨子在技艺的应用问题上尤其注重实用性　　125
二、墨子始终保持以人为本的人文关怀精神　　125
三、重效益、讲实用是墨子思想最重要的价值取向　　126

第三节　班墨文化　　126
一、班墨文化的时代特征　　127

二、班墨文化的基本内涵　　129

　　三、班墨文化的担当与传承　　131

第四章 工匠精神

第一节 工匠精神是时代发展的呼唤　　137
　　一、工匠精神重新提出的背景　　137
　　二、工匠精神的内涵及其演变　　142
　　三、工匠精神的价值体系　　144

第二节 现代工匠精神的内涵　　146
　　一、鲁班工匠精神的现代阐释　　146
　　二、新时代中国特色工匠精神的基本内涵　　148

第三节 工匠精神与创新文化　　153
　　一、创新文化的含义　　153
　　二、企业创新文化　　154
　　三、工匠精神和创新文化的关系　　155
　　四、创新文化与工匠精神在现代企业应用中的基本遵循　　157

第五章 大国工匠

第一节 薪火相传　　161
　　一、发扬光大　　161
　　二、继往开来　　163
　　三、时代呼唤　　167

第二节 大国工匠　　170
　　一、火箭"心脏"焊接人高凤林　　170
　　二、"一枪三焊"破解复兴号"腿脚"难题的李万君　　172

三、超高精度装配人夏立　176
四、特高压带电作业"刀锋上的舞者"王进　180
五、核燃料操作、修复工乔素凯　182
六、为祖国石油事业"死磕"到底的谭文波　187
七、我国先进发动机精密修复工王树军　191
八、定向钻探技术的颠覆者朱恒银　196
九、激光器与核武器精密加工者陈行行　199
十、壁画修复保护第一人李云鹤　202

第三节　大国重器　204
一、"复兴号"引领中国速度　205
二、"国产航母"镌刻中国力度　207
三、"蓝鲸1号"标注中国深度　208
四、"运-20"飞出中国高度　209
五、中国"天眼"深探苍穹　211
六、北斗导航，太空的引路者　213

第六章　匠心筑梦

第一节　在现代职业教育中弘扬新时代工匠精神　219
一、产教融合，校园文化——弘扬新时代工匠精神的新举措　220
二、劳模工匠进校园——以工匠精神创新劳动教育的新模式　223
三、世界技能大赛——展现工匠精神的新舞台　226
四、鲁班工坊，承载传递——助力工匠精神走出国门　230

第二节　在企业发展中践行新时代工匠精神　234
一、工匠精神，发展之道　236
二、创建示范创新工作室，弘扬劳模精神　239
三、向世界学习工匠精神　250

四、培养中国的工匠精神 252

第三节 在社会环境中培育新时代工匠精神 256

一、社会保障不断完善 256

二、社会地位不断提升 257

三、激励制度的有效实施 258

四、充分发挥工会组织的作用 259

五、社会文化的建设 262

参考文献 265

第一章 百工圣祖

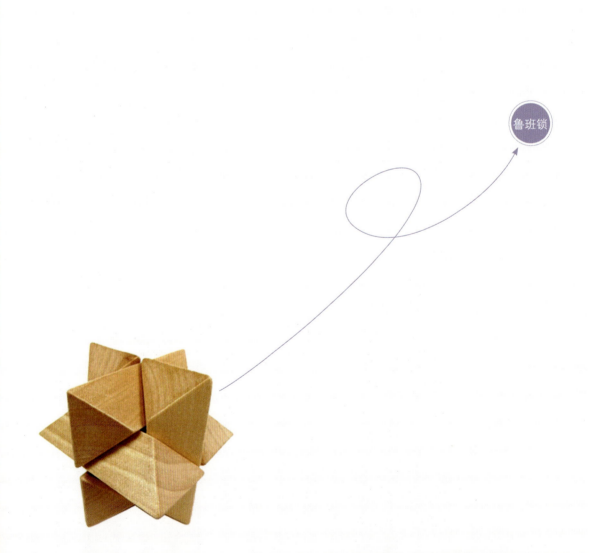

鲁班锁

第一章　百工圣祖

鲁班，姓公输，名般，又称公输子、公输盘、班输、鲁般（古时"般"和"班"同音通用，故人们常称为"鲁班"）。鲁班约生于周敬王十三年（公元前507年），卒于周贞定王二十五年（公元前444年），鲁国（今山东滕州）人。鲁班是我国古代一位出色的发明家和技术家。

鲁班像

春秋战国时期是我国从奴隶制社会向封建制社会过渡的社会大变革时期。铁制农具的使用和牛耕的普及等诸多生产力的提高，使井田制逐渐瓦解。生产工具及生产方式的变革，为工艺技术的提高创造了条件。战国以前，工匠们一直从事着原始、繁重的劳动。鲁班创造出许多灵巧实用的工具，一定程度上让匠人们从高强度、高难度的生产劳动中解脱出来。长期以来，他一直被木工、石工、泥瓦匠等尊奉为"祖师"，"鲁班"这一名字成为我国古代劳动人民智慧的象征。人们将鲁班传颂得出神入化、无所不能，这既表达了民间百姓、百工匠人对他高超技艺的崇拜，也寄托了历代工匠改进生产技艺，力图征服自然、改造世界的愿望。

鲁班的传说自形成以来，多是在业内或师徒之间以"口传心授"的形式呈现，其间经历了无数次的加工和再创作。他的发明创造及扶贫济困的故事至今仍在民间流传。鲁班的传说大多有遗迹或行迹作为载体，比如祠庙、坟茔、地方风物及有其参与的工程等，这些遗迹遍及全国乃至海外地区。这些遗迹、遗产极大地促进了鲁班文化的形成和传播，使"巧圣"鲁班的形象得到不断丰富和发展，历久弥新、深入人心。

历史上真实的鲁班是一个跨学科、跨行业的复合型人才，是一个勤劳不息、刻苦钻研、勇于实践、善于发明、不断创新的科技巨人。他发明的飞鸢成为人类征服太空的首创；他发明的云梯、钩拒及其他军事器械促进了我国古代军事科学的发展。此外，他还有很多工具、工艺方面的创造与成就。鲁班是诸多行业的奠基者，是我国古代名副其实的"百工之祖"。正如孔子、孟子、墨子、孙子等众多历史人物一样，鲁班也是根植于人们心中、影响深远的伟人。因此，研究鲁班文化是发掘、探究我国古代科技史不可或缺的组成部分。以鲁班为代表的我国古代的能工巧匠，创造出众多影响人们生活、促进社会进步、改变世界面貌的科技发明。这些创造及其包含的文化内涵值得我们去研究、探索、传承，从而永无止境地向着宏伟的科技殿堂迈进。

第一节 先师鲁班

一、鲁班其人

鲁班出生于我国的春秋战国之际，由奴隶制社会向封建制社会过渡的时期。战国以前社会阶级划分为贵族和奴隶，并世代相传。到战国时期，由于井田制的瓦解，封邑制转为俸禄制，贵族随之没落下去。奴隶得到解放，成为小自耕农，并具有独立的经济地位，使社会生产力进一步发展。

经济的发展又和生产工具、技术改进有着密切的联系。当时，生产工具方面所出现的重大历史性变革，主要是铁器的出现和广泛的使用。在青铜器时代，铜工具往往和木、石、骨、蚌制成的工具并存。而到了战国时，不仅木、石工具逐渐消失，就是青铜工具也日益减少，锐利而坚固的铁工具的大量使用，如锯、凿、钻、斧、锛、刀等，极大地提高了人们征服自然和改造自然的能力。对此，李约瑟在《中国科技与文化》中说："在文艺复兴前和文艺复兴期间，中国在技术发展所产生的影响占支配地位……古代和中古时期，默默无闻的中国工匠对世界的贡献要远比亚历山大时期的力学家和能言善辩的理论家多得多。"生产力的不断提高必然促进生产关系的改变。当时王室没落、诸侯纷争，社会思想活跃，各阶级、各阶层、各行业都出现了很多闻名于世的杰出的人物，如孔子、孟子、墨子、庄子、管子、公输子等。班固《汉书·艺文志》中称为"九流十家"：儒家、道家、阴阳家、法家、名家、墨家、纵横家、杂家、农家为九流，加上小说家为十家。其中大部分是思想家、政治家。但无疑，鲁班作为科技发明的领军人物，深深地影响着后人。

（1）鲁班原名公输般，并被称"子"，缘于鲁国公室宗亲。把公输和家人记载在一起的典籍共有四部。

① 《孟子·注》，是东汉经学家赵岐注释《孟子》的专著。他对《离娄上》篇"公输子之巧"的注是"鲁班，鲁之巧人也。或以为鲁昭公之子"。

灵山彩虹

② 明《鲁班经》，开篇记述："师讳班，姓公输，其父讳贤，母吴氏……生于鲁定公三年"，"十五岁，忽幡然，愤诸侯僭称王号，志在尊周而计不行"，"注意雕镂刻画，欲令中华文物焕然一新"。

③ 《康熙字典》引《文选·张衡〈西京赋〉》注："般，与班同。鲁般，鲁哀公时巧人。"

④ 《礼记·檀弓》，记载："季康子之母死，敛，般请以机封下葬。"

从以上记载和注释不难看出，鲁班成长为巧人的前半生是与鲁国的鲁昭公、鲁定公、鲁哀公和季康子"三公一卿"紧密相连的。

知识链接

《史记》中记载："鲁起周公至顷公，凡三十四世。"鲁昭公系鲁国23代君主，公元前542年即位。当昭公在位25年时，因"斗鸡事件"引起公卿战争，他的权相季平子联合孟孙氏、叔孙氏三桓军队打败昭公，昭公带领亲眷和大臣等外逃齐晋长达7年之久，后死于晋。按当时周制，本应由太子衍继承君位。但季氏家族强势推昭公之弟定公主政，后即位。《谷梁传》对此专有记载："昭无正终，故无正始。不言即位，丧在外也。先君无正终，则后君无正始也。"由此分析，鲁班应出生在昭公死之前后，公元前509年或公元前510年，比《鲁班经》记"生于鲁定公三年"早了两年，这可能与《谷梁传》所记"后君无正始"有关。

《鲁班经》中说"师鲁班，母吴氏"。《左传·哀公十二年》记载："春秋时通行以孟（伯）、仲、叔、季排行加在姓名前作称呼（后成为姓氏）。如鲁昭公夫人本为吴国人，姬姓，因讳同姓通婚不称吴孟姬，而称吴孟子。"由此来看，鲁班母亲姓吴是有据可查的。联系《左传》关于"公赐公衍羔裘，使献龙辅于齐侯，遂入羔裘，齐侯喜"，和鲁国战乱开始，昭公把太子公衍安置于齐国，是因昭公母为齐归的记载。昭公外逃末期，把已孕的吴孟子或刚出生的鲁班和其母安置于距吴国最近的鲁之属国小邾国，类似安置太子。而鲁班也正因为从幼年就生活于工业技术先进的"百工之乡"，才学成巧匠。这也与《鲁班经》中鲁班"愤诸侯僭称王号，志在尊周"的身份相吻合。

《康熙字典》引《文选·张衡〈西京赋〉》注："鲁般，鲁哀公时巧人"。鲁哀公是定公之子，定公为昭公之弟，鲁班与鲁哀公是叔伯兄弟。《礼记·檀弓》记载"季康子之母死"之季康子，是哀公的正卿，鲁桓公后裔。鲁班与季康子也是同宗同族。鲁国是一个尊礼重孝的国家，鲁班参加季康子母亲的下葬仪式是遵守周礼鲁制。再从鲁班年龄推算，他是鲁哀公时巧人，定公在位15年，哀公在位27年，共42年，正符合他成长为巧人和能在葬礼上请以"机封"的年龄。鲁哀公也是被季氏打败逃亡后死的，他儿子悼公即位后，"鲁如小侯，卑於三桓之家"（《史记》），鲁班也出游楚国，所以从此典籍中也不再有鲁班与鲁国公卿之间活动的记载。

（2）公输复姓的形成源于周，循于鲁。

从《左传》《礼记》等典史中收集到的资料知道鲁昭公有三位夫人和公衍、公为、公禺、公输四个儿子，同时清晰地看出鲁昭公下一代复姓的形成。《左传·昭公二十九年》（公元前513年）记载：公衍与公为快出生时，两位母亲住在产房里，衍比为早生三天。公为的母亲欲给儿子争嫡，哄骗衍的母亲等待她的孩子出生后"相与偕告"，但她却晚生早报，阴谋得逞。后被揭露，昭公"乃黜之，而以公衍为太子"。昭公死，定公即位后，封昭公长子公衍为公爵。当时公衍因战乱居齐，从此未归鲁。昭公还有一子公禺出现在《礼记·檀弓下》中。

班母班妻

公输复姓与鲁国王室其他成员姓氏的形成一样，皆源于周循于鲁。周，姬姓。周灭商后进行封国，被封者有同姓也有异姓，鲁国属于同姓封国，鲁国王室成员亦姓姬。《史记·鲁周公世家》记载："周公卒相成王，而使其子伯禽代就封于鲁"，为鲁国国君。按周制，后世君主均以封国为姓称鲁某公、诸侯公卿均由嫡长子继承，受封的诸侯以国为氏（姓），卿大夫可以受封的邑名、受封的官名或以祖先的字或谥号为氏（姓），也可以伯、仲、孟、叔、季为氏（姓）。鲁国王室遵循周制，形成自己的姓氏。鲁昭公名裯，是以封国为姓。其长子未能继承君位只能以定公封号"公"冠名衍为复姓公衍，公输般显然是从兄也以封号"公"冠名复姓公输。史料记载，在公输班的后裔子孙和弟子中，有的从先祖复姓"公输"，有的简姓"公"，也有的以"鲁"或"班"为姓相传至今。

从打败昭公的季平子家族姓氏演变也可鉴证鲁国王室姓氏之特点，鲁国传至第16代鲁庄公时，"庄公有三个弟弟，长曰庆父，次曰叔牙，次曰季友"。《史记》记，庆父原名仲孙，因避讳与庄公伯仲相称，改为孟孙，他们的后裔便分别以孟、叔、季为姓。传到22代襄公，季文子也就是季康子先祖为相。正是襄公在位时鲁国"取邾田，自漷水归之于我。"（《左传·襄公·襄公十九年》），小邾国才成为鲁国的属国。"襄公卒，立齐归之子为君是为昭公"。昭公在位时小邾国国王曾多次至鲁朝贡，所以才有鲁班被安置于小邾国，后来成为故里的可能。

（3）孟子、墨子称公输为"子"是对鲁班表示尊敬。

赵岐在《孟子注·题辞》中对"孟子"的注释："邹人也，名轲。邹本春秋邾子之国"，"或曰鲁公族孟孙之后"。《孟子世家》也载：孟子的十二世祖为鲁桓公之子"桓公生庄公"，次庆父、叔牙、季友后称"三桓"，"庆父初称仲孙，后更称孟孙，子孙因以孟为姓"。这样看来鲁桓公是孟子的世祖，鲁昭公是鲁班的父亲，鲁班生于公元前507年左右，孟子生于公元前372年，相隔130余年。《孟子世家》记载孟子在49岁时，滕国国君滕文公曾礼聘他到滕国"馆于上宫"，60岁前先后两三次到滕国及薛国考察，住了两三年。当时滕国国土面积"绝长补短将五十里"，小邾国与滕国山水相连，鲁班长时间生活在小邾国与滕国。孟子著书是在70岁左右，由此可知，孟子是在公输离世后121年来小邾国和滕国考察，听闻鲁班之巧，创新发明磨等工具，对社会及人民作出了贡献，受到人民的爱戴。主张"民贵君轻"的孟子，才怀着崇敬之心，称这位同族先辈为"子"。而墨子则是鲁班同时代同乡，又比公输小30岁左右，他称"子"也应是知道鲁班历史背景的。《辞源》对"子"的注释："古代对男子的尊称，如孔子、墨子、老子、季文子。"由此来看，当时公输般也和季文子、季平子、季康子等一样同为诸侯之后代，都能称"子"。

《说文解字》说"史，记事者也。凡史之属，皆从史。事，从史。"沿着鲁国"三公一卿"界标，把鲁班出生作为起点，一直追溯到他与墨子演绎止楚攻宋的故事为止，从中不仅探索到他与"三公一卿"的血缘关系、兄弟复姓的渊源，并且以他成长的年龄和重要人物进行有序排列，相互对照，初步厘清鲁班这位巧人的身世，筑成他一生70余年的成长大道。特别是发现鲁班贵为鲁国的王子，在重士轻工时代，能毅然调整志向，潜心学习匠工技术，做到一专多能、精益求精、敬业创新、乐于助人，一生都在从事有益于人民、有益于社会的事业，被誉为"百工祖师"，名垂千古，体现出一个工匠的价值。

二、历史记载

鲁班作为中华民族最具影响的行业信仰神，在先秦文献中多有记载。《礼记·檀弓下》有"公输般"，《墨子·鲁问》及《墨子·公输》则是对"公输般"最详细的记载。在《墨子·鲁问》中，更是称他为"公输子"，由此可知，公输般在当时的上层宫廷也是很受人尊敬的。其后在《孟子》《吕氏春秋》《战国策》中，都有对于公输子的记载，但大体内容不超过《墨子》记述的范围。至汉代典籍《淮南子》《盐铁论》《论衡》均以巧匠的身份描述公输般，特别是《淮南子》首称公输子为"鲁般"（"般"通"班"）。

以下为部分典籍中关于鲁班的记载。

《礼记·檀弓下》

【原文】季康子之母死,公输若方小,敛,般请以机封,将从之,公肩假曰:"不可!夫鲁有初,公室视丰碑,三家视桓楹。般,尔以人之母尝巧,则岂不得以其母以尝巧者乎?则病者乎?噫!"弗果从。

_____

_____

_____

_____

【译文】季康子的母亲去世了,年幼的公输若作为匠师主持下葬,公输般建议用他新设计的机械来下棺。主人正要答应时,公肩假却说:"不行!下棺的工具鲁国有先例。国君比照天子,使用四块丰碑;仲孙、叔孙、季孙三家比照国君,使用四根木柱。般!你用别人的母亲来试验你的技巧,难道是不得已吗?如果你不借此机会来试验你的技巧,就会感到难受吗?你怎么这样不懂礼呢!"最终没有按照他的建议办。

《墨子·鲁问》

【原文】昔者楚人与越人舟战于江,楚人顺流而进,迎流而退,见利而进,见不利则其退难。越人迎流而进,顺流而退,见利而进,见不利则其退速。越人因此若势,亟败楚人。公输子自鲁南游楚,焉始为舟战之器,作为钩强之备,退者钩之,进者强之,量其钩强之长,而制为之兵。楚之兵节,越之兵不节,楚人因此若势,亟败越人。公输子善其巧,以语子墨子曰:"我舟战钩强,不知子之义亦有钩强乎?"子墨子曰:"我义之钩强,贤于子舟战之钩强。我钩强我,钩之以爱,揣之以恭。弗钩以爱则不亲,弗揣以恭则速狎,狎而不亲则速离。故交相爱,交相恭,犹若相利也。今子钩而止人,人亦钩而止子,子强而距人,人亦强而距子,交相钩,交相强,犹若相害也。故我义之钩强,贤子舟战之钩强。"

公输子削竹木以为鹊,成而飞之,三日不下。公输子自以为至巧。子墨子谓公输子曰:"子之为鹊也,不如匠之为车辖。须臾刘三寸之木,而任五十石之重。故所为巧，利于人谓之巧，不利于人，谓之拙。"

公输子谓子墨子曰："吾未得见之时，我欲得宋。自我得见之后，予我宋而不义，我不为。"子墨子曰："翟之未得见之时也，子欲得宋，自翟得见子之后，予子宋而不义，子弗为，是我予子宋也。子务为义，翟又将予子天下。"

_____
_____
_____
_____

【译文】 从前楚国人与越国人在长江上进行船战，楚国人顺流而进，逆流而退；见有利就进攻，见不利则想要退却，这就难了。越国人逆流而进，顺流而退；见有利就进攻，见不利想要退却，就能很快退却。越国人凭着这种水势，屡次打败楚国人。公输盘从鲁国南游到楚国，于是开始制造船战武器，他造了钩、镶的设备，敌船后退就用钩钩住它，敌船进攻就用镶推拒它。计算钩与镶的长度，制造了合适的兵器。楚国人的兵器适用，越国人的兵器不适用。楚国人凭着这种优势，又屡次打败了越国人。公输盘夸赞他制造的钩、镶灵巧，告诉墨子说："我船战有自己制造的钩、镶，不知道您的义是不是也有钩、镶？"墨子回答说："我义的钩、镶，胜过你船战的钩、镶。我以'义'为钩、镶，以爱钩，以恭敬推拒。不用爱钩就不会亲，不用恭敬推拒就容易轻慢，轻慢不亲近就会很快离散。所以，互相爱，互相恭敬，如此互相利。现在你用钩来阻止别人，别人也会用钩来阻止你；你用镶来推拒人，人也会用镶来推拒你。互相钩，互相推拒，如此互相残害。所以，我义的钩、镶，胜过你船战的钩、镶。"

公输盘削竹、木做成鹊，做成就让它飞起来，三天不从天上落下来。公输盘自己认为很精巧。墨子对公输盘说："你做的鹊，不如匠人做的车轴上的销子，一会儿削成一块三寸的木头，可以担当五十石重的东西。所以，平常所做的事，有利于人，可称作精巧；不利于人，就叫作拙劣了。"

公输盘对墨子说："我没有见到你的时候，我想得到宋国。自从我见了你之后，给我宋国，假如是不义的，我不会接受。"墨子说："我没有见你的时候，你想得到宋国。自从我见了你之后，给你宋国，假如是不义的，你不会接受，这是我把宋国送给你了。你努力维护义，我又将送给你天下。"

《墨子·公输》

【原文】公输盘为楚造云梯之械,成,将以攻宋。子墨子闻之,起于齐,行十日十夜而至于郢,见公输盘。

公输盘曰:"夫子何命焉为?"子墨子曰:"北方有侮臣,愿借子杀之。"公输盘不说。子墨子曰:"请献十金。"公输盘曰:"吾义固不杀人。"子墨子起,再拜,曰:"请说之。吾从北方闻子为梯,将以攻宋,宋何罪之有?荆国有余于地,而不足于民,杀所不足而争所有余,不可谓智;宋无罪而攻之,不可谓仁;知而不争,不可谓忠;争而不得,不可谓强。义不杀少而杀众,不可谓知类。"公输盘服。子墨子曰:"然,胡不已乎?"公输盘曰:"不可,吾既已言之王矣。"子墨子曰:"胡不见我于王?"公输盘曰:"诺。"

子墨子见王,曰:"今有人于此,舍其文轩,邻有敝舆而欲窃之;舍其锦绣,邻有短褐而欲窃之;舍其粱肉,邻有糠糟而欲窃之。此为何若人?"王曰:"必为有窃疾矣。"子墨子曰:"荆之地方五千里,宋之地方五百里,此犹文轩之与敝舆也;荆有云梦,犀兕麋鹿满之,江汉之鱼鼋鼍为天下富,宋所谓无雉兔鲋鱼者也,此犹粱肉之与糠糟也;荆有长松文梓楩楠豫章,宋无长木,此犹锦绣之与短褐也。臣以王吏之攻宋也,为与此同类。臣见大王之必伤义而不得。"王曰:"善哉!虽然,公输盘为我为云梯,必取宋。"

于是见公输盘。子墨子解带为城,以牒为械,公输盘九设攻城之机变,子墨子九距之。公输盘之攻械尽,子墨子之守圉有余。公输盘诎,而曰:"吾知所以距子矣,吾不言。"子墨子亦曰:"吾知子之所以距我,吾不言。"楚王问其故。子墨子曰:"公输子之意不过欲杀臣。杀臣,宋莫能守,乃可攻也。然臣之弟子禽滑厘等三百人,已持臣守圉之器,在宋城上而待楚寇矣。虽杀臣,不能绝也。"楚王曰:"善哉!吾请无攻宋矣。"

子墨子归,过宋。天雨,庇其闾中,守闾者不内也。故曰:"治于神者,众人不知其功;争于明者,众人知之。"

子墨子与公输盘进行攻守演练

【译文】公输盘为楚国造了云梯那种器械,造成后,将用它攻打宋国。墨子听说,就从齐国起身,行走十天十夜才到楚国国都郢,会见公输盘。

公输盘说:"您对我有什么盼咐呢?"墨子说:"北方有一个欺侮我的人,愿借助你杀了他。"公输盘不高兴。墨子说:"我愿意献给你十镒黄金。"公输盘说:"我奉行义,绝不杀人。"

墨子站起来,再一次对公输盘行了拜礼,说:"请向你说说这义。我在北方听说你造云梯,将用它攻打宋国。宋国有什么罪呢?楚国有多余的土地,人口却不足。现在牺牲不足的人口,掠夺有余的土地,不能认为是智慧。宋国没有罪却攻打它,不能说是仁。知道这些,不去争辩,不能称作忠。争辩却没有结果,不能算是强。你奉行义,不去杀那一个人,却去杀害众多的百姓,不可说是明智之辈。"公输盘服了他的话。

墨子又问他:"那么,为什么不取消进攻宋国这件事呢?"公输盘说:"不能。我已经对楚王说了。"墨子说:"为什么不向楚王引见我呢?"公输盘说:"行。"

墨子见了楚王,说:"现在这里有一个人,舍弃了自己装饰华美的车子,邻居有辆破车,却打算去偷;舍弃他华丽的丝织品,邻居有一件粗布的短衣,却打算去偷;舍弃他的美食佳肴,邻居只有糟糠,却打算去偷。这是一个怎么样的人呢?"楚王回答说:"这人一定患了偷窃病。"

墨子说:"楚国方圆五千里,宋国方圆五百里,这就像彩车与破车相比;楚国有云梦大泽,犀、兕、麋鹿充满其中,长江、汉水中的鱼、鳖、鼋、鼍富甲天下,宋国却连野鸡、兔子、狐狸都没有,这就像美食佳肴与糟糠相比;楚国有巨松、梓树、楠、樟等名贵木材,宋国连棵大树都没有,这就像华丽的丝织品与粗布短衣相比。从这三个方面来看,我认为楚国进攻宋国,与有偷窃病的人是同一种类型。我认为大王您如果这样做,一定会伤害了道义,却不能据有宋国。"

楚王说:"好啊!即使这么说,公输盘已经给我造了云梯,一定要攻取宋国。"

于是又叫来公输盘见面。墨子解下腰带,围作一座城的样子,用小木片作为守备的器械。公输盘九次陈设攻城用的机巧多变的器械,墨子九次抵拒他的进攻。公输盘攻战用的器械用尽了,墨子的守御战术还有余。公输盘受挫了,却说:"我知道用什么办法对付你了,但我不说。"楚王问原因。墨子回答说:"公输盘的意思,不过是杀了我。杀了我，宋国没有人能防守了，就可以进攻。但是，我的弟子禽滑厘等三百人，已经手持我守御用的器械，在宋国的都城上等待楚国侵略军呢。即使杀了我，守御的人却是杀不尽的。"楚王说："好啊！我不攻打宋国了。"

墨子从楚国归来，经过宋国，天下着雨，他到闾门去避雨，守闾门的人却不接纳他。所以说："运用神机的人，众人不知道他的功劳；而于明处争辩不休的人，众人却知道他。"

《孟子·离娄上》

【原文】离娄之明，公输子之巧，不以规矩，不能成方圆；师旷之聪，不以六律，不能正五音；尧舜之道，不以仁政，不能平治天下。

【译文】离娄眼神好，公输班技巧高，但如果不使用圆规曲尺，也不能画出方圆；师旷耳力聪敏，但如果不依据六律，也不能校正五音；虽有尧舜之道，如果不施行仁政，也不能使天下太平。

《吕氏春秋·慎大览》

【原文】孔子之劲，举国门之关，而不肯以力闻。墨子为守攻，公输般服，而不肯以兵加。善持胜者，以术强弱。

【译文】孔子力气那样大，能举起国都城门的门闩，却不肯以力气大闻名天下。墨子善于攻城守城，使公输般折服，却不肯以善于用兵被人知晓。善于保持胜利的人，能有办法使弱小变成强大。

《战国策》

【原文】公输般为楚设机,将以攻宋。墨子闻之,百舍重茧,往见公输般,谓之曰:"吾自宋闻子。吾欲借子杀王。"公输般曰:"吾义固不杀王。"墨子曰:"闻公为云梯,将以攻宋。宋何罪之有?义不杀王而攻国,是不杀少而杀众。敢问攻宋何义也?"公输般服焉,请见之王。

子墨子见王,曰:"今有人于此,舍其文轩,邻有敝舆,而欲窃之;舍其锦绣,邻有短褐,而欲窃之;舍其粱肉,邻有糟糠,而欲窃之。此为何若人?"王曰:"必为有窃疾矣。"子墨子曰:"荆之地,方五千里,宋之地,方五百里,此犹文轩之与敝舆也;荆有云梦,犀兕麋鹿满之,江汉之鱼鳖鼋鼍为天下富,宋所为无雉兔鲋鱼者也,此犹粱肉之与糟糠也;荆有长松、文梓、梗楠、豫樟,宋无长木,此犹锦绣之与短褐也。臣以三吏之攻宋也,为与此同类。臣见大王之必伤义而不得。"王曰:"善哉!虽然,公输盘为我为云梯,必取宋。"

【译文】公输般为楚国制造攻城的云梯,准备用来攻打宋国。墨子听到这件事,步行万里,脚底磨起了厚茧,赶着去见公输般,对他说道:"我在宋国就听说了先生的大名。我想借助您的力量去杀一个人。"公输般说:"我是讲道义的,绝不杀人。"墨子说:"听说您在造云梯,用来攻打宋国,宋国有什么罪?你口口声声说讲道义,不杀人,如今攻打宋国,这分明是不杀少数人而杀多数人!请问你攻打宋国是什么道义呢?"公输般被说服了,墨子请他为自己引见楚王。

墨子见到楚王,说道:"假如这儿有一个人,放着自己华美的彩车不坐,却想去偷邻居家的一辆破车;放着自己锦绣织成的衣服不穿,却想去偷邻居的粗布短衫;放着自己家里的好饭好菜不吃,却去偷邻居的酒糟和糠皮。这是个什么样的人呢?"楚王说:"一定是有偷东西的癖好。"墨子接着说:"楚国土地纵横五千里,而宋国才不过五百里,这就如同用华美的彩车和破车相比。楚国有云梦泽,犀牛和麋鹿充斥其中,长江和汉水的鱼鳖、大鼋和鳄鱼,为天下最多,而宋国却是连野鸡、兔子、鲫鱼都不产的地方,这就如同用精美的饭菜和糟糠相比。楚国有高大的松树、带花纹的梓树及梗树、楠树、豫樟树等名贵树种,而在宋国大树找不到一棵,这就如同用锦绣和粗布短衫相比。因此我认为大王去攻打宋国,与有盗窃癖差不多。"楚王说:"好啊,既然这么说,公输盘已经为我造了云梯,一定要攻取宋国。"

《淮南子·齐俗训》

【原文】鲁般、墨子以木为鸢而飞之，三日不集，而不可使为工也。故高不可及者，不可以为人量；行不可逮者，不可以为国俗。

【译文】鲁班、墨子用木料做成鸢鸟，并使鸢鸟在天空飞行三天三夜，但不能让他们做一般的工匠。所以高不可及的要求，不能以此作为普通民众的标准；高尚的品行，不能拿来作为一国民众的风俗。

《盐铁论·贫富》

【原文】文学曰："行远道者假于车，济江海者因于舟。故贤士之立功成名，因于资而假物者也。公输子能因人主之材木，以构宫室台榭，而不能自为专屋狭庐，材不足也。欧冶能因国君之铜铁，以为金炉大钟，而不能自为壶鼎盘杅，无其用也。君子能因人主之正朝，以和百姓，润众庶，而不能自饶其家，势不便也。故舜耕历山，恩不及州里，太公屠牛于朝歌，利不及妻子，及其见用，恩流八荒，德溢四海。故舜假之尧，太公因之周，君子能修身以假道者，不能枉道而假财也。"

【译文】走远路的要依靠车子，渡江海的要利用船只。因此，贤士之所以能立功成名，是因为有所凭借也是善于利用条件的缘故。鲁班能够利用人主的木材来建筑宫殿台阁，但不能给自己盖一间简陋的屋子，就是因为自己的木材不足。欧冶能够利用国君的钢铁来铸造金炉大钟，但不能给自己造一些壶鼎盘盆，也是因为没有可供使用的材料。君子能够依靠皇上来安宁百姓，造福天下，但不能使自己发财致富，就是因为地位不允许的缘故。所以，舜在历山耕田的时候，他的恩惠还达不到他的乡里，姜太公在朝歌宰牛为生的时候，连他的妻子也得不到一点好处，等到他们得到重用，恩惠流布全国，德泽洋溢天下。所以，舜是靠尧而起来的，姜太公是靠周文王而起来的。君子是能修身养性而助于先王之道的人，他是不能违背先王之道而求助于钱财的。

《论衡·儒增》

【原文】儒书称："鲁般、墨子之巧，刻木为鸢，飞之三日而不集。"夫言其以木为鸢，飞之，可也；言其三日不集，增之也。

夫刻木为鸢，以象鸢形，安能飞而不集乎？既能飞翔，安能至于三日？如审有机关，一飞遂翔，不可复下，则当言遂飞，不当言三日。犹世传言曰："鲁般巧，亡其母也。"言巧工为母作木车马、木人御者，机关备具，载母其上，一驱不还，遂失其母。如木鸢机关备具，与木车马等，则遂飞不集。机关为须臾间，不能远过三日，则木车等亦宜三日止于道路，无为径去以失其母。二者必失实者矣。

【译文】儒者的书上称赞鲁般和墨子技艺高超，用木头雕刻成老鹰，飞了三天不会落下来。说他们用木头做成老鹰会飞，是可能的；说它飞了三天不下来，就是夸大。

用木头雕刻成老鹰，就因为仅像老鹰的样子，怎么能飞上天就不下来了呢？既然会飞翔，怎么能达到三天之久呢？如果真有机关，飞上天就一直翱翔，不会再落下来，那么该说终于能一直翱翔，不该说三天不落下来。像社会上流传的话说："鲁般技艺高超，丢失了他的母亲。"这是说巧工鲁般为他母亲做木车马、木车夫，机关完全齐备，那上面坐着他母亲，车一跑就不回来了，鲁般终于失去了他母亲。如果木老鹰机关完备，跟木车马一样，那么就会飞上天不下来。实际上，机关只能在很短时间内起作用，不会超过三天，那么木车马一样也该三天内在路上停下来，不会一去不回因此而丢失鲁般的母亲。看来这两件事一定都不符合真实的情况。

《鲁班经匠家镜》

【原文】（鲁班）尝语人曰："不规而圆，不矩而方，此乾坤自然之象也。规以为圆，矩以为方，实人官两象之能也。矧吾之明，虽能尽制作之神，亦安知天下后世，咸能如吾之明耶？明不如吾，则吾明穷，吾之技亦穷矣。"爰制规矩准绳，使世之经营宫室，驾造舟车，与置设器物，以全民用者，总不越其一成之法。

_____

_____

_____

【译文】鲁班曾经对人说："不用圆规而能创造出圆的事物，不用曲尺而能创造出方形的事物，这就是天地乾坤自然的现象。使用圆规制作出圆的事物，使用曲尺制作出方形的事物，这就像官员制定法律、发布政令引导百姓完成宏伟的事业。况且以我如此神明，虽然能将制作的技艺发挥到极致，然而又怎能知道天下后世的人，都能像我一样神明啊？神明不如我，那么我的神明也就到头了，我的技艺也就从此失传了。"于是制作规、矩、准、绳，使天下后世经营建筑宫室，驾造舟车，与打造器物，用于完善百姓使用的人，都离不开鲁班最初制定的规矩法则。

知识链接

《鲁班经》是一部以《鲁般营造正式》为底本改编成于十五世纪的木工职业用书。

在以木构为建筑结构主体的我国,木工是建筑过程的主要工种,熟练木工(工师、都料)成为工程主持人。因为建筑的尺度(开间、进深、举高)由木构定,施工进度视木构主体工程的工序来安排,测量标高定平定位,均由木工掌握,因而木工就获得了主导地位。《鲁班经》就是给这样一个作为工程主持人身份的木工所用的手册性的汇编,其中列举了当时认为工程过程最必要知道和注意的事项。书中既包含业务技术方面,又包含当时社会阶级斗争和社会意识形态在建筑领域的反映。

《石作同业先后重修公输子庙乐输碑》

【原文】"祖师讳班姓公输,字依智,鲁之贤胜路东平村人也。父讳贤,母吴氏,师生于鲁定公叁年甲五月初七日午时。""其淑配云氏,又天授一段神巧,较之于师,殆有佳处,今之规矩绳墨,即其遗制也。器物,以全民用者,总不越其一成之法。"

_____
_____
_____
_____
_____
_____
_____

【译文】鲁班,姓公输,字依智,于鲁定公三年出生,出生地在鲁国的东平村。他的父亲是公输贤,母亲是吴氏。鲁班妻子云氏贤惠而多智,在使用技巧方面有超过鲁班的长处,如规矩绳墨的发明与使用,就有鲁班妻子的贡献。所以,器物的使用,存在始终不变的规矩。

《述异记》

【原文】 南朝梁·任昉《述异记》卷下:"木兰舟在浔阳江中,多木兰树。昔吴王阖闾植木兰于此,用构宫殿也。七里洲中,有鲁班刻木兰为舟,舟至今在洲中。诗家云木兰舟,出于此。"

【译文】 古代浔阳江一带有许多木兰树,传说为春秋时吴王阖闾所种,取其木材用于建造宫殿。江上七里洲中,有传说为鲁班所刻的木兰舟。

三、鲁班工巧

鲁班身上的工匠精神不但体现在他的精巧技艺中,更在于他身上所体现出来的智慧与精神。"巧"与"智"是鲁班的个性特点,这一性格特征自始至终贯穿在有关鲁班的记载中。这种"巧"首先体现在鲁班自身的工艺水平上,他可以发明、制造各种各样的工具,巧夺天工、精妙无比。他的"智"主要表现在利用自己的聪明才智发明工具,将原本费时费力的事变得简单易行、省时高效。如《世本》记载鲁班用两块比较坚硬的圆石,各凿成密布的浅槽,合在一起,用人力或畜力使它转动起来,就把米磨成粉了，这就是我们所说的磨。在此之前，人们加工粮食是把谷物放在石臼里用杵来舂捣，而磨的发明把杵臼的上下运动改变做旋转运动，使杵臼的间歇工作变成连续工作，大幅降低了劳动强度，提高了生产效率，这是古代粮食加工工具的一大进步。

另外，鲁班还发明了飞鹊和木车马。作为交通和运载工具，进行了相关试验。飞鹊和木车马已经涉及机械化和自动化原理，创意新鲜，是非常具有超前性的发明，显示了鲁班非凡的科学智慧，也给后人留下了具有传奇色彩的科技佳话。

鲁班的发明设计是极其精美的，在他的眼里，物各有其自身的本性和特有的性能，鲁班的高明之处就在于，他比一般人能更敏锐地发现物与物之间的因果联系，并能巧妙地利用这些因果联系，发明各种工具。他的一系列发明之所以具有科学性和实用性，就在于顺应自然的法则和因果联系。纵观鲁班的一系列发明，可以发现，鲁班的思维非常活跃、想象力非常丰富。

鲁班注重实践经验的积累，关注现实的需要，他的发明都有很强的实用性。鲁班的思维具有自然性的特点，他的巧妙就在于善于把握工具及自然物的特性，善于顺应和发挥人体和天然之力的作用，符合自然之道。

就此来说，鲁班的工匠精神体现了中华民族在物质层面上对技术"能"和技艺"巧"的追求，并进一步挖掘出隐含在工匠精神表层现象之后的深层文化内涵，即传承中华民族优秀智慧、顺应时代不断创新、尊重自然、与自然达成和谐。

鲁班不仅是一个历史人物，同时也是一个被美化、神化的智慧形象，他的名字已经是一个特定的符号，在美化、神化的过程中衍生出来的鲁班精神，主要体现我国社会崇尚智慧、追求精益求精的文化心理。对鲁班工匠精神的推崇，在弘扬优秀文化、鼓励科技创新的今天更有其积极意义。

第二节 鲁班的传说

在中华优秀传统文化中，鲁班文化是用来赞颂匠工之巧而独树一帜的。而历代关于鲁班的传说，则是鲁班文化的重要组成部分。历代鲁班传说源于战国，成篇于北齐，盛于明清。《孟子·离娄上》说："公输子之巧。"《墨子》云："利于人谓之巧。""公输子自以为至巧。"《吕氏春秋·爱类》说："公输般天下之巧工也。"东汉经学家赵岐注《孟子》："公输子"即鲁班。因此，"巧"成为鲁班文化之魂。历代各类鲁班传说，唯有以创新发明、善心助人为内容的鲁班传说，在2000多年的历史长河中，经过不断的锤炼、升华，得到持续发展，蓬勃于神州大地，并且陶冶着一代又一代人的情操，已于2008年入选国家非物质文化遗产。

历代鲁班的传说，虽然也属于神奇传说，但它既不同于女娲补天、嫦娥奔月、后羿射日等美丽壮观的神话，也不同于牛郎织女、梁祝化蝶、白蛇许仙等引人入胜的爱情故事。它开始于赞颂鲁班工匠之巧、师圣之德，逐渐演化为神仙之灵。因此鲁班的传说具有以下四大特点：

第一，它根植于先秦儒法经典，孕育于古代诗文；

第二，它分布广，口耳相传于大江南北，包括少数民族地区；

第三，它数量多，丰富多彩，又各具特色；

第四，它随着朝代对鲁班重视程度而变化、升华。

历代鲁班的传说大体分为五类：第一，师圣之说；第二，工匠之说；第三，神仙之说；第四，戏趣之说；第五，讽亵之说。

一、师圣之说

鲁班故里在小邾国，被称为"百工祖师"。王献唐先生著《炎黄氏族文化考》说："邾、小邾和滥是东夷族的后裔。""春秋战国之间，科技最先进的地区首推三邾，因为这里自古就有'邾娄百工'之乡的称号。"

（一）"鸟"是东夷文化之图腾。"鸟"的幻化使传说丰富多彩

（1）《墨子·鲁问》中之"公输子削竹木以为鹊，成而飞之，三日不集"，应是鲁班传说含苞欲放的第一朵花蕾，随着"成而飞之，三日不集"，这朵花的开放、繁衍、变幻，使鲁班传说绚丽多彩、万紫千红。

> 东汉著名的学者和无神论者王充在《论衡·儒增》中分析说："夫言其以木为鸢，飞之，可也。言其三日不集，增之也。"接着说"犹世传言""二者失实"，文字虽然不多，但是"已定义不属于历史记载"。2000年前定义之为"传言"，2000年后也难做到木鸢飞三日而不下落，自然成为最早的美丽传说，而且影响深远。

兄弟削鸢

（2）借鹊为"凤"，创作寓言。

公元550年，北齐刘昼《刘子新论·知人》篇有公输刻凤的描述。

> 公输之刻凤也，冠距未成，翠羽未树，人见其身者，谓之龙鸱；见其首者，名曰鹄鹎。皆訾其丑而笑其拙。及凤之成，翠冠云耸，朱距电摇，锦身霞散，绮翮焱发，翙然一奋，翻翔云栋，三日而不集。然后赞其奇而称其巧。

《公输刻凤》成为最早以散文（寓言）形式写成的比较完美的鲁班传说。既赞扬鲁班精益求精、鬼斧神工，又告诫人们不要遇事浮躁。

（3）汉乐府民歌《四坐且莫喧》，是最早以诗的形式赞美鲁班的传说。

> 四坐且莫喧，愿听歌一言。
>
> 请说铜炉器，崔嵬象南山。
>
> 上枝似松柏，下根据铜盘。
>
> 雕文各异类，离娄自相联。

> 谁能为此器，公输与鲁班。
> 朱火燃其中，青烟扬其间。
> 从风入君怀，四坐莫不叹。
> 香风难久居，空令蕙草残。

《古诗源》注"公输与鲁班"为一人，并喻世人不要追求浮名。

如把汉民歌中的"雕文"与"鸟"一起分析，不难看出，虽然北齐刘岐与孟子、墨子已隔千年，但从《公输刻凤》中仍能看到"匠巧"与"鹊飞"的影子，后来出现不少赞美鲁班制作飞鸟精雕细刻、善心助人的故事，深受其影响。

(4) 放飞木鹰，捕灭害虫。

> 鲁班手艺高明得很，他做什么就像什么，人家想不到做不出来的东西，他都会想出来做得到，他做出来的东西不唯好看，而且还是活的哩。有一年，白族人田里的谷子遭了虫灾，害虫多得捉不完灭不尽。眼看着黄澄澄的稻田就要给虫子吃光了。农民一个个都愁眉不展，可是谁也没有办法。这件事被鲁班知道了，就让大家抬了许多木头，他刻了许多木鹰，一齐放飞到田里，一下子就把害虫捕捉得干干净净。白族农民们看见鲁班的木鹰捉光了害虫，一个个又高兴又佩服。
>
> （刊载于1961年《云南民族文学资料》）

(5) 明《广博物志》："天姥山南峰，昔鲁班刻木为鹤，一飞七百里，后放于北山西峰上。汉武帝使人往取之，遂飞上南峰。往往天将雨，则翼翅动摇，若将奋飞。"

(二) 诲人不倦，德才并重

《鲁班与张半》这则鲁班教育徒弟德才并重的传说已被选入2007年

《中外民间故事》（教育部《全日制义务教育语文课程标准》推荐书目），全文如下。

鲁班有个徒弟叫张半，学手艺最快，别人学三年才出师，他只学了两年就差不多了。因此，鲁班人前人后少不了夸奖他。谁知道这张半经不起夸奖，日子长了，他就不知道天高地厚，左右方圆的木匠他都不放在眼里。

师傅鲁班知道这个情况后，心里很难受。一个好端端的小伙子咋就变成这样儿了！可绝不能看着他朝岔路上走啊！这天吃罢早饭，鲁班把张半叫到自己的作坊里，指着木头跟张半说："限你三天给我做两张桌子，一张方的，一张圆的，你看行吗？"张半哈哈一笑说："哪用得了三天？下午你抬桌子来吧！"说罢，"叮叮哐哐"，不到一晌，两张桌子就做成了。

鲁班来了一看，桌子做得要方不方，要圆不圆，便沉下脸来说："重做！"说罢就走了。张半仔细一看，也觉得自己做的桌子不像样子，顿时脸羞得跟块大红布一样。第二次张半再做桌子，活就细致多了，雕呀，刻呀，把看家本领都使上啦。两天后，两张桌子又做成了。

这次鲁班师傅看了看桌子，接着解下腰里系袍子的细麻绳儿，把方桌的四道边量了量，又调角量了两下，脸一沉说："不方。"量罢方桌，又量圆桌。把圆桌的外圈围着扯了一下，又从圆心纵横打十字地调扯了两下，然后眉头一皱说："不圆，都不行，还都得重做！"说罢转身又走了。

张半这时真觉得作难了，心想："这样上好的桌子上哪儿找去！我吃奶的劲儿都使上啦，还落个不方不圆，不知道师傅是咋量的！"说着便走去问师兄师弟，可师兄师弟也都觉着莫名其妙。这咋办呢？"要知心腹事，须听背后言。"张半寻思："要不今夜里到师傅窗根儿底下去偷听一下，也许能听出个究竟来。"

到了晚上，张半便偷偷地躲到师傅窗根儿底下。约摸到月亮偏西的时候，只见鲁班师傅还没睡，趴在桌上不知画啥图样呢。

师娘正坐在桌对面纳鞋底，只听师娘对师傅说："小半那孩子怪好嘛！你难为他做啥哩？"鲁班师傅慢腾腾地说："你哪里知道，近来他觉着自己'天下无敌，世上无双'！木工这行手艺，要浅有浅，要深有深，怎么能够轻看呢？他年纪轻轻的就这样眼里没人，这样下去，不光日后手艺不能长进，还怎么做人哪！咱可不能看着他朝岔路上走不管呀！"

"不过，我看小半做的方桌方方的，做的圆桌圆圆的，怎么叫你绳子一扯，就打回去啦？"

"那就应该骄傲啦？方中还有方，圆中还有圆，人要活到老学到老嘛！小小年纪，就认为自己挺能耐，那还行！我量的那叫'方五斜七，圆三径一'，这是我最近才揣摩出的，等我把小半的傲气好好调治一下再教给他，这样我才放心呐！"

张半听到这儿，禁不住满眼热泪，扑簌簌地掉了下来，心里酸甜苦辣啥味都有，他再也耐不住了，推开房门满面羞惭地走到师傅跟前，一句话也说不出来。从这以后，张半老实多了，一直到出师都很虚心。

张半出师以后，便回到自己的家乡伏牛山。这里缺木匠，像张半这样班门出身的人更是独一无二。所以这里的人对他非常尊重，有的人家甚至把他当成活神仙一样地供奉起来。这下张半又不知天高地厚啦，最后他竟在自己的大门上挂了一块横匾，上面写了"天下无敌"四个大字。

鲁班得知这个信儿，不大相信，便换了一身叫花子衣裳亲自到张半家门口去看，一看果真有这么回事。鲁班很生气，可是又一想：帮人要帮到底，救人要救个活嘛！就一步迈进了张半家的大门。走进院子里一看，张半没在家，就他媳妇一个人推磨呢。鲁班走上去说："掌柜的，寻点吃的吧！"那媳妇进屋给他取了几个馍叫他吃起来。他边吃边说："推磨多费气力，叫我给你砍个木驴吧。这驴不吃草不吃料，拽起磨来奔奔跑跑！"

张半媳妇半信半疑，于是就指着院里一根槐木桩说："那不是木头，想做你就做吧！"

鲁班真取出斧头，"嚓嚓"几下子，木驴就做成啦！这木驴还带着一身斧头印呢，鲁班把它牵到磨道圈套上，吆喝一声"咿——"，木驴真个"咯噔咯噔"地拽开了。张半媳妇一下看愣住了，等扭身再找老头时，老头已经没影儿了！

张半回家来，不说木驴做得巧，只说："多不光溜！"叫媳妇把木驴卸下套来他又刮了几刨子。他这一刨，刨得倒很光，谁知道再套上，木驴就不会走啦！活活的木驴经他这么一刨变成死木驴了。

"说刨两下子吧，把驴刨死了……"张半寻思着寻思着，顿时明白过来了："哎呀！这是鲁班师傅造木驴警告我来哩！自己的手艺还差得远哩！人到啥时候都应该虚心可不能骄傲呀！"张半二话没说，抓起斧头，扛起梯子，跑到大门口，把梯子搭好后，急忙爬上去，狠狠地照着大门上"天下无敌"四个字"叮叮哐哐"几斧子，就把横匾砍下来当柴烧了。

二、工匠之说

工匠之说主要表现于爱动脑筋、运用智慧、仿生发明方面，多来自民间。

（一）摇起"橹"来想鲁班

很早以前，鲁班居住在小邾国。有一天，一位做生意的人来找他，说："齐国发兵从西边打进了鲁国，一直打到鲁国的郁郎，有的年纪轻轻的鲁国人就被打死了！"鲁班说："嘿！打就打呗。这些年国内打完，国外打，打得仗多，还能不死人吗？"那生意人又说："可是，我在郁郎做生意时，见过一个逃避战乱的人，年龄比你大，他知道我的家在小邾国后，还打听你呢。我给他说你木匠活儿可巧啦！他很高兴。""他还说他是您三哥，是随打仗的鲁国军队来到郁郎的，他让我给你捎个信。现在也不知道是死是活。"那生意人最后又补上一句："我可把信捎给你了。"说完就急忙走了。鲁班这下可坐不住了。他以前听娘说过，他们原来是鲁国人，从小就是因打仗，才跟娘逃战乱来到小邾国的，大哥、二哥也是因打仗逃到齐国去的，就是三哥一直下落不明。鲁班放心不下，便收拾手底下的活，带上工具，一路向西。越过滕国后，见人就打听齐国与鲁国打仗的地方。

小邾国在滕国以东二十里的漷水流域。郁郎国在滕国以西约五十华里的微山湖之滨（那时还不叫微山湖）。郁郎国和小邾国都是鲁国的附属国（现均为滕州市辖区）。《左传·襄公十九年》（公元前554年）见载："春，执邾公，以其伐我故。遂次于泗上，疆我田，取邾田，自漷水归之于我。"可见小邾国归于鲁之后才成为附属国。而郁郎国则是更早一些时候，鲁国派大将军在狩猎场建立起来的附属国。鲁班来到郁郎国时，齐国已经退兵，老百姓又恢复了往常的生产、生活。

鲁班在郁郎国走街串巷打听，还到过屯兵的地方，也没探听到三哥的音信。他带的盘缠也快用完了。一天，他来到一个湖边的村庄，转悠了几家，也没问出啥情况。向西一望，红太阳快落在湖里，把水都染红了，这才意识到天要黑了。正巧，见有位渔民倚在大门旁边伐好的树边歇息，就问："老哥，能不能借宿一晚上？"那位渔民见他背着斧锯，是个手艺人，便满口答应。吃晚饭时，鲁班告诉渔主人他叫鲁班，是来找战乱中的三哥的。那时这一带人还不知道鲁班这个名字。

第二天早上，鲁班见渔主人家的船又破又旧，问他："老哥，船该换新的了？"他说："树早就买好了，可是，打仗耽误得至今还没凑足工钱。"鲁班说："我给你造只新船吧！"渔主人有些为难，又不得不说："不行，不行！工钱还没攒够哩！"鲁班也不客气地说："老哥，有一个煎饼，能分着吃就行。俺鲁班不讲究工钱。"现成的树是早选好的材料，说干就干。附近的船工、渔民一见打造新船，不用邀，抽空都过来帮忙。船打好了，渔主人越看越喜欢，渔民们也都说全村的船没有能比过它的。大家竖起大拇指夸鲁班真巧！渔主人选择了一个黄道吉日，和鲁班一起把船运到湖里，用竹篙一点，船离开了湖岸。他高兴地一边夸奖鲁班，一边撑船。船越撑越远，水也越来越深。忽然听渔主人说："嘿！竹篙够不着底了。"话音未落，船打起转转。两个人好不容易用手拨水，扑扑腾腾地把船弄到水浅处，撑回岸边。鲁班把这个事看在眼里，记在了心里。

次日，鲁班帮渔主人干了些零活，在湖边休息，看见一群鹅鸭在湖边游来游去。鸭子的双蹼，特别是那几只大白鹅下边两只红掌，自如而有力地来来回回拨水前进。这时，船在湖心深水中打转的情景又浮现在眼前。他灵机一动，鹅鸭双蹼长在身上，可运用全身的力气来拨水。如果船也安上像鹅鸭双腿双蹼一样的工具，行至水深处，不是同样也能拨水前进么。他弓起身子用自己的两只手在身两旁摆动了几下，忽地站起来，去屋中绘起了图样。接着动手挑了几块打船剩下的木头，连锯带刨，很快制成了心里所想的拨水工具——橹和橹担（当时还没有名字）。鲁班把橹担分别固定在船的两侧或船尾，然后把橹系在橹担上。人可以握住柄，使剖面成弓形，长长的另一端入于水中。他请渔主人试试，又做了几次改进，终于制成了至今仍在使用的橹。渔民、船工只要握住橹柄，左右摆动，船在深水中即可向前行进。如把橹系在船的尾部橹担上，不仅可用于拨水，而且能做舵来控制方向。一传十，十传百，渔夫、船工都争着叫鲁班也给他们制造一套安在船上。鲁班加班加点，一一满足了大家的要求。

到该走的时候了。大家感激鲁班，为永远留个念想，议论着给这个新的拨水船具起个名。有人提议，这个新式船具是鲁班发明的，就给它起名叫"橹"吧。大家都表示赞成。一直传到现在，"橹"成为对鲁班永远的怀念。

后来，鲁班把制橹的工艺带到楚国，传遍大江南北。

(二) 方便安全"插门闩"，不能忘了巧鲁班

（1）有一天，鲁班正在帮邻居修理农具，从外地来了一个牵着马，穿戴像模像样的人找他。鲁班一问，原来是一大户人家要盖新宅院，派人来请他去领班的。来人说："俺这个主人走南闯北，做过生意，当过官，见多识广，他是在这周围百八十里打听的，木工数你最巧，才来请的。"他告诉鲁班："新宅院建在龙凤山前，四进院子，大门朝南，二门朝东，中间是腰楼，后院堂楼二层五间，最东头一间是三层方楼，时间二至三年建成。"最后问鲁班："敢不敢接这个活儿？"鲁班一口答应下来，来人留下地址骑上马就走了。

施工的地方离家较远，习惯外出的鲁班准备准备就背着工具、行李离开了家。半路上，天就黑了，只好找个村庄住下。这家有祖孙二人，家里很穷，吃晚饭时，一张陈旧的地八仙桌，三个板凳，其中一个还是三条腿。吃完饭拉呱儿时，老人说："儿子是个粗拉木工，因伐树砸伤腰，无钱医治，已故八九年了，儿媳改了嫁，就剩下俺一老一小。"正说话，忽然一阵风把门吹开，灯也被吹灭了。老人一边点灯一边说："嘿！白天有野狗撞开门，我拿顶门杠撑它，随手放到院子里啦！"鲁班赶忙出去找到顶门杠，才把门关好顶上。原来古代，平常人家不论是大门、屋

门，都是单扇门。所说的"扇"当时是指由竹苇编制而成的门，是用木棍来顶的，俗称"顶门杠"。第二天，鲁班刚要走，下起了雨。真是人难留人，天留人，只有再多待几天。他是个闲不住的人，想给板凳补上条腿，见墙旮旯里有根不长的木棍，便拾掇出来，一看边上被虫子啃蚀了一个洞。鲁班用斧砍凿剜了个凹窝，也没有找到虫子。料不能用了，他生气地把它放在饭桌上。不经意凹窝叩在了凿上。去抽凿时，又被凿把挡住。这一抽一挡，使他联想到昨天晚上手扶门框时，曾想道："如果不用顶门杠也能关上门，狗撞不开、风刮不进有多好！"两件事一联系，他立刻动手比画着带凹窝的木头，又做了同样的一根，一根扣在门框上，一根扣在门边上，然后关门对齐，让小伙拿条木向里一插，门就开不开了。鲁班不由地喊了一声"管（好）！"接着又加了加工，分别固定好，这样既安全又方便的"插闩子"，也叫"门插关"就诞生了，一直沿用了2000多年。而且经过后人不断的改进，成为大大小小多种器物上千变万化的新"关键"。该告别时，老人家说话了："鲁班啊！我看你是个好心的巧人。小孙子十四五岁啦，想拜你为师。不知你愿意收这个徒弟不？"鲁班这两天看着小伙挺聪明勤快，家境又困难，自己也该收个弟子啦。他一答应，徒弟就跪下了。给师傅磕了个头，也接着给爷爷磕了个头，师徒二人便离开了家。

（2）师徒二人来到一条河边。可是，有船无人。那就等一会儿吧！他们搬了两块洗衣服用的石头坐下。徒弟突然看见河边有螺蛳，其中一个慢慢顶开螺盖，伸出头，像是要透透气或者寻觅食物。他喊师傅看看。这时，一只蚂蚁爬过来，触动了它。只见螺蛳迅速缩回身子，关闭上螺盖，徒弟捡起来，试着用手指甲掀动其盖，竟然没有掀开。鲁班看在眼里，若有所思……"喂！上船喽！"一声呼唤，摆渡人已在身边。徒弟随手捡了几只螺蛳放进衣袋里。

房主人知道鲁班来了，安排好食宿，便来找他。对鲁班说了说宅院的规模，让他设计个图看看，并特别强调：门的安全要做到双保险。特别是后院室楼东头的那间方楼，底层与堂楼相通，外面只留高窗不留门，窗户不能露木头。

没有金刚钻，不敢揽这瓷器活儿。鲁班面对这些难题，首先想到的是大户人家新盖的房子不同于穷人，都是两扇厚实的木质门。他想把刚刚给徒弟家单扇门上安的"插闩子"，改在两扇门的中间，上下安两道，然后再用顶门杠一顶，不就是双保险了么？他做了个样子，房主人一看，大加赞赏。接着就是方楼上的高窗不能露木头的难题了。鲁班一琢磨，窗不露木是怕火烧，只有石头窗户才行。建大宅院，各种工匠都有。他立刻去找石匠，把自己的想法一说，石匠有些为难，说他没打过石头窗户，鲁班给他绘了图，又给他看了看已做好的能向里开的条棂木窗。巧石匠也不示弱，他照绘图和模型，几天工夫凿成了条棂石窗，还雕刻上了花纹。木窗在内，石窗在外，砌在一起，严丝合缝，石露木不见，美观又安全。

一进一进的四合院建起来了，房主人从前院看到后院，又提出了新想法，后堂楼和方楼的楼梯口都要安上门，人上去能关，下面的人顶不开上不去；人下来也能关，上面的人启不开，下不来。鲁班明白，这是主人在兵荒匪乱万不得已时，保证一家生命财产的又一个保险。他接连设计了两个图案都不太理想，鲁班陷入了沉思。这时，铜盆的响声惊醒了他，一转脸，只见小徒弟正在看盆中的螺顶着螺蛳盖探出头来。这正是自己在苦苦思索的事！察螺生智，鲁班立刻返回楼梯口，量了尺寸，接着拼制成比楼梯口大，一边两头带轴的盖板。盖上楼梯口后，周围护框安在楼板上，这边用凹木扣在轴上，固定好。那边，正反两面都安插门插孔。这样，人上下楼可自由操作，灵便又密固。最后的一道难题解决了，大宅院圆满竣工。

从此，请他盖新房的人络绎不绝。老百姓的门上也逐渐安上了门插关。鲁班远近闻名。再说这小徒弟，师傅认真教，他学得更加刻苦了，木工活样样精通，还能设计绘图，也成了知名的工匠。后来，徒弟的爷

齿草化锯

爷病故。师徒如父子，鲁班帮他成了家，人们都喊他"小鲁班"。久而久之，他就以鲁为姓，代代相传。

（三）鲁班发明锯的故事

相传有一年，鲁班接受了一项建筑一座宫殿的任务。需要很多木料，工程期限很紧，鲁班就让徒弟们上山砍伐树木。

由于当时没有锯子，他的徒弟们只好用斧头伐，但这样做效率非常低。工匠们每天起早贪黑拼命去干，累得筋疲力尽，也砍不了多少树木，远远不能满足工程的需要。眼看着工程期限越来越近，这可急坏了鲁班。为此，他决定亲自上山察看砍伐树木的情况。上山的时候，由于他不小心，无意中抓了一把山上长的一种野草，却一下子将手划破了。鲁班很奇怪，一根小草为什么这样锋利？于是他摘下了一片叶子来细心观察，发现叶子两边长着许多小细齿，用手轻轻一摸，这些小细齿非常锋利。他明白了，他的手就是被这些小细齿划破的。后来，鲁班又看到一条大蝗虫在一株草上啃吃叶子，两颗大板牙非常锋利，一开一合很快就吃下一大片。这同样引他抓住一只蝗虫，仔细观察蝗虫牙齿的结构，发现蝗虫的两颗大板牙上同样排列着许多小细齿，蝗虫正是靠这些小齿来咬断草叶的。这两件事给鲁班留下了极其深刻的印象，也使他受到很大启发，陷入了深深的思考。他想，如果把砍伐木头的工具做成锯齿状，不是同样会很锋利吗？砍伐树木也就容易多了。于是他就用大毛竹做成一条带有许多小锯齿的竹片，然后到小树上去做试验，结果果然不错，几下子就把树皮拉破了，再用力拉几下，小树干就划出一道深沟，鲁班非常高兴。但是由于竹片比较软，强度比较差，不能长久使用，拉了一会儿，小锯齿就有的断了，有的变钝了，需要更换竹片。这样就影响了砍伐树木的速度，使用竹片太多也是一个很大的浪费。看来竹片不宜作为制作锯齿的材料，应该寻找一种强度、硬度都比较高的材料来代替它，这时鲁班想到了铁片。于是他们立即下山，请铁匠们帮助制作带有小锯齿的铁片，然后到山上继续实践。鲁班和徒弟各拉一端，在一棵树上拉了起来，只见他俩一来一往，不一会儿就把树锯断了，又快又省力，锯就这样发明了。在鲁班之前，肯定会有不少人发现长着许多小细齿的叶子刺破过手，但唯独鲁班发明了锯，这无疑值得我们思考。大多数人只是认为这是一件生活小事，不值得大惊小怪，他们往往在治好伤口以后就把这件事忘掉了。而鲁班却有比较强烈的好奇心和正确的想法,很注意对生活当中一些微小事件的观察、思考和钻研,从中找到解决问题的方法和思路,甚至获得某些创造性发明的灵感。这告诉我们一个道理,许多不起眼的小事,勤于思考,会增长许多智慧。锯发明以后,鲁班又发明了许多木工工具,古书对此有很多记载。

三、神仙之说

(一)关注社会,善心建桥

古代民间把修桥铺路作为德善之举。大家崇拜乐于助人的鲁班,便把他塑造为一位建桥的仙人。

1. 鲁班与赵州桥

《夷坚续志》中的《赵州桥》的故事,是迄今在史料中见到的比较完整而影响深远的故事,文载如下。

赵州石桥为鲁班手造,极为坚固,意谓今古无第二桥矣。有张神乘驴过桥,动欲倾。鲁班在下用手托定,而桥坚如初。至今桥上有张神乘驴痕,桥下有鲁班两手托桥迹。

清陈元龙辑《格致镜原》中也有类似故事。鲁班与神在桥上对话,为保护石桥,又战胜了神。显然,鲁班已被神化。它开启了鲁班神话传说的先河。

《民间文学》1956年4月号刊登的《赵州桥》,就是在《夷坚续志》中的《赵州桥》的基础上加工润色而成。全文如下。

赵州有两座石桥,一座在城南,一座在城西。城南的大石桥是鲁班修的,城西的小石桥是鲁班的妹妹鲁姜修的。

鲁班和他的妹妹鲁姜周游天下，到了赵州。远远看到城墙，走到近处，却见一条白茫茫的交河拦住去路。河边上挤了很多人，粜谷的、卖草的、运盐的、贩枣的、挑着担子、拉着毛驴、推着车子，吵吵嚷嚷，争着渡河。可是，河水湍急，只有两只小船，摆来摆去，半天也渡不了几个人。有的人等得不耐烦，就骂了起来。鲁班看了就问："怎么不在河上修座桥呢？"岸上人说："交河十里宽，洄沙多又深。迎遍天下客，没有巧匠人。"鲁班和妹妹鲁姜看看河流地势，就决心给赵州人修两座桥。

鲁姜走到哪里，总是听见人夸奖她哥哥多巧多能，心里很不服气。这回要跟鲁班赌赛一下，两人各修一座。鲁班在城南，妹妹在城西，看谁先修好。天黑开工，鸡叫天明收工。谁到鸡叫还完不成，就算输了。这么说好了，就分头准备起来。鲁姜到了城西，聚集材料，急急忙忙动手，才半夜工夫就把桥修好了。她心想，这回可把哥哥比下去了，就偷偷跑到城南。谁知到了那里，河还是河，水还是水，连个桥影子都没有，鲁班也不在河边。她正在纳闷儿，远远地看见南边太行山上下来一人，赶着一大群绵羊蹲蹲跳跳往这边走来。走到近处一看，那人正是他哥哥，他赶的哪里是一群羊啊！赶的是一块一块雪白细润的石头。鲁姜一看这些石头，心里就凉了。这么多好的石头，这要造起一座桥来，该多结实多好看啊！她想一定要有两手盖过他的妹妹念头一转，就急忙赶回城西，在桥栏杆上细细地刻起花来，刻了一会儿，桥栏杆都刻了牛郎织女、丹凤朝阳，还有数不清的奇花异草……鲁姜看看，又得意起来，沉不住气地又跑来城南看鲁班，鲁班这时也快修好了，只差桥头两块石头没有铺好。她一看着了急，就尖着嗓子学了两声鸡叫，引得附近村庄的鸡都叫唤起来。鲁班听见鸡叫，赶忙把两块石头一放，桥也算按时修成了。两座桥一大一小，鲁班修得气势雄壮，叫大石桥。鲁姜修得玲珑秀气，叫小石桥。第二天，这事就轰动了远近。各州城府县，连住在蓬莱岛上的八洞神仙，也听到了消息。张果老是个好事的，听说有这件事，就牵上他乌云盖的毛驴，驴背褡裢里，左边装上日头，右边装上月亮。又邀柴王，推上金瓦银把的独轮车，车上载上四大名山，游游荡荡来到了赵州。到了桥边，张果老高声问道："这桥是谁修的呀！"鲁班回答："是我修的。"张果老指指毛驴小车，说："我们过桥，它能吃得住吗？"鲁班一听哈哈大笑，说："大骡子大马只管过，还在乎这一头毛驴、一架车？不妨事，走你的！"张果老、柴王爷微微一笑推车赶驴上桥。他们才上去，桥就直晃晃，眼看要坍，鲁班一看不好，连忙跑到桥下，双手托住了桥身。经过这么一压，桥更加牢实了。只是南边桥头被压扭了一丈远。现在赵州桥上还有七八个驴蹄印子和三尺多长的一道车沟，桥下有鲁班两个手印。一直到现在放牛的孩子还在唱：

赵州石桥什么人修？玉石栏杆什么人留？

什么人骑驴桥头过，压得桥头往西扭？

什么人推车桥上走，车轮子碾了一道沟？

赵州石桥鲁班修，玉石栏杆鲁班爷留。

张果老骑驴桥上过，压得桥头往西扭。

柴王推车桥上走，车轮子碾了一道沟。

前《赵州桥》有"张神乘驴过桥"，后《赵州桥》则出现张果老、柴王爷，而《八仙·东游记传》为明吴元泰著。因此，时间应为明朝。

2. 教训马大哈匠师

《鲁班的石礅》是流传着的关于山东省滕州市修建西仓桥的故事。

相传贝河上的西仓桥是明朝修建的。这座三孔石桥是皇家工程，规模大、工匠多，工地上很热闹。

一天，一位白发老石匠来到了工地附近河北涯的一个村子里，住到一贫苦农家。看到他家春谷连石臼窝子都没有，便答应给他家打一个。歇着的时候，就到工地上转悠，有时还指指画画。工头说他多管闲事。老石匠把碓窝子打好了，跟主家说："剩下的石料，我再给你打个礅，坐着粮食好方便。"主家很乐意。老石匠打这个礅很仔细，上上下下打量了又打量，主家问他费这么大劲干嘛，老石匠只笑不说话。石墩打成的这一天，正赶上大桥合龙门。工匠七手八脚地忙活着，可就是接不上茬。当时，天阴得厉害，眼看着要下大雨。石拱桥要不合龙，大雨一下，山洪泻来，几个月的工就白搭了，钱也白花了，现打也来不及了。掌管工程的官员和工头像热锅上的蚂蚁急得团团转。这时老石匠又过来了，他看看缺口，对官员说："我那里有个石礅你们看看合适不？"工匠们跟着老石匠从农家搬来石墩，往中间一放，丝毫不差。大桥完工了，大家都很高兴。想谢谢那位老石匠，可是东找西找，哪还有人的影子。但在那家石碓窝子里，却发现了一张大红纸条,上写:"施工马大哈,桥拱出误差,鲁班来相助,银两谢农家。"掌管工程的官员和工头跪下磕了个头,随即按鲁班仙师的吩咐,给贫苦农家送去二十两银子。

3. 警示骄傲的掌墨师

1958年由编剧朱公把传说制成电影《鲁班的故事》。大意如下。

鲁班云游来到四川某地,住在一贫穷农家,农家父女二人,相依为命。女儿名叫翠儿,美丽善良,对这位陌生老人的吃住安排得非常周到。翠儿家前有一条大河,河上正在建一座大石桥。此桥是由赵掌墨师设计并带领施工的。赵掌墨师骄傲自大,不接受别人的意见建议。鲁班在工匠们休息时,到赵掌墨师工地转转看看。有时跟工人们聊上几句,说准备的石料不够数。传到赵掌墨师耳朵里,他很生气,让鲁班离开。有一天,鲁班见翠儿偷偷掉眼泪,一问,原来是翠儿快出嫁了,愁的是嫁妆还没着落。鲁班哈哈大笑说:"别愁别愁,我用院子里那块条石给你换一套嫁妆。"父女没当回事儿。从此,鲁班有闲空就叮叮当当地凿磨那块条石。大桥到了合龙的时候,洪水泛滥季节已到,但是,桥就是合不上龙门。赵掌墨师看看天上乌云翻滚,看看备好的石料已全部用完,急得团团打转。这时,鲁班出现在他面前说:"翠儿家有块合适的石头,就是有个条件,得拿一套嫁妆去换。"一筹莫展的赵掌墨师半信半疑,一阵阵隆隆雷声,惊得他急着说:"快抬来试试。他操起尺子,领着人来到翠儿家围着石头长宽一量,二话没说:"答应你的条件。"转过头一看,老者已无踪影。赵掌墨师知是鲁班仙师显灵,立刻跪在条石前叩拜,表示今后再也不敢自高自大。随即,一边把一头宽一头窄的条石抬去给大桥合龙,一边派人给翠儿置办了一套嫁妆。

4. 各地的建桥传说

清《广西通志》记有鲁班仙翁帮助群众在山水甲天下的阳朔建遇龙桥、在平乐县建接龙桥、在荔浦县建太和桥的传说。《山西通志》记有鲁班在盂县建两岭桥的传说。《陕西通志》记有鲁班在长安故城和泾阳县建鲁桥的传说等。

(二)《鲁班经》的由来

1.《鲁班经》产生于明朝

朱棣登基后,派蒯祥去北京建造宏大的皇城宫殿。竣工后,朱棣十分满意,亲口封蒯祥为"蒯鲁班"。皇帝金口玉言,震动京都内外。一部既含史说、又含传说的《鲁班经》应运而生。《鲁班经》开篇即定名为《鲁班仙师源流》,除记有鲁班身世、志向等外,还把鲁班供奉为神仙,主要表现在以下两个方面。

(1)《鲁班仙师源流》篇中所记。

① "师生于鲁定公三年甲戌五月初七日午时。是日,白鹤群集,异香满室,经月弗散,人咸奇之。"

② "年跻四十,复隐于历山,卒遘异人,授秘诀,云游天下,白日飞升。"

③ "明朝永乐年间,鼎创北京龙圣殿,役使万匠,莫不震悚,赖师降灵指示,方获落成。"

④ "智慧法师,历汉唐宋,犹能显从助国,屡膺封号。"

⑤ 今之工人,凡"有祈祷,靡不随叩随应"。

(2)《伐木立柱造屋》篇中所记。

① 起造立木上梁式,"候吉日良时,立香案,五色钱,三牲果酒。拜请三界地主,五坊宅神,鲁班三郎,十极高真……也有的上梁文称司命六神,鲁班真仙……"

② 鲁般真尺,"按鲁般尺,乃有曲尺一尺四寸四分……内有财病离义,官劫害本……依法百无一失,则为良匠也"。

③ 正九架五间堂屋格,在确定尺度后,诗曰:"……谨按仙师真尺,管教富贵足庄田,时人若不依仙法,致使人家两不然。"

随着《鲁班经》的传播,天子脚下首先建起了公输祠、鲁班庙,塑像立碑,香火不断。北京精忠庙鲁班殿碑上记有"惟我公输先圣,承上古未有之奇,启后人无字之术,功参造化,运斤而木石皆灵,名重帝廷,假斧而鸢鱼成象，其工可谓巧之至矣"的碑文，大江南北乃至少数民族地区也纷纷仿效，建庙、塑像。而且千家万户盖屋建房，都选吉日，立香案，祈求鲁班显圣解危。

2. 鲁班用足画蠡

"鲁班用足画蠡"源于《百家书》。北宋高承《事物纪原》记。

《百家书》载，公输般见水蠡，谓之曰："开汝头，见汝形。"蠡适出头，般以足画之。蠡遂隐闭其户，终不可开。因效之，设于门户，欲使闭藏，当如此固密也。

3. 土拥脖子

清乾隆年间，老滕县北门里街的黄钟，考上了进士。朝廷为表彰黄钟的母亲李氏年轻守寡，育子成才，钦赐黄钟为其母建节孝牌坊一座。

黄钟为显示功名和孝心，决心建一座风格独特的石座铁牌坊。铁牌坊图纸拟定，便选定吉日，集中了十里八乡的木瓦铁石四大能工巧匠，破土动工。竖起石柱后，支起火炉，架上坩埚，冶炼铁汁。用绞车把冶化的铁水吊上去浇铸。但当架子顶上的人操起坩埚浇铸时，铁汁已凝结成了铁块。一连几天化了十几炉铁水，试验多次，均告失败。工匠们一筹莫展，黄钟心急如焚。正在这时，工地上来了一位须发皆白的老翁，围着工地转了转，看看坩埚，望望架，笑了笑问道："这是造铁牌坊呀！新事，怎么停工不干了？"工匠们正在心烦意乱，便没好气地说："你不是都看见了，那铁汁上不到顶，就成块了，怎么干！你老人家快走吧！"老翁说："我都是土拥到脖子的人啦！别撑我。"老人家一边走，一边又用手从脚到脖子比画着说："土拥到脖子的人或许还有用处。"说罢扬长而去，不见踪影。

工匠们束手无策，开始琢磨老翁的举止言谈。有细心的工匠联想到铁汁凝固的原因，是坩埚在地面，浇铸在架顶，距离太远。老人家说给大家听、比画给大家看，"土拥到脖子"就是唯一解决的办法。大家恍然大悟，仅用两三天的时间就围着石座筑起了高高的土堆。土堆上生炉冶炼，工匠们转个身就把铁汁倒在了图纸指定的位置上。工匠们哼着："赵州石桥鲁班爷修，鲁班爷土拥脖子把咱救。"工程进展十分顺利，九九八十一天，雄伟壮丽的铁牌坊建成了。后来工匠们为了感谢祖师爷的智慧点化，选了上等银杏木，刻了一尊鲁班像，供奉在新建的鲁班祠中。

4.浓郁亲情，三滴汗识爹

选录1961年《云南民族文学资料》，全文如下。

> 有一次，鲁班去帮助一家邻居盖房子，要盖四合五天井的一大院房。可是，木匠只有他一个人，该怎么办呢？鲁班就刻了许多木神，那木神一个个都是活的，长得跟鲁班一模一样。手艺也像鲁班一样高明。鲁班刻一个木神，根据需要，再让木神刻十个木神。木匠有了，大家刨的刨、锯的锯，噼里啪啦地造起房子来。一天，鲁班的女儿给他送饭。一进院子，见这许多木神，凿的凿、锯的锯，个个像她的爹爹，这饭该送给谁呢？小女孩只得提着饭盒，到处喊，到处问，可还是找不着。小女孩找不到爹爹，把小屁股一扭，跑回家里来了。回到家里，小女孩噘着嘴对妈妈说："您要我给爹爹送饭，可那里的木匠个个像爹爹，叫我送给谁呀？"当娘的就对女儿说："孩子，那是你爹刻的木神，木神会做活，不会出汗。你爹是人，就得出汗，你爹爹做起活来鼻梁上老是有三滴汗。傻孩子，快快去，这下你爹的肚子可饿坏了！""爹爹鼻梁上有三滴汗。"小女孩听了娘的指点，又提起饭盒送饭去了。这回一进院子，她不问不喊，一个个地去找，找到一个鼻梁上有三滴汗的木匠，小女孩爹爹一声喊，把饭菜送给这位木匠。鲁班接住饭，心里一怔，心想我的法道只有我才知道，到底是谁教女儿的呀！就问女儿："你怎么知道我是你爹，是谁教你的？"女儿撒娇地把嘴一撇说："娘教的。娘说帮你干活的，是你造的木神。他们会做活不会出汗。爹爹一做活，鼻梁上就有三滴汗，这回我就把你找着了。"鲁班心里一怔，说："我费了多少脑筋想出来的办法，让一个女人家一下子就看破了。"说着随手就把木神丢到火塘里。木神们对鲁班说："你不能用得着时让我们干活，用不着的时候，就往火塘里丢啊。"鲁班也觉得难为情了，就与木神们说："以后凡是我的徒弟盖房子，叫他们先敬你们，再敬我。"从此以后，木匠盖好了房子，就要先敬送木神。

注：《三滴汗》和白话《赵州桥》《送木神的来历》三个传说故事，刊载在1980年上海人民出版社出版的《民间文学作品选》中，作为"高等学校文科辅助教材"。

四、戏趣之说

（一）木床孕子

从前有个王善人，一天家里来了位穷木匠，恳求借王善人家的闲院开个木匠铺。王善人的大儿子娶媳妇，需要做一张像样的床。王善人观察木匠做活干净麻利，做的家具新颖美观，就让他做了。木匠答应了，可却总是不动手。看他不慌不忙，王善人真是着急，便天天派人来催，自己也三天一回、五天一次地催他。他总说误不了事。听到这儿，王善人着急了，村民们也很纳闷儿。木匠自信地说："新媳妇进门前三天来抬床就是了。"临近迎亲的第五天，王善人又亲自来催。眼看木匠还是没动静，便对木匠发吼道："只剩下五天了，你怎么还不动手，误了我家的大喜事，我就到县衙告你。"到了临近迎亲的第三天，王善人带人来抬床，进木匠铺一看，大吃一惊，一张雕龙画凤、精巧别致的大床，正待在那里等着来抬。

王善人又惊又喜，围着床左看右看，又看看木匠，觉得这事有点儿蹊跷，让人把床抬进新房，这床怎么放都合适，就好像木匠来量过似的。王善人别提有多高兴了。新媳妇进门三个月，怀孕生了个胖儿子。王善人十分恼火，名门大户娶了个不正经的儿媳妇，他实在没脸见人，就偷偷地把孩子送给了别人。又过了三个月，新媳妇又怀孕生了第二胎。王善人觉得这里面藏着什么玄机，决定养这个孩子。又过了三个月，新媳妇又怀孕了，生了第三胎。王善人猛然想起了那个穷木匠，便把生孩子的事与做床的事联系在一起，马上派人去找木匠。村上的人说，新媳妇一进门，木匠就走了，谁也不知道他去哪里了，王善人决定拆床一探究竟，发现床板下有一行朱砂红字"鲁班下天堂，就做一张床，九月生三子，考个状元郎"。

（二）镇妖捉怪

传说杭州西湖中出现黑鱼精，兴风作浪，酿成水灾，祸害百姓。鲁班知道后，前往西湖，以香炉将其制服。为避免黑鱼精挣扎，留下香炉，镇压在湖底，后成为三潭印月一景。

三潭印月

五、讽亵之说

在重士轻工的影响下，出现了讽谑鲁班的邪说。

1. 诬鲁班巧亡其父，祸害人民

《酉阳杂俎》辑录。释文如下。

鲁班，是酒泉燉煌县人，具体的生卒年代不清楚，他的手艺巧夺天工。曾经在武威修造佛寺，制作了木鹰，只要敲击三下（木鹰上面的）木楔子（木鹰就飞起来了），鲁班就坐上它飞回家。不久之后，他的妻子就怀孕了，（鲁班的）父母就盘问媳妇（是怎么回事），妻子就原原本本地诉说了原因。这之后，（有一次）鲁班的父亲趁机拿到了木鹰，敲击了楔子十几下，就坐着木鹰来到了吴国的都城，当地的人以为是妖怪，就（把鲁班的父亲）杀掉了。鲁班又制作了一只木鹰乘坐（飞到了吴国都城），于是才找到父亲的尸体。（他）怨恨吴国人杀了自己的父亲，就在酒泉城南制作了一个木头仙人，（这个仙人）手指着东南方向，（于是）吴国大旱三年。算卦的人说："（这大旱）是鲁班造成的。"（吴国人）就拿了几千件礼物去跟鲁班谢罪，于是鲁班就为他们砍掉了（木仙人）的一只手臂，当天吴国就下起大雨。唐朝初年，当地人还在向那个木仙人祈祷。

这个故事是《酉阳杂俎》转摘自唐《朝野佥载》张鷟讲述。

原文如下。

鲁般者，肃州敦煌人，莫详年代，巧造化。于凉州造浮图，作鸢，每击楔三下，乘之以归。无何，其妻有妊，父母请之，妻具说其故。父后伺得鸢，击楔十余下，遂至吴会。吴人以为妖，遂杀之。般又为木鸢乘之，遂获父尸。怨吴人杀其父，于肃州城南作一木仙人，举手指东南，吴地大旱三年。卜曰：般所为也！赍物具千数谢之。般为断一手，其日吴中大雨。

另说鲁班妻有妊，坐飞鸢流产，污血破了法术，坠落地下。

该文曾受到宋代经史家洪迈的批评。他在《容斋续笔》中说："《朝野佥载》记事皆琐尾摘裂，且多媟语。"

2. 巧亡其母，去而不返

源于《论衡·儒增》篇。

汉王充说："世传言曰，鲁班巧，亡其母也""言巧工，为母作木车马，木人御者，机关备具，载母其上，一驱不还，遂失其母""二者必失实者矣。"并还说："机关为须臾间，不能远过。"

这一简短的评论，本来是东汉哲学家王充在《论衡》卷八《儒增》篇中，批评当时个别反对奇技奇器的儒生时举的例子。他明确指出，"鲁班巧，亡其母"是世传之言，"儒者增之"。"机关为须臾间，不能远过"。他随即批评"二者必失实者矣"。中国人民大学博士生导师孙中原教授曾发表文章评价王充的批评是"中肯分析传说的文学夸张"。

第三节　鲁班的贡献及影响

一、鲁班发明与创造

（一）云梯

云梯是古代攻城用的器械。《墨子·公输》记载："公输盘为楚造云梯之械，成。"《战国策·公输般为楚设机章》写到墨子往见公输般时说："闻公为云梯。"两者皆证明鲁班造云梯的事迹。

云梯的结构、构造现无详细资料，据《史记·索隐》说："梯者，构木瞰高也。云者，言其升高入云，故曰云梯。"这说明云梯是供攻城时登高和瞰望敌城用的，是木结构的器械。唐人杜佑撰的《通典·兵十三·攻城战具附》将其构造叙述得更为详细："以大木为床，下置六轮，上立双牙，牙有检，梯节长丈二尺，有四桄，桄相去三尺，势微曲，递牙相检，飞于云间，以窥城中。"又说："有上城梯，首冠双辘轳，枕城而上，谓之飞云梯。"据此，可以推测，云梯已有装配的"梯节"和多轮平板车的锥形，上部构造估计与现在消防所用的攀登云梯相仿。

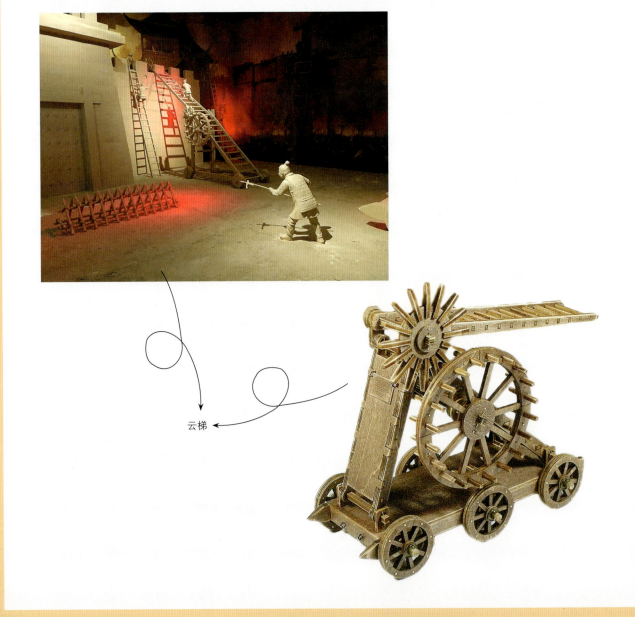

云梯

(二) 钩强

钩强也称"钩拒""钩巨",是古代水战用的器械。据《墨子·鲁问》记载:从前楚越水战,因"楚人顺流而进,迎流而退,见利而进,见不利则其退难。越人迎流而进,顺流而退,见利进,见不利则其退速",致使楚败于越。楚为改变这种战局,在鲁班初到楚国后,就首先让他制造了这种兵器,对败退的敌船能钩住,对进攻的敌船能抗拒,这就是"公输子自鲁南游楚,焉始为舟战之器,作为钩强之备,退者钩之,进者强之"的意思。所以钩强在水战中有防御和进攻两用的特点,其构造又较简单,《墨子·备穴》中说:"亦穴而应之,为铁钩巨长四尺者。"另据《通典·兵五·守拒法附》中说:"钩竿如枪,两旁有曲刃,可以钩物。"这里说的是陆战用的铁钩巨和钩强,可见,鲁班创造的钩强可能是在铁钩巨的基础上改进而来的。这种兵器类似于江南一带水运竹排、木排的工具。

（三）木鹊

木鹊是一种以竹木为材的飞翔器械。据《墨子·鲁问》记载："公输子削竹木以为鹊，成而飞之，三日不下。"这种用竹木做成的鹊，估计类似于现代的"竹蜻蜓"或飞机模型，至于"飞之，三日不下"则为夸张之词。

木鹊

（四）曲尺

春秋战国时期，建筑木工的生产技术已达到相当高的水平，鲁班和当时的工匠建造房屋、桥梁，都离不开木工工具。所以《孟子·离娄》说："公输子之巧，不以规矩，不能成方圆。"足见当时已有"规"与"矩"。现在沿用的曲尺可能是鲁班在"矩"的基础上改进而来的，现代木工称它为"鲁班尺"。所以《续文献通考·乐考·度量衡》说："鲁班尺即今木匠所用曲尺，盖自鲁班传至于唐，由唐至今用之。"又据《鲁班

规矩方圆

鲁班尺

经》卷一写到曲尺时说："须当凑时鲁班尺。"有了曲尺就在木工技术上解决了许多问题，如控制房屋和器具构件连接成直角；粗略检查一个面是成平面或有挠曲；还可利用曲尺量长短和画线。总之，曲尺构造简单、功用多，至今仍在应用。

（五）造季家墓

《礼记·檀弓下》记载："季康子之母死，公输若方小。敛，般请以机封，将从之。"季康子，即季孙，曾是鲁国大夫，他非常讲究排场，祭家庙用的是天子祭宗庙的仪式。据此推测，季家墓也必定不是一般的墓，是属于较复杂的墓葬工程。"敛"与"机封"是怎么回事呢？据郑玄注说："敛，下棺于椁，般若之族多技巧者；见若掌敛事，而年尚幼，请代之，而欲尝其技巧。"孔颖达疏说："其若之族人公输般，性有技巧，请为以转动机关窆而下棺，时人服般之巧。"可能这种"敛"的方法就是采用类木把杆加木葫芦（滑轮）的吊装机具。因此"时人服般之巧""将从之"。

（六）铺首

《营造法式》卷二"门"引《风俗通义》记载鲁班发明铺首的一个故事说："门户铺首，昔公输班之水，见蠡曰：见汝形，蠡适出头，般以足画图之，蠡引闭其户，终不可得开，遂施之于门户云：'人闭藏如是固周密矣'。"

铺首

（七）雕刻

传说鲁班在雕刻方面也有很深的造诣，如北齐刘昼《刘子新论·知人》篇形容他刻的凤凰栩栩如生："翠冠云耸，朱距电摇，锦身霞散，绮翮焱发"。《述异记》说他还制作过石刻地图。

（八）木车马和木人

东汉王充在《论衡·儒增》篇中还描写了鲁班制造木车马和木人的故事。

（九）刨

在鲁班以前，木匠仅用斧子和刀来弄平建造用的木料，结果即使干得很好，也难以令人满意。后来鲁班通过长期实践发现，使用的刀片越薄，所制造出来的表面越平，干起来也就越容易。因此，这种刨逐渐地从鲁班的实践中加以演变，最初用较薄的斧刀片，后来用一个刀片固定到一块木头上再横穿以手柄，最后刀片固定到木槽中，这就是今天所熟悉的刨子。鲁班的妻子也是一位发明家，并启发了她的丈夫。当鲁班刨平木料时，她不得不站在木料的一端并握住粗糙的厚板。由于她还要干其他的活儿，所以她为刨木工作台发明了一个木槽以抵住鲁班刨木撞击的压力，使刨木成为可由一个人来干的工作。由她发明的木槽被称为班妻。

刨

（十）墨斗

鲁班发明的另外一个非常重要的工具是工匠用的墨斗（用于设定建造工程），这项发明可能是受其母亲的启发。当时其母正在剪裁和缝制衣服，鲁班见她是用一个小粉末口袋和一根线先打印出所要裁制的形状。鲁班把这种做法转到一个墨斗中，通过一根线（用墨水浸湿的线）捏住其两端放到即将制作的材料之上印记出所需的线条。最初需由鲁班和他的母亲握住线的两端。后来他的母亲建议他做一个小钩系在此线的一端，这样就把她从这种杂活中解脱出来，使之可由一个人来进行。为了纪念鲁班的母亲，工匠们至今仍称这种墨斗为班母。

墨斗

（十一）锯

对于锯的发明鲁班是非常重视的。或是受一片齿形边的草叶割破了手指的启发，或是看到一只蟋蟀用其锋利的牙齿切割并吃掉食物后离去。大多数描述如下，鲁班和工匠们遇到一个任务，要求他们砍伐大量的木材。一连砍伐几天，他们都已筋疲力尽，所用的斧子也钝了。这时，鲁班忽被一片草叶割破了手指，他当即想到，照这样子做成个工具砍木材一定是个好办法。他选了一片竹子，用斧子在其边缘砍了一行牙齿。这个新锯很容易锯断树皮，当他来回横锯此树时，软的竹齿很快就磨光了。然而这却证明了锯可断木的原理。于是鲁班放下手中活去铁匠那里，让他准备一块像斧头一样硬和锋利的铁板，然后弄成齿形。鲁班有了这个人工制作的第一个锯片，将其用在一个木屋架上，便可准确而不费力地切割木材。

锯

(十二)栓

鲁班的另一发明标志是栓。在古代,人们所使用的栓被制成鱼的形状挂在门上。鲁班用形状像捣棒的钥匙取代了这些栓,这决定于准确地配合部分的功能。鲁班的技艺就能制造这样一个装置,而且据说,他还发明了"锁的制栓",并至今仍被用在许多锁中。

栓

(十三)石磨

点石成磨

有一天,鲁班来到一个地方干活,恰巧看到一个老婆婆在捣麦子。老婆婆年龄大了,举不起石杵。她扶着石杵在石臼里研着麦粒。鲁班走过去一看,石臼里的麦粒有不少已经磨成了粉。鲁班从这里得到了启发。回到家后,他找来了两块大石头,把石料凿成两个大圆盘,又在每个圆盘的一面凿出一道道槽,在其中的一个大石盘上面凿个洞,并安上木把,将两个石圆盘摞在一起,凿槽的两面相合,中心装了个轴。他在圆盘的中间洞上放上麦子,用人力或畜力使之转动起来,就能够把谷麦磨成粉末。这就是两千年来在我国农村曾经广泛使用的石磨。

石磨

（十四）伞

伞的发明归功于鲁班的妻子。在古时候，雨天和炙热的夏天困扰着人们，人们不得不躲避到小亭子的下面而不能外出。传说鲁班围绕着他的四邻建造了许多小亭子供大家使用，但仍然不能让人们在狂风暴雨的季节自由地外出活动。鲁班的妻子这时照着她丈夫所建亭子的样式，制成了一个质量轻的竹亭子且带油纸，这就是雨伞。他的妻子对鲁班说："你建造的房子不能搬起移动。我的伞，你能带它到处走动并可以在各种季节里提供防护。"

伞

荷叶伞亭

仿鞋作舟

（十五）橹

橹是我国历史上发明的一种独特的船舶推进工具。它由长桨演进而成。历史上有巧匠鲁班看到鱼儿摇动尾巴游进，便削木为橹的传说。

在民间传说中，鲁班的发明创造就更多了，许多古代劳动人民的集体创造和发明都集中到了鲁班身上。编竹业的始祖名叫泰山，传说也是鲁班的徒弟。许多传说在流传演变过程中成了神话。如传说后世的赵州桥和许多官亭阁楼的建筑，在最困难时，曾得到过鲁班爷托梦或化身的指点和帮助。这虽然不是事实，但反映出历代工匠和劳动人民对鲁班的热爱、敬仰和怀念。因为他的创造发明确实大幅改善了人们的居住条件，极大地减轻了工匠们的劳动强度，提高了劳动效率和结构质量，为我国土木建筑的大发展创造了条件。他所到之处，都是毫无保留地把自己的发明创造和技术传授于年轻一代，到处都有他的徒弟，这也是历代工匠尊他为祖师的重要原因。国外一些建筑学家也认为：在世界古代建筑史上鲁班是一位罕见的大师。两千五百多年前出现这样的人物，是我国的骄傲。

橹

二、鲁班字、鲁班造像、鲁班庙

鲁班在我国社会各阶层都有十分广泛的影响。除各大中城市久已遗存有鲁班庙宇和街道名称外,江、浙、两湖一带还流传有"鲁班字",据说自鲁班之后,历代木工匠师沿袭采用已两千多年。鲁班字实际是用简洁组合的字体,表示各种施工操作方法。

在济南市千佛山鲁班祠中,立有公输般塑像。四川大足石刻中,石篆山下还刻有鲁班和他徒弟赵巧儿的形象。

水、木、石作工匠供祀鲁班,大约始于宋元时期。明成化弘治年间的《鲁班营造正式》中,即存有"请设三界地主鲁班仙师文"的记载。明清以后,供祀鲁班的庙、祠、馆,同时即为木工行业公所所在地,各地均有,非常普遍。例如,北京清《乾隆京城全图》有"鲁班庵",其址在广渠门内羊市口斜街。苏州木工瓦工水作业合并之公会,称"梓义公所",在该城洙泗巷,木作供祀鲁班仙师。上海有鲁班殿数处,又有鲁班阁。近代苏州有"鲁班会"。

鲁班殿

中国建筑工程最高奖——鲁班奖

梁思成在《中国建筑与中国建筑师》中说:"人民传颂的建筑师,第一名我们应该提出鲁班。他是公元前第七或第六世纪的人物,能建造房屋、桥梁、车舆以及日用的器皿,他是'巧匠'(有创造性发明的工人)的典型,两千多年来,他被供奉为'木匠之神'"木作工具的革新和发明,对建筑木构架规则化和建筑艺术的发展,对农具和人民日常生活用具的制造,起到了划时代的作用。

鲁班小故事

第二章 匠人智慧

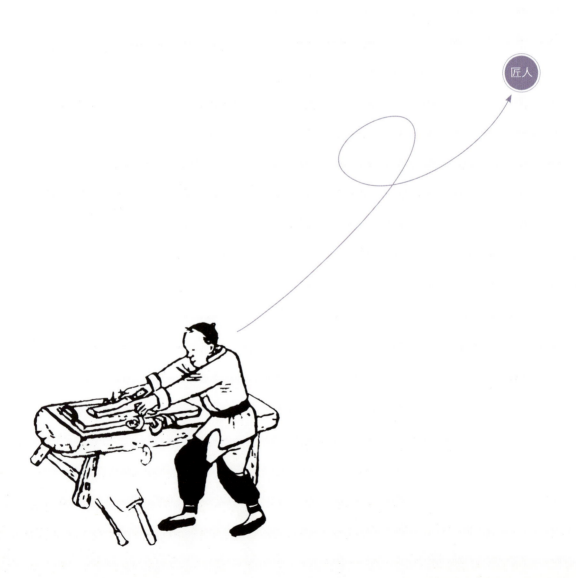

我国是一个手工艺大国，在数千年的历史文明进程中，勤劳、勇敢、智慧的中华民族涌现出了无计其数的能工巧匠，他们的作品小到纤巧细微的器具物品，大到宏伟壮观的建筑宫殿，无不浸透着中华民族传承已久的工匠精神，体现着炎黄子孙卓越的匠人智慧。被誉为我国建筑鼻祖、木匠鼻祖的鲁班就是其中的杰出代表。鲁班从小就参加过许多土木建筑工程劳动，逐渐掌握了生产劳动的技能，积累了丰富经验，被尊奉为木匠的祖师。鲁班的名字实际上已经成为古代劳动人民智慧的象征，从某种意义上说，鲁班文化的核心就是凝聚了我国古代数千年历史文明的匠人智慧。

本章将着重讲述匠人智慧的精神实质与核心内涵。本章以中华传统文化的传承与创新为切入点，全面分析匠人智慧的起源、发展及其同中华历史文化的内在关联，一同感受我国古代劳动人民的伟大智慧和中华民族所创造的璀璨文明。

本章主要包括"匠"字的起源、我国古代的匠人智慧、匠人信仰、匠人智慧的精神内涵、匠人精神与我国古代科学技术的发展五个方面，并将用全新的视角审视我国古代文化中蕴含的匠人智慧，重新定义匠人智慧的内涵实质。

第一节 "匠"字的起源

一、"匠"字释义

我国是最早使用表意文字的国家之一，表意文字是一种用象征性书写符号记录信息的文字体系，几乎每一个汉字都有它的演变过程及其所代表的特殊含义，"匠"字当然也不例外。可从文字本质属性的角度看，对"匠"字的构造组成作深入分析研究，追根溯源，以期得到"匠"字最初的含义。从"匠"字的字形结构看,"匠"字从匚从斤,"匚"是一种可以用来装木工用具的敞口木箱,"斤"是木工用的斧头,所以"匠"字的本义是指木工,也称为"木匠"。最早时候,古代只有木工才会被称为"匠",因此,"匠"一般多指手艺人,或者解释为灵巧、巧妙的意思。后来随着文字的发展演变,凡具有专门技术或在某方面有突出成就的人都可以叫作"匠",如铁匠、能工巧匠、巨匠等。

工匠是指我国传统手工业中拥有一定的职业技术专长并以此谋生的匠人,诸如铁匠、木匠、篾匠、铜匠、金匠、银匠、锡匠、漆匠、弹花匠、织匠、染匠、鞋匠、锁匠、秤匠、伞匠、造纸匠、补锅匠、剃头匠、窑匠、车匠、船匠、箍桶匠、瓦匠、木雕匠、花匠、裱糊匠、磨刀匠、小炉匠等手工业各行各业的匠人。

匠 = 匚（竹筐）+ 斤（斤，斧子）

"匠"字的金文体

木匠做工图

第二章 匠人智慧

> 匠,木工也。
>
> ——《说文解字》

匠人,语出《墨子·天志上》:"譬若轮人之有规,匠人之有矩。"意思是说,做轮子的工匠用圆规和直尺来测定方和圆的形状。具体来说,有以下几种解释。

(一)木工,工匠

(1)《墨子·天志上》:"譬若轮人之有规,匠人之有矩。"

(2)南朝梁·沈约,《上建阙表》:"宜诏匠人,建此象阙,俯藉爱礼之心,以申子来之愿。"

(3)唐·韩愈,《题木居士》诗之二:"朽蠹不胜刀锯力,匠人虽巧欲何如!"

(4)明·冯梦龙,《警世通言·吕大郎还金完骨肉》:"恨地者,恨他树木生得不凑趣;若是凑趣,生得齐整如意,树本就好做屋柱,枝条大者,就好做梁,细者就好做椽,却不省了匠人工作。"

(5)赵树理,《三里湾》:"他什么匠人也不是,可是木匠、铁匠、石匠……差不多什么匠人的活儿也能下手。"

(6)范文澜、蔡美彪等,《中国通史》第三编第一章第二节:"造船是南方匠人的长技。"

(二)主管载灵柩下葬的人

《仪礼·既夕礼》"遂匠纳车于阶间",汉·郑玄注:"遂匠,遂人匠人也。遂人主引徒役,匠人主载柩窆,职相左右也。"

(三)古代巧匠

南朝梁·刘孝标,《广绝交论》:"若乃匠人锻成风之妙巧,伯子息流波之雅引。范张款款于下泉,尹班陶陶于永夕。"

（四）指擅长写作的人

唐·贾岛，《送令狐绹相公》诗："苦拟修文卷，重擎献匠人。"

二、与"匠"有关的成语

独具匠心	别具匠心	能工巧匠	匠心独运	匠心独具
大匠运斤	匠石运金	良工巧匠	独运匠心	神工意匠
匠心独妙	宗匠陶钧	目营心匠	一代宗匠	能人巧匠
匠遇作家	郢匠挥斤	文章宗匠	匠门弃材	梓匠轮舆

1. 郢匠挥斤

郢匠挥斤：比喻纯熟、高超的技艺。出自战国庄子的《庄子·徐无鬼》。

庄子送葬，过惠子墓，顾谓从者曰："郢人垩慢其鼻端，若蝇翼，使匠石斫之。匠石运斤成风，听而斫之，尽垩而鼻不伤，郢人立不失容。宋元君闻之，召匠石曰：'尝试为寡人为之。'匠石曰：'臣则尝能斫之。虽然臣之质死久矣。自夫子之死也，吾无以为质矣！吾无与言之矣。'"

庄子送葬，去惠子墓地的路上，他回过头来对跟随的人说："郢地有一个人把白色黏土涂抹在他的鼻尖上，（黏土薄得）像苍蝇的翅膀。于是他让一个叫石的匠人砍削掉这一小白点。匠石听他的话挥动斧子，快得像一阵风，很快地砍过去，削去鼻尖上的白泥，并且没有伤到鼻子。郢地的人站在那里脸色毫无改变。宋元君知道了这件事，找来匠石对他说：'你再给我砍一下试试。'匠石说：'我确实曾经能够砍削掉鼻尖上的小白点。尽管如此，我可以搭档的伙伴已经死去很久了。自从惠子离开人世，我也没有搭档了，没有与我争辩的人了。'"

2. 神工意匠

神工意匠：形容建筑、绘画等构思精妙，非人力所能为。出自近代赵朴初《平等院》。

赵朴初赞美平等院的建造工艺说，真的是叹为观止，平等院中的凤凰堂，站在那里仿佛经历了千年。不只是象教庄严继承了盛唐时期，更别有神工意匠。

3. 精益求精

精益求精：比喻已经很好了，还要求更好。出自先秦孔子《论语·学而》。

子贡曰："贫而无谄，富而无骄，何如？"子曰："可也。未若贫而乐，富而好礼者也。"子贡曰："《诗》云，'如切如磋，如琢如磨'。其斯之谓与？"子曰："赐也！始可与言《诗》已矣，告诸往而知来者。"宋朱熹注："言治骨角者，既切之而复磋之；治玉石者，既琢之而复磨之，治之已精，而益求其精也。"

有一次，孔子和子贡谈论做学问要由浅入深的问题。子贡问道："一个贫穷的人，见了富贵的人并不谄媚；或者，一个富贵的人，见了贫穷的人并不骄矜。这两种人的态度，可算好了吧？"孔子说："可以是可以了，但还不如贫而乐、富而好礼的人。"子贡说："《诗经》上说，'如切如磋，如琢如磨'。这意思是说，好了不能满足，要努力好上加好。对不对呢？"孔子说："我说了前句，你就能说出后句来。你有这一基础，就可以和你讲《诗经》了。你已有由浅入深的本领了。"宋代朱熹解释："说治疗骨质增生，既要切掉一截，还要再磋平滑；加工玉石，既要雕琢出形状，又要打磨细腻，已经做得很好了，还要更好。"

4. 鬼斧神工

鬼斧神工：形容建筑、雕塑等艺术技巧高超，像是鬼神制作出来的。出自战国庄子的《庄子·达生》。

梓庆削木为鐻，鐻成，见者惊犹鬼神。鲁侯见而问焉，曰："子何术以为焉？"对曰："臣工人，何术之有？虽然，有一焉。臣将为鐻，未尝敢以耗气也，必斋以静心。斋三日，而不敢怀庆赏爵禄；斋五日，不敢怀非誉巧拙；斋七日，辄然忘吾有四枝形体也。当是时也，无公朝，其巧专而外骨消。然后入山林，观天性形躯，至矣。然后成见鐻，然后加手焉；不然则已。则以天合天，器之所以疑神者，其由是与！"

梓庆用木头雕成一个鐻，形象逼真，活灵活现，见到它的人都特别惊奇，不敢相信这是人工做出来的，而好像出于鬼神之手。见到这个鐻后，鲁侯问梓庆："你是用什么法术制作它的？"梓庆笑笑说："我只是一个凡人，哪里有什么法术？在制作时，我聚精会神，心中没有杂念，并不想借此获得赏赐、封官等，而是忘掉名利，集中心思考虑如何才能制作好。自己四肢的形态都忘了。然后再到山林去仔细观察，找到合适的木材。与此同时，心中有了鐻，然后用手雕刻出来；不加修饰就已经做成了。"

三、"匠意""匠心""哲匠"

从"匠"字的本义来看，"匠"最早是指一种木工上的高超造诣。《周礼·考工记》所载的"攻木之工七"，所包括的轮、舆、弓、庐、匠、车、梓七项技能，基本上就是"匠"所涵盖的工艺范畴，后人又由此引伸出"匠人建国、匠人营国、匠人为沟洫（田间水道）"的说法。《韩非子·定法》中记有"夫匠者，手巧也"，因此当时的"匠"首先必须具备高超的手工技艺。由此可见，"匠"的基础源自经年累月的技艺经验。

孔子的八世孙孔鲋（公元前264—前208年、秦末汉初人），曾经仿效辞书之祖《尔雅》编撰出一部《小尔雅》，该书对从春秋战国以来的一些常用词汇的演变过程进行了归纳和总结。对于"匠"字，《小尔雅》就非常明确指出："匠，治也。"吕不韦在他的《吕氏春秋·贵公》中就曾经收录"大匠不斫"的典故，意思是说"处大官者，不欲小察，不欲小智"（居高位者不逞小智，不代下司职），这是"匠，治也"的更早起源。在此基础上，东汉思想家王充在《论衡·量知》又做了进一步的补充说明："能斫削柱梁，谓之木匠。能穿凿穴坎，谓之土匠。能雕琢文书，谓之史匠。"从这个时候开始，"匠"字便有了木工之外的含义，开始延伸到文学及其他工艺范畴。

经过这一系列的发展演变以后，"匠"字就已经不再特指手工技艺高超的人，尤其不再限于木工这个行业。"匠意"一词由此出现，意指巧妙的心思，也就是说作为一个"匠"，不仅要拥有高超的技艺，还要拥有灵活的心思、锐意创新的精神，要用"心"创造，这就是"匠心"。

"哲匠"一词有三个义项：①指明达而富有才能的大臣；②指有高明技术的工匠；③泛指有高超才艺的文人、画家等。每个义项都有出处，现在主要用后两个义项，指各种高明的工匠和书画家。在《中国古建筑名词图解辞典》里，编者专门辟出一章《哲匠》，里面记载了数十位古今名人，包括鲁班、伍子胥、墨翟、郭守敬、梁思成等，从这些名人里可以看出"哲匠"的含义。有学者说，哲与匠，代表人类最重要的两种生命品质。哲代表的是思想，思想者务要致广大；匠代表的是劳作，劳作者务要尽精微。因此，哲匠既是对手艺人的最高礼赞，也是对文化人的最美称呼。我国古代就有许多诗词作品提到了"哲匠"，例如，唐代杜甫的《赠特进汝阳王二十韵》中就曾经写道："学业醇儒富，辞华哲匠能。"唐代诗人李益的《华阴东泉同张处士诣藏律师兼简县内同官因寄齐中书》中也曾经提道："哲匠熙百工，日月被光泽。"可见，工匠不仅是指手艺人，同样也包括文人、知识分子。

从字形构造的角度，对"哲匠"作进一步的分析探究。"哲"字，由"折"和"口"组成，由于文字演变中的讹误，其上半部不是"折"，而应该是"斤"。在古文字中，"斤"即"斧"，为砍山崖阶梯形，当为铲除障碍，克服困难，解决问题。下部或从言或从心（小篆从口），均表示"劳心者"的形象，即指导、指挥者，用言语或心计指导别人去劳作的人当然是智者。由此来看，"哲"本义是聪明智慧。

无论是体力劳动，还是脑力劳动，要成为一个优秀的"匠"，首先必须要用心。由此，就出现了"意匠"这个名词，进而演变出一个词组"意匠经营"。"意"字是"心"与"音"两字的组合，默默地在心里说话，也就是思维，尚未说出口，就是"意"。"意匠"的意思就是动手之前与动手之中，要动脑子。作为一名"匠"，首先就是要用心、有心，做一个走心的手艺人，一个有想法、会设计的工匠，心手相应——想得出、也做得出，想得到、也做得到，而且，别出心裁。这就是"意匠"：心在手先，心手相应，心灵手巧。把"意匠"和"经营"组合到一起，说明这是一项复杂的劳动，除了有创意、有手艺外，还要有设计、有谋划、有管理。事实上，手艺人、工匠，就是古代制造产业的从业人，他们经常是生产者和管理者的合一，光做"意匠"不善"经营"，也成不了一代"哲匠"。一名勤劳智慧的工匠，就是"哲匠"。

第二节　我国古代的匠人智慧

我国是拥有数千年历史的文明古国，早在春秋战国时期，就出现了器具鼎盛的时代，小到生活用具，大到工程建筑，到处都体现着工匠精神和匠人智慧。现在，许多最令人叹为观止、匪夷所思的工艺品都产自那个时代。春秋战国时期，出现了许许多多大师级的工匠。那是产生鲁班的时代，那是称大匠为"哲匠"的时代，那是一个手艺人可以结社，建立"兼爱非攻"的和平主义理想学派"墨家"的时代。在那个时代，匠人精神弥漫于列国，匠人智慧渗透于各行各业。

一、匠人起源

匠人一词，最早出现于《墨子·天志上》中，里面提到"譬若轮人之有规，匠人之有矩"，意思是如同造车轮的人有了圆规，木匠有了矩尺。可见在春秋战国时期，匠人一般特指木匠、木工。

《周礼·考工记》记载："匠人营国，方九里，旁三门。国中九经九纬，经涂九轨。左祖右社，面朝后市，市朝一夫。"殷商时期已有"六工"，即土工、金工、石工、木工、兽工、草工专门从事这几个方面的劳动。攻木、攻金，这是建筑工匠的基本要素。到春秋战国之际，攻木、攻金的技术已有1000多年的历史，而铁制工具的使用，则成为鲁班发挥聪明才智的客观条件。建筑工匠一方面为皇家和官署服务，另一方面受雇于私人营造或出售自己的手工业产品。不仅统治者需要工匠，去建造宫廷、祠庙，农业的发展也需要工匠，农民定居要盖房子，生活需要家具和器皿。这个行业的形成和发展，也是后来人们尊崇鲁班为宗师的社会基础。

商朝（公元前1600年）有了青铜器，西周（公元前1046年）有了铁，到东周的春秋时代（公元前770年），铁制工具开始出现和普遍运用，从而才有了发明成套的木作工具和制作木铁机械的条件。夏朝（公元前1600年以前）开始制作砖瓦，烧砖瓦比烧陶器的技术要简单很多，但砖瓦反而比陶器晚了1500多年，因为那时的生产落后，还没有条件用砖去取代房屋建筑所用的土墙。从开始有砖，过去了六七百年，在《周礼·考工记》中，还没有砖墙的记述。它所记述的是打板筑墙要用绳子束板，记述的是瓦屋架和茅草屋架高度与进深的比例。

春秋战国以后，随着秦朝的一统天下，逐渐形成中央集权的时代，社会秩序逐渐趋于稳定，经济日渐繁荣昌盛，百业俱兴，工匠精神和匠人智慧得到了进一步的发扬光大。在秦朝时期，国家召集民间大匠组建将作少府，负责宫室、宗庙、陵寝等土木营建。秦朝已经形成比较精致的木构架建筑，砖瓦也用到了宫室。我国从秦朝之后，就进一步确立了工官制度，皇宫、陵寝、社庙及官府建筑，都是由专门的工官来监督营造的。建筑营造主要是木作。木工虽无高深的技术，但土木建筑要懂得规矩，要知道门窗和各种构件的尺寸，要懂得家具的尺寸，要有精巧的技艺。木工要懂木雕，石工要懂石雕，木瓦工、石工都要拜师求艺，这是行业帮会出现的社会背景，尤重传承，至今仍然保持着拜师傅、认祖师的师徒授受传统。

到了汉代，直接称作"大匠"，隋唐时期又综合起来称"将作监大匠"。由于"匠"早已不再是木工概念，这些"国之大匠"们的技艺可谓五花八门、面面俱到，水准绝对都是当时的"大家"。班固（公元32—92年）所写的《两都赋》，描绘了汉王朝首都的繁华和某些建筑的技术。

拜师图

到了唐朝时期，不仅单体建筑有了较高的技术水平，建筑的整体布局也有了较高的技术水平，如此才产生了王勃的《滕王阁序》、杜牧的《阿房宫赋》那样恢宏磅礴建筑形态的描述。人们熟悉的唐代将作监大匠阎立德、阎立本兄弟，他们不仅是杰出的器械专家，也是杰出的建筑大家、工艺美术家和画家，在诸多尤重"匠心"的领域，历史上的将作监大匠们多做到了匠心独运，故而在我国的历史文化上占有着重要的地位。

宋元时期有了鲁班祠的修建，祭祀鲁班便成为工匠手艺团体普遍的传统仪式。宋元之后对鲁班的传说越来越广。宋元以后编写的《木经》营造规则一类的书，也冠以鲁班的名字，称为《鲁班经》。很多有名的建筑构思巧妙、营造难度较大的建筑，也传说是鲁班化作神仙来建的。甚至隋朝大业年间（公元605—618年）由工匠李春之手所建的赵州桥，也说是鲁班修的。神话毕竟是神话，但尊重鲁班，使工匠的传人也增加了荣耀。现在，当看到那些瑰丽而巧夺天工的古代建筑时，总会情不自禁地为鲁班后人的功绩而赞叹。

到了清代时期，更是出现代表我国古代工匠精神和工匠智慧最高水平的宫廷建筑匠师家族——"样式雷"家族，该家族在清代长达200多年的时间里负责主持皇家建筑设计，而作为万园之园的圆明园，则是我国古代土木建筑的巅峰之作，集合了以"样式雷"家族为代表的清代优秀造园家及工匠的智慧，集当时古今中外造园艺术之大成，是我国传统艺术文化的集中体现。

我国自古就有发扬和传承匠人智慧的优秀传统，工匠精神是我国自古至今绵延百代孜孜以求的。早在《诗经》中，就把对骨器、象牙、玉石加工形象地描述为"如切如磋""如琢如磨"，孔子在《论语》中对此十分肯定，朱熹也在注中解读为"治之已精，而益求其精也"。《庄子》说"庖丁解牛、技进乎道"。

韩非子《五蠹》一文提到最早造房子的有巢氏、最早钻燧取火的燧人氏。"上古之世，人民少而禽兽众，人民不胜禽兽虫蛇。有圣人作，构木为巢以避群害，而民悦之，使王天下，号曰有巢氏。民食果蓏蚌蛤，腥臊恶臭而伤害腹胃，民多疾病。有圣人作，钻燧取火以化腥臊，而民说之，使王天下，号之曰燧人氏"。这就是最早的"匠人治国"的案例。

拓展内容

据说在远古蛮荒时期，人们不知道有火，也不知道怎么去用火。到了夜晚，四处一片漆黑，野兽的吼叫声此起彼伏，人们蜷缩在一起，又冷又怕。由于没有火，人们只能吃生的食物，所以经常生病，寿命也很短。天上有个大神叫伏羲，他看到人间生活这样艰难，心里很难过，他想让人们知道火的用处。于是伏羲大展神通，在山林中降下一场雷雨，随着"咔"的一声，雷电劈在树木上，树木燃烧起来，很快就变成了熊熊大火，人们被雷电和大火吓着了，到处奔逃。不久，雷雨停了，夜幕降临，雨后的大地更加湿冷，逃散的人们又聚到了一起，他们惊恐地看着燃烧的树木，这时候有个年轻人发现，原来经常在周围出现的野兽的嚎叫声没有了，他想："难道野兽也害怕这个发亮的东西吗?"于是，他勇敢地走到火边，他发现身上好暖和呀。他兴奋地招呼大家："快来呀，这个发亮的东西一点也不可怕，它给我们带来了光明和温暖!"这时候，人们又发现不远处烧死的野兽，发出了阵阵香味。人们聚到火边，分吃烧过的野兽肉，觉得自己从来没有吃过这样的美味。人们感受到了火的可贵，他们捡来树枝，点燃火，保留起来。每天都有人轮流守着火种，不让它熄灭。可是有一天，值守的人睡着了，火燃尽了树枝，熄灭了。人们又重新陷入了黑暗和寒冷之中，痛苦极了。大神伏羲在天上看到这一切，他来到最先发现火的用处的那个年轻人的梦里，告诉他："在遥远的西方有一个遂明国，那里有火种，你可以去那里把火种取回来。"年轻人醒了，想起梦里大神说的话，决心到遂明国去寻找火种。年轻人翻过高山，涉过大河，穿过森林，历尽艰辛，终于来到了遂明国。可是这里没有阳光，不分昼夜，四处一片黑暗，根本没有火。年轻人非常失望，就坐在一棵叫作"遂木"的大树下休息。突然，年轻人眼前有亮光一闪，又一闪，把周围照得很明亮。年轻人立刻站起来，四处寻找光源。这时候他发现就在遂木树上，有几只大鸟正在用短而硬的喙啄树上的虫子。只要它们一啄，树上就闪出明亮的火花。年轻人看到这种情景，脑子里灵光一闪，他立刻折了一些遂木的树枝，用小树枝去钻大树枝，树枝上果然闪出火光，可是却着不起火来。年轻人不灰心，他找来各种树枝，耐心地用不同的树枝进行摩擦。终于，树枝上冒烟了，然后出火了。年轻人高兴地流下了眼泪。年轻人回到家乡，为人们带回来永远不会熄灭的火种"钻木取火"的办法，从此人们再也不用生活在寒冷和恐惧中了。人们被这个年轻人的勇气和智慧折服，推举他做首领，并称他为"燧人"，也就是取火者的意思。

《庖丁解牛》对匠人智慧进行了最好的诠释。《庖丁解牛》是《庄子·内篇·养生主》记载的一则寓言故事，讲的是古时候有一个名叫庖丁的厨师宰牛技术十分高超，他替文惠君宰牛，手所接触的地方，肩所靠着的地方，脚所踩着的地方，膝所顶着的地方，都发出皮骨相离声，刀子刺进去时响声更大，这些声音没有不合乎音律的，梁惠王赞不绝口，问他为何操练得如此娴熟。庖丁说他做宰牛这行当十九年来，潜心探究宰牛规律超过对宰牛技术的追求。刚开始宰牛的时候，看见的只是整头的牛；三年之后，再也看不见整头的牛了；现在宰牛的时候，只要用精神去接触牛的身体就可以了，而不必用眼睛去看，就像感觉器官停止活动了而全凭精神意愿在活动。顺着牛体的肌理结构，劈开筋骨间大的空隙，沿着骨节间的空穴使刀，都是依顺着牛体本来的结构。他这把刀整整用了十九年，宰牛上千头，刀刃仍像刚从磨刀石上磨出来一样。一个普通的厨师把宰牛这件平凡的小事做得如此奇妙无穷，这就是工匠精神。要想做到这些，必须要有深厚的修养和高超的智慧。

庖丁为文惠君解牛，手之所触，肩之所倚，足之所履，膝之所踦，砉然响然，奏刀騞然，莫不中音。合于《桑林》之舞，乃中《经首》之会。

文惠君曰:"嘻,善哉!技盖至此乎?"

庖丁释刀对曰:"臣之所好者,道也,进乎技矣。始臣之解牛之时,所见无非牛者;三年之后,未尝见全牛也;方今之时,臣以神遇而不以目视,官知止而神欲行。依乎天理,批大郤,导大窾,因其固然。技经肯綮之未尝,而况大軱乎!良庖岁更刀,割也;族庖月更刀,折也。今臣之刀十九年矣,所解数千牛矣,而刀刃若新发于硎。彼节者有间,而刀刃者无厚;以无厚入有间,恢恢乎其于游刃必有余地矣,是以十九年而刀刃若新发于硎。虽然,每至于族,吾见其难为,怵然为戒,视为止,行为迟,动刀甚微,謋然已解,如土委地。提刀而立,为之四顾,为之踌躇满志,善刀而藏之。"

文惠君曰:"善哉!吾闻庖丁之言,得养生焉。"

二、工匠智慧

(一)榫卯结构

上梁大吉

榫卯结构,我国古建筑以木材、砖瓦为主要建筑材料,以木构架结构为主要结构方式,由立柱、梁、檩等主要构件建造而成,各个构件之间的连接点以榫卯相吻合,构成富有弹性的框架。

榫卯是在两个木构件上所采用的一种凹凸结合的连接方式。凸出部分叫榫(或榫头);凹进部分叫卯(或榫眼、榫槽),榫和卯咬合,起到连接作用。这是我国古代建筑、家具及其他木制器械的主要结构方式。榫卯结构是榫和卯的结合,是木构件之间多与少、高与低、长与短之间的巧妙组合,可有效地限制木构件向各个方向的扭动。最基本的榫卯结构由两个构件组成,其中一个的榫头插入另一个的卯眼中,使两个木构件连接并固定。榫头伸入卯眼的部分被称为榫舌,其余部分则称作榫肩。

榫卯结构广泛用于建筑和家具,体现出家具与建筑的密切关系。榫卯结构应用于房屋建筑后,虽然每个木构件都比较单薄,但是整体上却能承受巨大的压力。这种结构不在于个体的强大,而是互相结合,互相支撑,这种结构成为后代建筑和中式家具的基本模式。

燕尾榫：两块平板直角相接，为防止受拉力时脱开，榫头做成梯台形。

夹头榫：这是案形结体家具常用的一种榫卯结构。这种结构能使四只足腿将牙条夹住，并连结成方框，能使案面和足腿的角度不易改变，使四足均匀地承载案面重量。

插肩榫：案类家具常用的一种榫卯结构。腿子在肩部开口并将外皮削出八字斜肩，用于和牙子相交。

(二) 都江堰水利工程

都江堰水利工程

公元前256年，战国时期秦国蜀郡太守李冰率众修建的都江堰水利工程，位于四川省成都市平原西部都江堰市西侧的岷江上，距成都56千米。该大型水利工程现存至今依旧在灌溉田畴，是造福人民的伟大水利工程。其以年代久、无坝引水为特征，是世界水利文化的鼻祖。这项工程主要由鱼嘴分水堤、飞沙堰溢洪道、宝瓶口进水口3大部分和百丈堤、人字堤等附属工程构成，科学解决江水自动分流（鱼嘴分水堤四六分水）、自动排沙（鱼嘴分水堤二八分沙）、控制进水流量（宝瓶口与飞沙堰）等问题，消除了水患。灌溉面积达到66.87万公顷，灌溉区域已达40余县。人们为纪念李冰父子，建了一座李冰父子庙，称为二王庙。

(三) 铸剑鼻祖欧冶子

欧冶子（约公元前514年前后），铸剑师。春秋末期到战国初期越国人，我国古代铸剑鼻祖，龙泉宝剑创始人。一说为古代瓯江流域生活着的闽族匠人。福州古称冶城，市北的冶山和欧冶池，是欧冶子铸剑的地方。另外，福建北部的湛卢山、浙江龙泉七星井，均有欧冶子铸剑的遗迹。欧冶子诞生时，正值东周列国纷争，先是吴国攻破楚国，后是吴越先后吞并长江以南45国。少年时代，他从母舅那里学会冶金技术，开始冶铸青铜剑和铁锄、铁斧等生产工具。他身体强健、刻苦耐劳、肯动脑筋，具有非凡的智慧。他发现铜和铁性能的不同之处，冶铸出第一把铁剑"龙渊"（后改名为龙泉剑），开创我国冷兵器之先河。

被中香炉

(四)被中香炉

一个铜制的容器,里面放入火炭,置于被中,就成为我国古代用于冬天取暖、薰香的被中香炉,又称香熏球、卧褥香炉、熏球等。被中香炉的特点是无论如何翻腾都不会漏出火炭,还能保温取暖。

被中香炉整体为圆球形,圆球形外壳和位于中心的半球形炉体之间有两层或三层的同心圆环,炉体在径向的两端各有短轴,支承在内环的两个径向孔内,能自由转动。同样,内环支承在外环上,外环支承在圆球形外壳的内壁上。炉体、内环、外环和外壳内壁的支承轴线依次互相垂直,炉体由于重力作用,无论如何滚转,炉口总是保持垂直的水平状态。因此,被中香炉便可以放在被褥当中而不会火烧灰散。

现代物理学认为,要使具有一定重量的物体不倾斜翻倒,最佳的方法是采用"支点悬挂",被中香炉就是用了这种现代机械的陀螺仪结构。

在我国古代还有许多匠人智慧的传承者。

魏伯阳,会稽上虞(现浙江省绍兴市上虞区)人。生活在距今1800年前,东汉时代的炼丹家(炼丹即冶炼),被后人尊称为"万古丹经王"。积多年实践经验写成《周易参同契》,这部不朽著作是世界上现存的第一部冶炼著作。

戴逵,谯郡铚县(今安徽省濉溪县)人,居会稽剡县(今浙江省绍兴市嵊州市)。东晋时期著名的石刻雕塑家,为人谦和,技法高超,其在南京瓦官寺作的五躯佛像和顾恺之的《维摩诘像》及狮子国(锡兰岛今斯里兰卡)的玉像,共称为"瓦官寺三绝"。

裴秀，魏晋时期河东闻喜（今山西省闻喜县）人，我国优秀的地图学家。曾主持完成我国最早的历史地图集《禹贡地域图》和《地形方丈图》。在实践中创立的"制图六体"，成为世界上最早的地图学理论。

綦毋怀文（生卒年不详），我国南北朝时期著名的冶金家，创造一种新的炼钢方法，后世称为"灌钢法"或"团钢法"。这是我国冶金史上一项杰出的成就和创造，在世界炼钢史上占有一定地位。

刘焯，信都昌亭（今河北省冀县）人，隋朝时期的科学家。刘焯把一生的研究成果都写进《皇极历》这一部历书中，其中最伟大的成就是在世界上第一次提出等间距二次内插公式。

三、文化匠人

在我国古代，工匠有着更为广泛的含义，它不仅包括创造巨大物质财富、技术娴熟的手工匠人，还应该包括创造精神财富的文化匠人，他们的勤劳、专注、敬业、创新精神，一起构成了中华文明传承数千年的匠人智慧。

"匠人"是一个脑力劳动和体力劳动并重的工作。在这个行业里也有分工，有人偏重于设计的脑力劳动，指挥大家共同完成一项工程。这种手口并重的匠人就是"哲"，手持斧头，且滔滔不绝。所以，哲人，最早也不过是能说会道的匠人，比如，公输班，鲁国的大木匠、工程师、建筑家、设计家、桥梁学家、兵器学家。还有墨翟（也称墨子），墨家学派的领袖，他不满足于只是设计宫殿，还想设计天下，设计人们的思想观念。因此，匠人既包括体力劳动者，也包括脑力劳动者。诗人、哲学家、艺术家，才华横溢，对学问孜孜以求，对文学艺术创作精益求精，其严谨的治学态度和刻苦的钻研精神，同样也是匠人智慧。著名文艺理论家朱光潜曾经在《谈美》中说道，"凡是艺术家都须有一半是诗人，一半是匠人。他要有诗人的妙悟，要有匠人的手腕，只有匠人的手腕而没有诗人的妙悟，固不能有创作；只有诗人的妙悟而没有匠人的手腕，即创作亦难尽善尽美。妙悟来自性灵，手腕则可得于模仿。匠人虽比诗人身份低，但也绝不可少。青年作家往往会忽略这一点。"

小故事 ▶

● 贾岛"推敲"斟酌的故事

唐朝时期的贾岛是著名的苦吟派诗人。有一次,贾岛骑着毛驴在长安朱雀大街上走。那时正是深秋时分,金风一吹,落叶飘飘,景色十分迷人。贾岛一高兴,吟出一句"落叶满长安"来。但一琢磨,这是下一句,还得有个上句才行。他就苦思冥想起来,一边骑驴往前走,一边念念叨叨。对面有个官员过来,鸣锣开道,前呼后拥。那锣敲得山响,贾岛愣是没有听见。那官员不是别人,正是京兆尹,用今天的职务来说就是西安市市长。他叫刘栖楚,见贾岛闯了过来,非常生气。贾岛忽然来了灵感,大喊一声:"秋风牛渭水。"刘栖楚吓了一跳,以为他是个疯子,叫人把他抓了起来,关了一夜。贾岛虽然吃了不少苦头,却吟成了一首诗《忆江上吴处士》:

闽国扬帆去,蟾蜍亏复圆。
秋风生渭水,落叶满长安。
此地聚会夕,当时雷雨寒。
兰桡殊未返,消息海云端。

贾岛吃了一回亏,却还是不长记性。没过多久,他又一次骑驴闯进了官道。他正琢磨着一句诗,那就是"僧推月下门"。可他又觉着推不太合适,不如敲好。嘴里就推敲推敲地念叨着。不知不觉,他就骑着驴闯进了大官韩愈的仪仗队里。

韩愈比刘栖楚有涵养,他问贾岛为什么乱闯。贾岛就把自己做了一首诗,但是其中一句拿不定主意是用"推"好、还是用"敲"好的事说了一遍。韩愈听了,哈哈大笑,对贾岛说:"我看还是用'敲'好,万一门是关着的,推怎么能推开呢?再者去别人家,又是晚上,还是敲门有礼貌呀!"贾岛听了连连点头。他这回不但没受到处罚,还和韩愈交上了朋友。

题李凝幽居
唐·贾岛

闲居少邻并,草径入荒园。
鸟宿池边树,僧敲月下门。
过桥分野色,移石动云根。
暂去还来此,幽期不负言。

推敲从此也就成了脍炙人口的常用词,用来比喻做文章或做事时,反复琢磨和斟酌。

第三节 匠人信仰

工匠是我国古代文明和社会进步的中坚力量,从简单工具的创造,到各种生活器皿、生产用具的制作,再到生产制作工艺流程的设计与优化,以至于各种大小土木工程规划、设计与施工等,都可见工匠的身影。我国历史上历朝历代所涌现出来的能工巧匠和工匠大师,不仅受到社会各界的认可、尊敬与拥戴,而且往往为民众百姓所崇拜,有的甚至被推崇为具有神话意味的行业之神。鲁班是我国古代的传奇工匠,他虽不是我国历史上最早的工匠,却是自春秋战国以来我国历史上最为著名的工匠,被后人誉为"百工之祖"。

一、工匠含义的演化

工匠含义的演化与我国文字发展有着密切关系,文字学家杨树达著《积微居小学述林·释工》解释:"工,像曲尺之形,盖工既曲尺也。"《周礼·考工记》中记述:"知者创物,巧者述之,守之世,谓之工。"《考工典》王昭禹曰:"兴事造业之谓工。"后来经过漫长演变,"工"由"曲尺"引申为工人和工业的意思。

先秦时期,"匠人"分为"官匠"和"民匠"。"官匠"主要是负责营建宫室城邑,如《考工记·匠人》曰:"匠人营国,方九里,旁三门。国中九经九纬,经涂九轨。左祖右社,面朝后市。"此外,还包括修建农业水利工程的建设者,"匠人为沟洫……九夫为井,井间广四尺,深四尺,谓之沟。方十里为成,成间广八尺,深八尺,谓之洫"。郑玄注:"主通利田间之水道。""沟洫"即田间水渠。"民匠"是从事传统手工业生产的劳动者,主要是指在家庭、作坊或在手工工场里劳动的技术工人。所以"匠人"有时也称"工人"。《论语·卫灵公》曰:"工欲善其事,必先利其器。"此处的"工"是指工人的"工"。"工人"是指工巧之人,与"工匠"同义。在《庄子》一书中,有一则鲁侯和梓庆的对话,梓庆削木为镶，镶成，见者惊犹鬼神。鲁侯见而问焉，曰："子何术以为焉？"对曰："臣工人，何术之有？"《庄子》中类似的"工人"一词，在其他古代文献中也有出现，《韩非子·解老》云："工人数变业则失其功，作者数摇徙则亡其功。工匠还有"人""梓匠"的别称。梓是一种落叶乔木，其木材一般做建筑及制造器物之用。《山海经·南山经》中有："虖勺之山，其上多梓楠，其下多荆杞。"《说文》曰："梓，楸也。"梓木，又名楸木，为木中之王。《诗·小雅·小弁》："维桑与梓，必恭敬止。"《尚书·梓材》曰："若作梓材，既勤朴斫。"唐人陆德明释曰："治木器曰梓。"《孟子·尽心下》曰："梓、匠、轮、舆，能与人规矩，不能使人巧。"可以看出"梓人""梓匠"与工匠同义。

总之，"工""匠"与工匠意思相近，都是指那些具有专门技艺的手工业劳动者。但从严格意义上讲，工匠应该是指那些既掌握专门的技术制作专长，还具有一定设计能力的手工业劳动者。

二、百工释义

在古代文献中，"工"有时也称"百工"，西周时期是指工奴。《墨子·节用中》曰："凡天下群百工，轮、车、鞼、鲍、陶、冶、梓、匠，使各从事其所能。"《考工典·考工总部·汇考》引文曰："工，百工也，考察也。以其精巧工于制器，故谓之工。"又说"百工之事"是"烁金以为刃，凝土以为器，作车以行陆，作舟以行水"。"百工"原为周代的官职，主管营建制造，后来泛指工匠。"百工"是我国古代社会的基本成员之一，《国语·齐语》把社会成员按职业划分为四类，即士、农、工、商。《周礼·考工记·总序》把社会成员划分为六类，分别是王公、大夫、百工、农夫、妇功、商旅，"国有六职，百工与居一焉"，并且对"百工"的职责做了明确的概括："审曲面势，以饬五材，以辨民器，谓之百工。"汉郑玄注曰："百工，司空事官之属……司空掌营城郭，建都邑，立社稷宗庙，造宫室、车服、器械。""百工之事"是以"审曲面势，以饬五材，以辨民器"为职责，担负着各种手工制成品的生产任务，包括车辆制造、兵器、乐器、容器、玉器、皮革、练丝、染色、陶瓷、建筑和水利工程等各类项目。郭沫若认为，殷周的百工就是百官，《考工记》三十六工也都是官，是一些国家官吏管辖着各项生产工艺品的奴隶以从事生产。

《尚书·康诰》中也有"百工"一词，如"侯、甸、男邦、采、卫、百工、播民，和见士于周"。《尚书·尧典》中有"允釐百工绩成熙"，是指从事各种手工业的工人，有时也指管理工人的工官。春秋战国时期，已经出现私人手工业者，《论语·子张》中有"百工居肆，以成其事"之说。"百工"原本是主管营建制造的工官名称，但已经演变为各种手工业者和手工业行业的总称。"百工"属"工师"管辖，工师是监工者，负考察工人之责。"工有不当，必行其罪"，足见百工是官府的隶属，并非完全自由的人，"百工"的职责范围基本涵盖"工匠"一词的主要内涵。《庄子·徐无鬼》中有："庶人有旦暮之业则劝，百工有器械之巧则壮。""百工"，《中国历史大辞典》中解释为"官名，殷代始置，周代沿置，为掌营造的工官"；《辞海》解释为"西周时工奴的总称"；《中国通史简编》解释为"掌握专门技术、占有手工业奴隶的奴隶主，是百姓的组成部分"。

三、技艺与技术

技艺是技术的早期形态，之所以把"技"与"艺"相连，是因为"技艺"体现出人文精神。庄子十分推崇先秦匠人巧夺天工的精湛技艺，如对庖丁解牛技艺的评价是"游刃有余""合于桑林之舞，乃中经首之会"。他在《天地》篇中说："通于天地者德也，行于万物者道也，上治人者事也，能有所艺者技也。技兼于事，事兼于义，义兼于德，德兼于道，道兼于天。"也就是说"技"与"艺"密切相通，而且合于天道。通常认为庄子是一个反技术主义者，主要是根据《庄子》中"抱瓮灌园"

的议论。

技艺则不同，鲁班等匠人的高超技艺出神入化、炉火纯青，达到了一个高超的境界。这是一个自由的境界，是一个全身心获得解放的世界，在技艺的世界里，匠人可以随心所欲，不受束缚。

古代匠人追求的技艺是最简单的技术，它还没有片面化为达成一个简单目的的工具，也就是所制作的产品可以是副产品。文工匠更看重的是类似于艺术创作的制作过程，因为这个工艺活动过程直接构成他们的存在方式，让他们感悟到自己作为匠人存在的意义和自由的真谛。因此，正像庄子笔下的匠人庖丁，他的手艺已经带有表演和艺术化的色彩，甚至进入一个审美的生命境界，实现着生命的意义和价值，而不仅是以赚钱为目的。"文化"一词本身也揭示技艺与人文的同一性。"文"来自"纹"，指纹彩、装饰，如地着文锦。"文"又通"艺"，艺本来是指农事稼穑之技（技术在顺始意义上是与文化、艺术同一的，它们都起"揭示"作用）。

知识链接

抱瓮灌园

《庄子·天地》载：孔子学生子贡，在游楚返晋过汉阴时，见一位老人抱着瓮下井装水运到园中浇菜，用力甚多而见功很少，就建议他用机械汲水，既省力又快。老人愤然而笑曰："吾闻之吾师，有机械者必有机事，有机事者必有机心，机心存于胸中，则纯白不备，纯白不备，则神生不定，神生不定者，道之所不载也。吾非不知，羞而不为也。"后以"抱瓮灌园"指安于拙陋的田园生活。

四、传统"工匠"的基本特征

先秦工匠是社会的一个特殊群体，从职业特点看，具有一些突出的特点。

其一是手工操作。工匠属于手工劳动者，木匠、石匠等都是个体手工劳动者。《商君书·算地》曰："技艺之士资在于手。"传统"工匠"大多被称为"手艺人"。

匠人运用自己的智慧和能力制造物并加工物，也就是制造和生产。技术是指制造一个原来并不存在的物，即人工之物，显然这个物并不以物自身为目的，而是以人为目的。于是，技术成为人的工具或手段，人借此来服务于自身的目的。匠人的"技"具有独特的意义，它是人用手直接或间接与物打交道的过程。作为手工的活动，"技"在汉语中通常被理解为"手艺"或"手段"。

其二是依靠工具。工具本质上是劳动者身体的延伸。虽然是手工劳动，但也不能光靠手，劳作需要运用工具去作用于劳动对象。古代的工具构造简单，多为容易制造的刀、斧、锯、刨之类。这些工具虽然很容易掌握，但使用的效果因人而异。操作者的水平，即手艺显得更为重要。与此不同，在近现代技术体系中，虽然工具系统精密复杂，但操作方法趋向简单，生产的效果更多取决于工具的先进程度。对于传统手工生产来说，工匠是生产的主体，人应用工具，但支配工具；对于现代工业生产来说，机器是主体，工人是机器的附属。这就是技术的异化。在技术时代，人与工具的关系已经发生根本的变化。

其三是依靠绝活。《说文解字》云："工，巧饰也。"《广雅·释诂三》亦云："工，巧也。"说明"工"或"工人"首先是具有专门技能的劳动者。"匠"本来就有"治""做""制造"等含义，说明"匠人"必须具备专门的生产技术制造某种产品。掌握某一专门手艺的手工活动者成为匠人，而其中最优秀的则被称为"巧匠""哲匠""匠师"等，相当于现代的工程师、建筑师之类的技术专家。鲁班、墨子等手工技能要靠手来进行，因为手是身体的一部分，所以手工技能从根本上依赖于人的身体，是身体性的活动。

五、百工的演化

《辞海·工部》："工，匠也。凡执艺事成器物以利用者，皆谓之工。",在"匚"部中的工匠是指有专门技术的工人。"工"的主要含义《考工典》引用王昭禹语:"兴事造业之谓工。""工"往往又称"百工",《考工典·考工总部·汇考》引文:"工,百工也,考察也。以其精巧工于制器,故谓之工。""匠"在古代主要有"工匠""制造""治理"和"经营"等义。《说文解字·匚部》:"匠,木工也。从匚,从斤。斤,所以作器也。"清代段玉裁在《说文解字·匚部》注解中说:"匠,以木工之称,引申为百工之称也""百工皆称工,称匠独举木工者,其字从斤也"。木工除用"斤"作为工具外,还使用"绳墨"作为画线的规矩准则,《孟子·尽心上》中有"大匠不为拙工改废绳墨"的记载。《吕氏春秋·贵公》:"处大官者,不欲小察,不欲小智。故曰:'大匠不斫,大庖不豆,大勇不斗,大兵不寇。'"

(一)工匠的产生与演化

我国古代手工业的技术发展,基本上是建立在个人技艺娴熟的基础上。一些秘方绝技也大多是在长时期的实践中,通过经验的积累,熟能生巧,逐步摸索,并在此过程中接受父兄的长期言传身教和熏陶。古代手工业生产技术往往由某个家族中的某些成员世代相传,如《考工记》中曰:"知者创物,巧者述之,守之世,谓之工。"后人注解:"守之世"是指"父子世以相教""其曰某人者,以其事名官也;其曰某氏者,官有世功,若族有世业,以氏名官者也"。世代相传有利于知识的不断积累,所达到的技艺水平是其他未受家传的外人望尘莫及的,但家族的保守也同时阻碍了技术的推广和借鉴。《历代考工典》中说"制器"之事"盖有人事则有之"。我国古代手工业技术是由一类富有经验、且心灵手巧的人群所掌握,这类人群就是"工匠"。农业与手工业的分工促进手工业的发展,于是古代技术发展的主体——"工匠"随之产生。

(二)传统工匠的共同特征

(1)身份地位低下,存在较强的人身依附关系。在古代等级森严的社会中,传统的工匠一直处于社会的下层,在官府工匠中,许多来自罪犯刑徒，直到明代都是"造作工役，以囚人罚充"。继唐宋之后，虽然手工业者的地位有所提高，但由于封建政府一直奉行"重农抑商"的基本国策，元代之后开始实行严格的"匠籍"制度，对工匠们进行种种限制和奴役，所以工匠始终难以获得与普通劳动者相平等的社会地位。

（2）身份世袭，职业相对固定。为保持社会阶层的稳定，更可以保护劳动技能与经验的有效传承，西周时期就对手工业者有所规定，不允许迁业。《荀子·儒效》篇中谓之："工匠之子，莫不继事。"《国语·齐语》记载："少而习焉，其心安焉，不见异物而迁焉。是故其父兄之教，不肃而成，其子弟之学，不劳而能。夫是，故工之子恒为工。"在清政府废除"匠籍"制度之前，工匠都受到该制度的严格制约，不仅职业世袭，而且从一而终。之后虽然废除"匠籍"制度，但工匠职业终身和世守家业的现象仍然存在，一定程度上也有利于经验的积累与技术水平的不断提高。

（3）手工操作，依靠手工技能得以生存。与现代行业的技术人员不同的是，传统的行业工匠主要依靠其手工技艺求得生存，当时的工匠们都被称为"手艺人"。实际上，他们也非绝对不使用工具，在传统的器具中也有许多都是重要的生产机器。但是传统的行业工匠们运用机器进行生产与现代的产业工人使用机器进行生产的性质是不同的，特别是在主客关系上，现代行业产业中，机器是主体，而工人是机器的附庸，传统的行业工匠则始终是生产过程中的主体。

（4）行会组织封闭，发展程度不高。我国古代很早就有工匠制度和专门管理工匠的官职。民间的工匠往往是家庭作坊式经营，其相应的社会组织也往往包含于政府组织和家族组织的体系中。较早的地缘性组织"行"自隋唐兴起，"会馆""公所"自明清兴起，而"行、帮"组织出现得更晚一些。行会只是处于社会中下层者的民间组织，主要职能是制定行规，限制和规范同行业成员的各种活动。

（三）传统工匠技术的传承模式

在古代手工业领域，传统的手工匠人对技术的传承和专门的技术培养主要有以下三种模式。

1. 父传子继的血缘世袭

传统工匠们掌握特殊熟练的经验和技巧，讲究技术的世袭家传，家庭成为传统行业技艺传授的基本单元。绝大部分民间手工业生产具有非常严格的传承制度，"城乡各种手工业者通常是父子相承，职业世袭"，民间的工匠技术只传于家族内，防止技术外传是普遍遵循的一个原则。父兄之教的血缘世袭，得以保持手工业劳动者的相对稳定，使之能相互切磋，提高技艺。儒家经典著作《礼记》中的《学记》一篇中有着对古代手工业"父传子继"教育的生动描述："良冶之子，必学为裘；良弓之子，必学为箕；始驾马者反之，车在马前。君子察于此三者，可以有志于学矣。"

2. 民间的师徒传承

春秋战国时期已产生学徒制度，通过拜师学艺，师傅带徒弟也是传授经验和技术的一条途径，与家传绝技一样，有着严格的技术保护特点。《庄子·人间世》中记载师傅和弟子"见栎社树，其大蔽数千牛，絜（用绳量粗细）之百围……观者如市，匠伯不顾，遂行不辍（停止）……弟子厌观之，走及匠伯，曰：'自吾执斧斤以随夫子，未尝见材如此其美也。先生不肯视，行不辍，何也？'"这一记载说明当时已存在师傅带徒弟的制度。师徒相传的一个特点是师傅传授给学徒的只是一般的技术，而往往会保留技术中的绝技或诀窍。至于师傅的核心技术，即师傅的"看家本领"是通过"父兄之教"和"子弟之学"的血缘世袭而留传到后世的。

3. 官营艺徒传习

我国古代工官制度是指在中央政府中设置专门的机构和官吏，来管理皇家各项工程的设计施工，包括其他手工业生产。学徒制在古代宫廷和官府手工业作坊中也是一种重要的技术传授和训练方式。周朝时期设有司空，后世设有将作监、少府或工部。唐代设立少府监和将作监，少府监是指"掌百工技巧之政"，即负责天子和皇族生活日常用品的制作等，将作监是指"掌土木工匠之政"，即负责朝廷的土木建筑。这两监从全国选拔出优秀的工匠，担负培养和训练艺徒的职责。管理官营手工业的机构从中央政府到地方政府机构中都有设置，逐渐形成一个庞大的体系。这些官营手工业作坊均采取艺徒制的教育形式，培养了大批能工巧匠。唐代的官营手工业作坊的发展促进了艺徒制的完善。

从以上三种模式可以看出，不论是官府手工业还是家庭手工作坊式，其手工业技术的传播都受到一定程度的限制，使我国古代手工业技术具有一定的封闭性。

（四）古代工匠的地位及其社会影响

自古以来，手工业和农业一样，与人们的日常生活和社会发展息息相关。因此，工匠与农夫成为社会生活中不可或缺的劳动者和创造者，进而成为社会文明与进步的实践者和中坚力量。农夫为收成和农业水平的提升与发展，会通过察地观天，预测节气候时的变化，不断认识和掌握自然规律，合理安排农事、适时应对季节变换，以取得好的收成。工匠则铄金为刃、凝土为器，以规矩正方圆，以准绳测曲直，不断执着于某一工种行当，毕其终生专注一事一物，制造出得心应手、省时省力且事半功倍的工具，建造出保障人类安全、适宜人类生存的各种场所，最终达到"物我一体""道器合一"的境界，为推动经济、社会、政治、文化的发展作出巨大的贡献。所以，在我国古代，工匠不仅被称为通天通地的智慧拥有者，工匠事工之法还往往被应用到治国理政中，进而成为各种社会思想的源泉和各种文化知识的原点。

1. 工匠为通天通地的智慧之人

在古代，工匠具有重要的社会地位，也具有存在的社会价值。古时，由于对自然世界认识的局限性，人们往往把世界分为天、地、人三界，而天属神、地属民。人们认为，通天之人即为"圣"，通地之人则为"王"，具体到现实社会生活中，能够发明创造和制造工具且掌握特殊技艺之人，即为圣人、王者。《周礼·考工记》中说："百工之事，皆圣人之作也。铄金以为刃，凝土以为器，作车以行陆，作舟以行水，此皆圣人之作也。"因此，古代神话故事中的神人多发明创造且身怀绝技。比如，有巢氏在树上筑巢而居，燧人氏钻木取火，女娲补天，后羿射日，大禹治水，神农氏教民农耕，伏羲渔猎畜牧、始画八卦、书契记事等。正因为他们多有发明创造且能力超群，为社会发展进步带来了动力，所以被称为圣人或神人。我国古代典籍《周髀算经》中，有一段文字也描述了掌握规矩之人的地位和作用："平矩以正绳，偃矩以望高，覆矩以测深，卧矩以知远，环矩以为圆，合矩以为方。方属地，圆属天，天圆地方……是故知地者智，知天者圣。智出于句，句出于矩。"由此可以看出，矩是沟通天地的象征物，而使用矩这一工具的人是"巫人"，也是圣人。张光直认为："矩可以用来画方，也可以用来画圆，用这工具的人，便是知天知地的人。巫便是知天知地又是能通天通地的专家，所以用矩的专家正是巫师。"这也说明，凡从事百工、会使用规矩且技艺精进者，皆为众人所敬仰。

　　从夏朝、殷商到周朝时期，工匠的社会地位非常高，被认为是国家建设的功臣。因为他们所拥有的技艺能够帮助国家建造城郭；他们也是治理国家的谏臣，因为他们平时多运用规矩准绳，知是非曲直，可以为国家治理建言献策。《周礼·天官冢宰》开篇便有"惟王建国，辨方正位"之说，《周礼·考工记》开篇则有"惟匠建国"之说。国，古时同于"城郭"，建国即建城郭。这里所说的核心在于，建国首先要选好地址、辨正方位，才能建好城池，而工匠是建设城池的主要实施者，所以工匠在建国过程中具有重要的作用。因此，古代即有"王为天子，匠为天工"之说。古代的"家国天下"是以具体的城郭为中心向外扩延，它既是政治格局的扩张，也是匠人和手工技艺的扩张。所以，古时有"匠人营国，方九里，旁三门。国中九经九纬，经涂九轨。左祖右社，前朝后市"等之说。《周易·系辞下》认为，离、益、涣、随、豫、小过、大壮等卦象都是取之于各类技术发明，即"备物致用，立成器以为天下利，莫大乎圣人"。

2. 工匠事工可咨治国理政

自古工匠善用规矩准绳为工具，讲究尺度曲直，而这往往会被引申到理政治国的社会实践之中。因为治国理政最为关键之处就是法度，只有依规依法才能辨是非、识曲直。例如，夏朝的垂和奚仲、殷商武丁时期的传说等，虽然史书上关于他们个体的手工技艺及其发明创造的各种器物没有作过多的记载和描述，但是，历朝历代的文人志士，尤其是历史上的圣贤之人对于知名工匠的评说，以及由此及彼所引申出的治国理政的道理，却使这些工匠"名垂竹帛，恒为世范"。如《墨子》《管子》《孟子》等典籍中均有较为明晰的记载和评述。

最早见诸史书的能工巧匠是生活于夏朝的垂（锤），他之所以成为人们尊崇的英雄，就在于他是各种生活器物的发明者。同时，垂还是具有德行的巧匠，他的最大德行就是能够把自己掌握的制器之巧毫无保留地传给他人，共享创造带给生活的便利。据《尚书·舜典》记载，帝曰："畴若予工？"佥曰："垂哉！"帝曰："俞，咨垂，汝共工。"这里是说，舜任命垂供"工"之职，也就是"工"的管理者，因为传说中的垂是各种器物的发明者，具有很强的动手创造能力，是与黄帝、后羿等齐名的文化英雄。《墨子·非儒》中也有关于垂的记载，（儒者）曰："君子循而不作。"应之曰："古者羿作弓，伃作甲，奚仲作车，巧垂作舟；然则今之鲍、函、车、匠，皆君子也，而羿、伃、奚仲、巧垂，皆小人邪？且其所循，人必或作之；然则其所循，皆小人道也。"大意是，儒者说："君子只遵循前人做的而不创新。"回答他说："古时后羿制造了弓，季伃制造了甲，奚仲制作了车，巧垂制作了船。既然如此，那么今天的鞋工、甲工、车工、木工都是君子，而后羿、季、奚仲、垂都是小人吗？"《吕氏春秋·古乐》篇认为，垂，不仅是舟的发明者，也是各种乐器的发明者。"帝喾命咸黑作为《声歌》《九招》《六列》《六英》。有垂作为鼙、鼓、钟、磬、吹苓、管、埙、篪……帝喾乃令人抃，或鼓鼙、击钟磬、吹苓、展管篪。因令凤鸟、天翟舞之。帝喾大喜，乃以康帝德。"因此，后人将垂视作"巧"的典型代表，且具有无限的创造能力。他不仅是智慧之人、圣人，还将其自身所掌握的工"巧"惠及他人。所以，《尹文子·大道上》中曰："所贵圣人之治，不贵其独治，贵其能与众共治；贵工垂之巧，不贵其独巧，贵其能与众共巧也。"

夏朝时期所记载的另一位工匠，被认为造车鼻祖的奚仲。《管子·形势解》说："奚仲之为车器也，方圆曲直皆中规矩钩绳，故机旋相得，用之牢利，成器坚固。明主，犹奚仲也，言辞动作，皆中术数，故众理相当，上下相亲。巧者，奚仲之所以为器也，主之所以为治也。斫削者，斤刀也。故曰：'奚仲之巧非斫削也。'"该段文字大意是，奚仲制造的车器方圆曲直都符合规矩钩绳，所以机轴都很合适，用起来牢固快速，成器坚固持久。明君同奚仲一样，言词动作都合乎方法策略，所以，各项治理都很适当，上下互相亲近。"巧"，使奚仲能制成车器，使君主能治好国家。至于木材的砍削，不过是刀斧的动作而已。所以说"奚仲之巧，非斫削也"。

殷商武丁时期，有一位著名的精于筑墙的工匠叫傅说，《尚书·说命上》记载，高宗梦得说，使百工营求诸野，得诸傅岩，作《说命》三篇。将傅说立为相，并命之曰："朝夕纳诲，以辅台德。若金，用汝作砺；若济巨川，用汝作舟楫；若岁大旱，用汝作霖雨。启乃心，沃朕心，若药弗瞑眩，厥疾弗瘳；若跣弗视地，厥足用伤。惟暨乃僚，罔不同心，以匡乃辟。俾率先王，迪我高后，以康兆民。呜呼！钦予时命，其惟有终。"说复于王曰："惟木从绳则正，后从谏则圣。后克圣，臣不命其承，畴敢不祗若王之休命？"该段文字大意是，高宗说："我梦见上天赐给我一位贤良的辅佐，他将代替我发言。"于是详细地画出他的形象，派遣人拿着画像到天下遍寻。傅说在傅岩之野筑土，同画像相似。于是立傅说为相，高宗把傅说安排在其左右。高宗命令他说："请早晚进谏，以帮助我修德吧！比如铁器，要用你作磨石；比如渡大河，要用你作船和桨；比如年岁大旱，要用你作霖雨。敞开你的心泉来灌溉我的心吧！比如药物不猛烈，疾病就不会好；比如赤脚而不看路，脚因此会受伤。希望你和你的同僚，同心来匡正你的君主，使他依从先王，踏着成汤的足迹，来安定天下的人民。啊！重视我的这个命令，要考虑取得成绩！"傅说答复说："木依从绳墨砍削就会正直，君主依从谏言行事就会圣明。君主能够圣明，臣下不必等待教命就将奉行，谁敢不恭敬顺从我王的美好教导呢？"在孟子看来，无论是从事农业的农夫还是从事手工业的工匠，都无贵贱强弱之分；社会要和谐发展，各行各业就必须平等交易、相互融通、相互依存。如《孟子·滕文公上》："以粟易械器者，不为厉陶冶；陶冶亦以其械器易粟者，岂为厉农夫哉！且许子何不为陶冶，舍皆取诸其宫中而用之？何为纷纷然与百工交易，何许子之不惮烦！"曰："百工之事，固不可耕且为也。""然则治天下独可耕且为与？有大人之事，有小人之事。且一人之身，而百工之所为备。如必自为而后用之，是率天下而路也！故曰：'或劳心，或劳力；劳心者治人，劳力者治于人；治于人者食人，治人者食于人，天下之通义也。'"这就是说："农夫用粮食换取锅、瓶和农具，不能说是损害了瓦匠铁匠。那么，瓦匠和铁匠用锅、瓶和农具换取粮食，难道就能够说是损害了农夫吗？而且，许先生为什么不自己烧窑冶铁做成锅、甑和各种农具，什么东西都放在家里随时取用呢？为什么要一件件地去和各种工匠交换呢？为什么许先生这样不怕麻烦呢？"陈相回答说："各种工匠的事情，当然不是可以一边耕种一边同时干得的。""那么治理国家就偏偏可以一边耕种一边治理了吗？官吏有官吏的事，百姓有百姓的事。况且，每一个人所需要的生活资料都要靠各种工匠的产品才能齐备，如果一定都要自己亲手做成才能使用，那就是率领天下的人疲于奔命。所以说：有的人从事脑力劳动，有的人从事体力劳动；脑力劳动者统治人，体力劳动者被人统治；被统治者养活别人，统治者靠别人养活，这是通行天下的原则。"

3. 事工之法是各种社会思想的源泉

从我国现存最早的手工业技术文献《周礼·考工记》中可以看到，当时的手工业分工已较为细致，该文献详细地记述齐国官营手工业中各个工种的基本情况，也就是我们所说的"百工之事"。当时，手工业分为攻木之工、攻金之工、攻皮之工、设色之工、刮磨之工、抟埴之工六大类，每一大类又可分为更为细致的不同小类。例如，攻金之工有六小类：筑氏为削，冶氏杀矢及戈戟，桃氏为剑，凫氏为钟，㮚氏为量，段氏为器。虽然在先秦时期的社会思想家眼中有"农本工末"意识，但"工"作为直接为农业生产和社会生活服务的行业，亦不可偏废。农有农的从业规律，工有工的行业特点，在现实社会中，各有分工又相互依存、相互补充，应该说具有同等重要的地位和作用。历史上的社会思想家都对此有较为明确的阐述。

例如，孔子与其弟子的许多对话，深刻地阐述工匠制器与道德修养之间的关系。《论语·卫灵公》载：子贡问为仁。子曰："工欲善其事，必先利其器。居是邦也，事其大夫之贤者，友其士之仁者。"这就是说，工匠在开工做事之前，要先打磨好工具，这样操作起来就会得心应手，能达到事半功倍的效果，而人的道德修养也是如此。在日常生活中，要选择品德高尚的人交往，跟他们做朋友，往往就能在潜移默化中受到他们的影响与熏陶，自己的思想境界和道德修养也会在不知不觉中得到提升。

春秋时期以后，史书记载的著名工匠就是从事木工的匠师庆。从匠师庆与鲁庄公的对话中可以看出：节俭是美德，奢侈是耻辱。例如，左丘明（约公元前502年—前422年）所著的《国语·鲁语上》中记载：庄公丹桓宫之楹，而刻其桷。匠师庆言于公曰："臣闻圣王公之先封者，遗后之人法，使无陷于恶。其为后世昭前之令闻也，使长监于世，故能摄固不解以久。今先君俭而君侈，令德替矣。"公曰："吾属欲美之。"对曰："无益于君，而替前之令德，臣故曰庶可已乎。"公弗听。该段文字的大意是，鲁庄公要把先父桓公宗庙的楹柱涂上红漆，并在屋椽上雕刻花纹。匠师庆对鲁庄公说："我听说先王国公中那些创基立业的圣人，给后代人遗留下典法，使之不致陷于邪恶，为的是让后代光大前人的美名，并长久引以为鉴，所以他们的业绩才能保持牢固不懈而绵延久远。现在，先君桓公节俭，而你却奢侈，美德就要泯灭了。"鲁庄公说："我们做小辈的正是想美化先君啊。"回答说："这对你没有益处，反而会泯没了先君的美德，所以我说，这件事应该停下来了。"鲁庄公不听。这段对话不仅反映了鲁庄公与匠师庆对于俭奢不同的思想认识，也体现了匠师庆作为工匠在当时的社会影响。

墨子的许多社会思想认识，与其作为工匠的社会实践活动密切相关。墨子的"兼爱、非攻、尚贤、尚同、节用、节葬、非乐、非命、天志、明鬼"等学说，皆源于其社会实践和科学研究。例如，《墨子·鲁问》中关于"舟战之器"的"班墨对话"，就是对"义"的辨析。《墨子·鲁问》其中关于"竹鹊之巧"的认识，反映了墨子对于技艺之巧的社会价值观。又如，《墨子·公输》中关于墨子止楚攻宋时与鲁班和楚王的论辩，阐述了其"兼爱""非攻"的社会伦理思想。

庄子在阐述其社会思想的过程中，多次借用工匠的形象和技艺予以佐证。例如，"庖丁解牛"的故事，庖丁专注于解牛一事，精心钻研，反复实践、摸索，最终达到游刃有余、出神入化的境界。这种由"庖丁解牛"延伸出来的人们对自然事物的了解过程，对自然规律的认识程度，以至于在社会实践中达到了一种自由自在的精神状态，这是庄子对拙智行神、静心合天等得道过程。

正如老子《道德经》第二十五章所说："有物混成，先天地生，寂兮寥兮，独立而不改，周行而不殆，可以为天地母。吾不知其名，字之曰道，强为之名曰大。大曰逝，逝曰远。远曰反。故道大，天大，地大，王亦大。域中有四大，而王居其一焉。人法地，地法天，天法道，道法自然。"其意是说，有一个东西浑然而成，在天地形成以前就已经存在。人们听不到它的声音，也看不见它的形体，寂静而空虚，不依靠任何外力而独立长存、永不停息，循环运行而永不衰竭，可以作为万物的根本。我不知道它的名字，所以勉强把它叫作"道"，再勉强给它起个名字叫作"大"。它广大无边而运行不息，运行不息而伸展遥远，伸展遥远而又返回本原。所以说道大、天大、地大、人也大。宇宙间有四大，而人居其中之一。人取法地，地取法天，天取法道，而道即自然而然。

所以，工匠可分为三个层次，掌握一般技艺之人称为"工"；精于技艺又熟练掌握各种工艺流程之人称为"匠";通技艺、懂工艺流程,又精于构思设计之人称为"哲匠"或"匠师"。

第四节 匠人智慧的精神内涵

鲁班文化的核心在于鲁班精神,也就是匠人智慧,即吃苦耐劳、勇于实践、锲而不舍、敬业创新。鲁班文化的精髓在于自主创新。鲁班的发明创造在当时把人们从原始的繁重体力劳动中解放出来,提高了生产力,加快了科技的发展,有力地推动了社会进步。"先师""巧圣"——鲁班最大的成就在于建筑工程领域,主要体现在"妙、巧、准、新、精、义"等方面,这也是鲁班匠人智慧的核心。妙,指妙思,体现在独特巧妙的思维和构思;巧,指巧做,体现在运用合理的方案与方法,最大限度地发挥生产力。准,指准确,体现在工料的准确计算等方面。新,指创新,体现在善于发明新技术、新工艺。精,指精细,体现在对工艺的严格要求。义,指排忧解难,体现在帮助他人,用智慧解决难题而从不索取。古人云:"天下大事必作于细。"工匠的成长必须有一种老实的态度、严谨的作风,甘愿从基础做起,从小事做起,乐于扮演拾遗补缺、跑龙套的角色,只有这样才能不断积累经验,逐步获得社会承认,在平凡的岗位上做出不平凡的成就。中华民族具有数千年的文明史,技艺高超的工匠层出不穷,豪杰辈出,从鲁班雕木成凰到庖丁解牛神技,从墨子探行求规到张衡观天测地,古人凭借着精湛的技艺为我们树立了永垂不朽的丰碑。弘扬工匠精神要立足于优秀的传统文化,汲取其思想精华和高深的智慧。匠人智慧就是追求极致的精神,是对专业的专注精神,也是对工作执着、对所做的事情和生产的产品精益求精、精雕细琢的精神。它是一种职业精神,是职业道德、职业能力、职业品质的体现,是从业者的一种职业价值取向和行为表现。匠人智慧的基本内涵包括敬业、精益、专注、创新等方面。

一、敬业

中华优秀传统文化视敬业为人生的道德修养。《论语》中记载:"执事敬""事思敬""修己以敬""敬其事而后其食"。只有先持守"敬"的态度和道德情操,才能做好"事上""事亲""谋事"等一切事务,正所谓"敬以直内,义以方外"。敬"直指其心,不需假借",完全是一种发自内心的情感,到宋明儒者,他们将"敬"作为一种功夫修养,一种人格气象,并探索出修"敬"的方法。作为个人的道德修养,首先,"敬"表现为不怠慢、不轻慢,以事业为重、为上。其次,"敬"表现为对对象的虔敬和尊重,以一种谦卑、感恩的心与人、与物相对待,必能做到专注、专一和专业。最后,"敬"表现为一种奉献精神,即强烈的道德责任感和义务感,对事业不辞辛苦,贡献出自己全部的精神和力量。诸葛亮"鞠躬尽瘁,死而后已"的人格魅力生动地诠释了敬业的最高道德境界。

敬业是从业者基于对职业的敬畏和热爱而产生的一种全身心投入的尽职尽责的职业精神状态。中华民族历来有"敬业乐群""忠于职守"的传统,敬业是中国人的传统美德,也是当今社会主义核心价值观的基本要求之一。朱熹说:"敬者,主一无适之谓。"主一,就是专注于一事;无适,就是无杂念、不分心。这就是说,做事要严肃认真,专心致志。早在春秋时期,孔子就主张人在一生中始终要"执事敬""事思敬""修己以敬"。"执事敬",是指行事要严肃认真不怠慢;"事思敬",是指临事要专心致志不懈怠;"修己以敬",是指加强自身修养保持恭敬谦逊的态度。《老子》说:"夫代大匠斫者,希有不伤手矣",这就是成为"匠"的代价。既为匠后,又因"精华在笔端,咫尺匠心难"。《尚书·大禹谟》云:"人心惟危,道心惟微;惟精唯一,允执厥中。"只有沉得下心、坐得住"冷板凳",才能真正做出匠心独运、经得起时间检验的作品。敬业是铸就匠人智慧的首要条件,更是我们民族引以为傲的品质。

中华优秀传统文化主张业广惟勤、爱业乐业的敬业态度。勤劳成为中华民族修身、传家、治国的重要品德。《尚书·周书》曰:"功崇惟志,业广惟勤。"《左传·宣公十二年》曰:"民生在勤,勤则不匮。"首先,"勤"表现为不辞劳苦、忠于职守、尽心竭力地投入工作,其内在动力是刚健有为、积极进取、生生不息的自强不息精神。《周易·乾卦》曰:"天行健,君子以自强不息。"万物生生不息,人的生存和发展也应当效法自然,发挥人的能动性和创造性,不断拓展事业,建功立业。其次,"勤"表现为精益求精的精神。精益求精是勤勉于事业的必然追求,"会、熟、精、绝"是人们从事事业的四重境界。其中,炉火纯青,手艺精湛、绝妙是执业的最高境界,表现了个人对事业和理想的执着追求。再次,"勤"之人必俭约自守、力戒奢华。"劳则思,思则善心生;逸则淫,淫则忘善,忘善则恶心生","勤"乃开源之泉,"俭"乃节流之本,勤劳之人必更加珍惜来之不易的劳动成果,合理支配。最后,勤勉于事业之人必爱业、乐业。先圣孔子更多地谈论为学和为师的"勤"之乐,"爱之,能勿劳乎?""学而时习之,不亦说乎?""学而不厌,诲人不倦"。把个人真正融入自己的职业生活中,从工作中寻找生活的乐趣、人生的乐趣及生命的价值所在,是敬业、勤业的最高境界。

中华优秀传统文化秉持敬业乐群、业以济世的奉献精神和社会理想。唐代孔颖达对"敬业乐群"的注解为:"敬业,谓艺业长者,敬而亲之;乐群,谓群居朋友善者,愿而乐之。"我国文化传统中对"敬业"的道德要求不是孤立地要求个人,而是在群己关系中理解个人职业的价值和意义。《周易·系辞传》将"举而措之天下之民"作为事业的一个重要因素,只有长久地利济天下苍生才是真正的事业。强调个人职业的社会价值,"爱群""利群""乐群",自觉承担起维护群体和谐、稳定和发展的社会责任,使自己的事业、功业造福于天下苍生、济世利民是我国传统敬业价值观崇高的社会理想。将本职工作与人生价值、道德修养、群己关系紧密结合,将个人的职业选择与民族前途、国家命运和人民的福祉紧密结合,成为一代代中华儿女自觉的价值追求,也是我们今天应当努力培育和践行社会主义核心价值观的根本要求。

爱岗敬业是职业道德的灵魂,既为个人安身立命奠定基础,也为社会发展进步注入活力。作为社会主义核心价值观的重要组成部分，"敬业"让立身岗位的每个人都能闪耀出职业高光。"敬业者，专心致志，以事其业也。"可以说，爱岗是职责，敬业是本分，奉献是美德。

小故事 ▶

● 从拜祖师爷看古人的敬业精神

在封建社会里，许多手工业者都有崇拜祖师的习惯。各行各业都有自己的祖师。一日为师，终生如父，故称师父，师命不可违。师父同辈叔伯，照例尊敬。师父以上历代祖师，都须尊敬。更有行业始祖，如虞舜（窑匠之始祖）、孙膑（皮匠、鞋匠之始祖）、蒙恬（笔匠之始祖）、张飞（杀猪匠之始祖）等，须供奉崇拜。一旦拜师入行，则要谨守师门，终生爱业，守业不二，严格训练。木匠、石匠和泥水匠都尊鲁班为祖师。铁匠、金匠、银匠和补锅匠都尊太上老君为祖师，太上老君就是老子，春秋时期的伟大哲学家，据说他是炼丹的鼻祖，他们的共同点就是与炉子有关。织匠尊嫘祖为祖师，传说她是轩辕黄帝的妻子，发明了养蚕制丝的方法。瓷匠祖师是虞舜，名叫姚重华，古代的天子，他年轻时做过陶器，做陶器的就尊他为窑神。老子发明了用炉子炼丹，他也成了窑的守护神。传说雷公发明了碗，烧碗要窑，也被尊为窑神。酿酒师尊杜康为祖师，杜康是夏朝的国君少康，据说是他发明了酿酒。我国历史上一直把杜康当作酒的代名词。做豆腐的尊战国时期的军事家乐毅为自己的祖师，据说是他发明了做豆腐的技术。皮匠、鞋匠都尊孙膑为祖师，据说是他下令叫士兵穿皮鞋或布鞋的。制醋的尊姜子牙为祖师，传说他的妻子醋姑发明了醋。在封神的时候，姜子牙只顾给别人封神，却忘记了自己，最后没有好的位子了，只好封自己为醋神。缝纫匠的祖师是黄帝，黄帝姓姬，就是轩辕氏，是他教人用树叶或兽皮做衣服的，他就成为缝纫行业的开山老祖。制盐的尊管仲为祖师。制笔的尊蒙恬为祖师。厨师尊易牙为祖师，他是齐桓公的调味师。染匠尊梅、葛二仙为祖师——梅，梅福，东汉末年人，曾隐居不仕；葛，葛洪，东晋炼丹家和医学家。屠宰的人尊张飞为祖师，张飞出身于屠夫。

手工业者尊祖师爷是有行动的。如石匠、木匠，每当工程开工时，那个为主的匠人早晨去工地，必须在自己的家里备上纸钱、线香，敬请自己行业的祖师爷保佑自己及工程的安全，请祖师爷与自己同行。开工后回到家里，要用主人打发的祭品，如一只公鸡和斋米之类，来敬奉

> 祖师爷。即使在平时，每到农历的初一、十五，必须在各自祖师爷的牌位前敬香、跪拜。在祭祖的时候，也要给祖师爷另摆一个小供桌，摆上三牲祭礼。
>
> 　　敬奉祖师爷，其实是一种敬业的表现，要求所有弟子按祖师爷代代相传的遗训去做手艺。手工业者在接工程前是可以讲价钱的。接了工程后就要做到一丝不苟，精益求精。

二、精益

　　精益就是精益求精，是从业者对每件产品、每道工序都凝神聚力、精益求精、追求极致的职业品质。精益求精是指已经做得很好的情况下，还要求做得更好，"即使做一颗螺丝钉也要做到最好"。正如老子所说，"天下大事，必作于细"。能基业长青的企业，无不是精益求精才获得成功的。

　　我国自古就有追求"精确"的传统，有"差之毫厘，谬以千里"的说法。欧阳修《归田录》记载，汴京开宝寺塔"在京师诸塔中最高，而制度甚精，都料匠喻浩所造也"。都料匠，工匠的总管或总工匠。喻浩把塔建好后，却是"望之不正而势倾西北"，成了斜塔。大家都好奇这件事，喻浩解开了谜团："京师地平无山，而多西北风，吹之不百年，当正也。"因为他预计在西北风的吹拂之下，不到一百年，塔就会变正。因为开宝寺塔是在充分考虑气候因素前提下的刻意之举，这样看来，不禁感叹预浩"用心之精盖如此"！"国朝以来木工，一人而已。至今木工皆以预都料为法"，当之无愧。可惜喻浩撰写的《木经》三卷已经失传，只在沈括《梦溪笔谈》中还能见到片段。开封至今仍有开宝寺塔，为首批公布的国家重点保护文物之一，没有留下工匠的名字。比如西安小雁塔，更有"三离三合"的神奇，即三次地震时分裂，又三次自行"复合"。近代在修复小雁塔时发现，当时的工匠根据西安地质情况将塔基用夯土筑成了一个半圆球体，受震后压力会均匀分散，从而使塔身像"不倒翁"一样。

河南开封开宝寺塔

宋朝李诫编撰的《营造法式》不仅是对建筑实践经验的理论总结，而且更有助力防止腐败的社会价值。李诫即工匠出身，"其考工庀事，必究利害，坚窳之制，堂构之方，与绳墨之运，皆已了然于心"。但该书在技术层面之外，还明确了劳动定额，以及运输、加工等所耗时间，对于编造预算、施工组织都有严格规定，相当于一套建筑工程的制度、规范，从而能够有效地杜绝物料浪费和工程管理人员中饱私囊。

曾侯乙编钟高超的铸造技术和良好的音乐性能，改写了世界音乐史，被中外专家学者称为"稀世珍宝"；北宋徽宗时期烧制的汝瓷，其釉如"雨过天青云破处""千峰碧波翠色来""似玉非玉而胜玉"，被称为"纵有家财万贯，不如汝瓷一片"。

闻名于世的赵州桥是世界上现存年代久远、跨度最大、保存最完整的单孔坦弧敞肩石拱桥，其建造工艺独特，在世界桥梁史上首创"敞肩拱"结构形式，具有较高的科学研究价值；雕作刀法苍劲有力，艺术风格新颖豪放，显示了隋代浑厚、严整、俊逸的石雕风貌，桥体饰纹雕刻精细，具有较高的艺术价值。赵州桥在我国造桥史上占有重要地位，对全世界桥梁建筑有着深远的影响。唐朝宰相张嘉贞曾做《石桥铭并序》，文中记载："赵郡洨河石桥，隋匠李春之迹也，制造奇特，人不知其所以为。"《朝野佥载》卷五记载："赵州石桥甚工，磨礲密致如削焉。望之如初月出云，长虹饮涧。上有勾栏，皆石也，勾栏并有石狮子。龙朔年中，高丽谍者盗二狮子去，后复募匠修之，莫能相类者。"非常形象地描绘了赵州桥精湛的工艺，显示了古代工匠精益求精的精神。

《石桥铭并序》

【原文】 赵郡洨河石桥，隋匠李春之迹也。制造奇特，人不知其所以为。

试观乎用石之妙，楞平砧，斗方版，促郁缄，穹隆崇，豁然无楹，吁可怪也！

又详乎叉插骈垒，磨砻致密，鳌百象一。仍糊灰墅，腰纤铁。蹙两涯，嵌四穴，盖以杀怒水之荡突，虽怀山而固护焉。非夫深智远虑，莫能创是。

其栏槛华柱，锤斫龙兽之状，蟠绕拏踞，睢盱翕欻，若飞若动，又足畏乎！

夫通济利涉，三才一致。故辰象昭回，天河临乎析木；鬼神幽助，海石到乎扶桑。亦有停杯渡河，羽毛填塞，引弓击水，鳞甲攒会者，徒闻于耳，不觌于目。目所觌者，工所难者，比于是者，莫之与京。

敕河北道推勾租庸兼复囚使判官、卫州司功参军、河东柳涣，继为铭曰：

于绎工妙，冲讯灵若。架海维河，浮鼋役鹊。伊制或微，并模盖略。析坚合异，超涯截壑。支堂勿动，观龙是跃。信梁而奇，在启为博。北走燕蓟，南驰温洛。騑騑壮辕，殷殷雷薄。携斧拖绣，骞骢视鹤。艺入侔天，财丰颂阁。斫轮见嗟，错石帷作。并固良球，人斯瞿嘟。

【译文】赵州洨河上的石桥,是隋朝工匠李春建造的。桥的制造奇异而特别,人们不知它是用什么方法造作的。

且看它运用石料技巧的精妙,以平整有棱角的石块垒砌,用方正的石板斗合,相接严密紧凑,桥身弧拱高耸,架空而起,没有柱子,令人惊异!

再审察它用石交错穿插,排列相连,琢磨细致,将众多石块垒砌得如同完整的一块。依旧黏合灰缝,桥腰楔入铁签。两端踏在河的两岸,大弧拱上设四个小拱,用来减弱激流的冲击,即使洪水滔天也能牢固地保护大桥。

桥面两旁有栏板和雕花的望柱,上面雕刻龙兽形状,盘绕持搏,或蹲或坐,矫健威猛,变化迅速,又足以使人畏惧!

建桥以利交通,天上和地下一致。所以星辰光耀回转,析木便是天河的桥梁;鬼神驱石下海暗中相助,帮秦始皇把桥架到日出之处。也有僧人乘杯渡水,织女以乌鹊成桥,东明以弓击水,鱼鳖聚集为桥的传闻,都只是听说,而没有亲眼见过。亲眼所见的是这座大桥,以技巧不易者与它相比,也没有比它更伟大的了。

嘱托河北道推勾租庸兼复囚使判官、卫州司功参军、河东柳涣,随后作铭道:若要寻究石桥的精妙,只有去询问水神。周穆王架海以鼋鼍为桥,织女渡河役使乌鹊。石桥的规模与之相比也许细小,却同为楷模,合其要略。劈开坚硬的石料,拼合不同形状的石块,越过水边,横渡深沟。支撑起高大稳固的桥身,看来宛如巨龙飞跃。的确是座奇特的桥梁,又处于四通八达的交通要道。往北前去燕蓟,往南驰奔温洛。许多车马从桥上疾驰而过,震动之声如在耳雷鸣。监察御史张嘉贞,飞马前来作序,可与乘鹤而至相比。李春的技艺等同于天的造化,监察御史的文才比《郙阁颂》的作者还要丰赡。斫轮老手见了此桥也要叹服,我的铭文却鄙陋不堪。把李春的功绩与序文一起刻在美玉之上永垂后世,人们看到就会惊讶不已。

三、专注

在我国古代,传统社会中工匠智慧的一个突出特点,就是干一行、爱一行、专一行、精一行,工匠们对所从事行业的专注程度已经达到"痴"的境界。因此,"行行出状元"成为传统社会的常态。专注就是内心笃定而着眼于细节的耐心、执着、坚持的精神，这是一切"大国工匠"所必须具备的精神特质。从中外实践经验来看，工匠精神都意味着一种执着，即一种几十年如一日的坚持与韧性。"术业有专攻"，一旦选定行业，就一门心思扎根下去，心无旁骛，在一个细分产品上不断积累优势，在各自领域中成为"领头羊"。我国早就有"艺痴者技必良"的说法，如《庄子》中记载的游刃有余的"庖丁解牛"，《核舟记》中记载的奇巧人王叔远等。

《核舟记》

明·魏学洢

明有奇巧人曰王叔远，能以径寸之木，为宫室、器皿、人物，以至鸟兽、木石，罔不因势象形，各具情态。尝贻余核舟一，盖大苏泛赤壁云。

舟首尾长约八分有奇，高可二黍许。中轩敞者为舱，箬篷覆之。旁开小窗，左右各四，共八扇。启窗而观，雕栏相望焉。闭之，则右刻"山高月小，水落石出"，左刻"清风徐来，水波不兴"，石青糁之。（箬篷 一作：篛篷）

船头坐三人，中峨冠而多髯者为东坡，佛印居右，鲁直居左。苏、黄共阅一手卷。东坡右手执卷端，左手抚鲁直背。鲁直左手执卷末，右手指卷，如有所语。东坡现右足，鲁直现左足，各微侧，其两膝相比者，各隐卷底衣褶中。佛印绝类弥勒，袒胸露乳，矫首昂视，神情与苏、黄不属。卧右膝，诎右臂支船，而竖其左膝，左臂挂念珠倚之——珠可历历数也。

舟尾横卧一楫。楫左右舟子各一人。居右者椎髻仰面，左手倚一衡木，右手攀右趾，若啸呼状。居左者右手执蒲葵扇，左手抚炉，炉上有壶，其人视端容寂，若听茶声然。

其船背稍夷，则题名其上，文曰"天启壬戌秋日，虞山王毅叔远甫刻"，细若蚊足，钩画了了，其色墨。又用篆章一，文曰"初平山人"，其色丹。

通计一舟，为人五；为窗八；为箬篷，为楫，为炉，为壶，为手卷，为念珠各一；对联、题名并篆文，为字共三十有四。而计其长，曾不盈寸。盖简桃核修狭者为之。嘻，技亦灵怪矣哉！

第二章　匠人智慧

小故事 ▶

● 驼子黏蝉

工匠看上去施行的只是一门普普通通的技巧，可是如果心意不为外物分散，万象入心，无动于心，技巧便也入道了。《驼子黏蝉》的故事说，孔子到楚国去，穿过一片树林，看见一个驼背老人正在用很长的竹竿黏蝉，手到擒来，轻松得好像在地上拾取一样。孔子问道："先生怎么这样会捉蝉？这是技巧，还是道术？"老人答："这是道术啊！我最初练习捉蝉的时候，先在竹竿上叠两个弹丸，练习五六个月，两个弹丸不会坠落，失手的情况很少了，我再叠三个弹丸；练习到三个弹丸也不会坠落时，说明我失手的情况十次不会超过一次了；等到我叠起五个弹丸而不会坠落时，我从树上捉蝉，也就像在地面上拾取一样容易了。"老人又说："你看我捉蝉的时候，身体像树木一样动也不动，我的手拿着长竿，也像枯枝一样动也不动。这时候，虽然天地之广，万物之多，我却一心只注意蝉的翅膀，不左顾右盼，不思前想后，绝不因纷繁的万物而改变我对蝉翼的注意。所以，我捉蝉哪会捉不到呢？"孔子听了，对弟子们说："你们注意啊！心意不杂，就可以通神了！"

专注是一种精神，也是一种人生态度。它具有无坚不摧的力量，任何的艰难困苦，在它面前都会变得微不足道。如果一个人能够心无旁骛，穷尽一生来做一件事情，那么他一定能做出一番丰功伟绩来。练习造就完美，熟练才能精通。因为热忱，所以能够投入强大的动力与能量；因为专注，才能心无旁骛勇往直前——因为热忱与专注，才能达到专业与精通的境界。

小故事 ▶

● 把"一"字临摹到炉火纯青

明朝万历年间，我国北方的女真族经常犯边。皇帝为了抗御强敌，决心整修万里长城。当时号称天下第一关的山海关，早已年久失修，其中"天下第一关"的"一"字，已经脱落多时。万历皇帝募集各地书法名家，希望恢复山海关的本来面貌。各地名士闻讯，纷纷前来挥毫，但是没有一人的字能够表达"天下第一关"的原味。皇帝于是再下诏告，只要能够中选的，就能够获得重赏。没想到，经过严格的筛选，最后中选的，竟是山海关旁一家客栈的店小二。

在题字当天，会场被挤得水泄不通，官家也早就备妥了笔墨纸砚，等候店小二前来挥毫。只见店小二抬头看着山海关的牌楼，舍弃了狼毫大笔不用，拿起一块抹布往砚台里一沾，大喝一声："一！"十分干净利落，立刻出现绝妙的"一"字。旁观者莫不惊叹。有人好奇地问他：为何能够写得这么好。他久久无法回答。后来勉强答道：其实，我想不出有什么秘诀，我只是在这里当了30多年的店小二，每当我擦桌子时，就望着牌楼上的"一"字，一挥一擦，就这样而已。

原来这位店小二的工作地点，正好面对山海关的城门，每当他弯下腰，拿起抹布清理桌上的油污之际，刚好对准"天下第一关"的一字。因此，他不由自主地天天看、天天擦，数十年如一日，久而久之，就熟能生巧、巧而精通，这就是他能够把这个"一"字临摹到炉火纯青、惟妙惟肖的原因。

四、创新

创新是一个民族进步的灵魂，是一个国家兴旺发达的动力。考察人类古今中外的创新活动就会发现，没有创新思维，就没有创新活动。创新思维是人的创新活动的核心和灵魂。换言之，创新思维能力是创新能力的核心和灵魂。工匠智慧还包括追求突破、追求革新的创新内蕴。古往今来，热衷于创新和发明的工匠们一直是世界科技进步的重要推动力量。

在我国古代就有许多利用创新精神来解决问题的例子。

小故事 ▶

● 巧移"钟王"

北京大钟寺的一座大钟，有八万七千斤重，号称钟王。这是明朝皇帝朱棣为防止民众造反,派军师姚广孝收集老百姓的各种兵器后铸就的。不知什么原因,这口大钟沉到了西直门外万寿寺前面长河的河底。一百多年后的一天,一个打鱼的老汉发现河底埋的这口大钟。清朝皇帝得知此事后,下令将这口钟打捞上来,并挪动到觉生寺(即现在的大钟寺),然后修建一个大楼来悬挂这口大钟。从河底把大钟打捞上岸虽非易事,经过一番努力,总算克服了困难。但要把这八万七千斤重的大钟,挪动到五六里以外的觉生寺,谁也想不出一个可行的办法。大钟是夏天捞出来的,到秋天还没有人想出主意。有一天,参与此事的一个工头和几个工匠在工棚里喝闷酒。工棚内只有一块长长的石条当桌子用,大伙就围坐在石桌旁。这时天正下雨,从棚顶上滴下来的雨水滴了不少在石桌上。坐在石桌这一头的一个工匠,叫坐在另一头的一个工匠再给他倒一盅酒。酒倒好后,由于手上有水,在传递时没留神把酒盅弄翻了,引得大伙连声抱怨:"太可惜了!"这时,一个工匠很不耐烦地说:"何必用手传呢!石桌上有水,是滑的,轻轻一推不就推过去了。"一个坐在旁边平时很少说话的工匠沉思了片刻,然后将石桌一拍,大叫起来:"有啦!有啦!挪动大钟有办法啦!"这个平时很少说话的工匠联想到的办法是:从万寿寺到觉生寺,挖一条浅河,放进一二尺深的水,河里的水结冰后,不要费多大力气便能将大钟从冰上推走。后来就采用这个办法将大钟从万寿寺挪动到了觉生寺。

这个工匠思考问题运用了形象思维中思维联想的相似联想创新思维方法。大钟虽然不知比酒盅要重多少倍,可它们都是"在光滑平面上不用多大的力量就能推走"。在这一点上,它们遵循着共通的物理规律,有相同的力学基本原理起作用。

小故事 ▶

● 怀炳和尚捞铁牛

公元1066年,我国宋朝英宗年间,黄河发洪水,冲垮了河中府(今山西省永济市)城外的一座浮桥,将两岸岸边用来拴住铁桥的每个1万斤重的8个大铁牛也冲到了河里。洪水退去以后，为了重建浮桥，需将这8个大铁牛打捞上来。在当时是一件极为困难的事，府衙为此贴了招贤榜。后来，一个叫怀炳的和尚揭了榜。怀炳经过一番调查摸底和反复思考，终于将8个大铁牛全都捞上了岸。怀炳想出的办法是，在打捞的那一天，他指挥一帮船工，将两条大船装满泥沙，并排靠在一起；同时在两条船之间搭了一个连接架。船划到大铁牛沉没的地方后，他叫人潜入水下，把拴在木架上绳子的另一端牢牢地绑在大铁牛上。然后船上的船工一边在木架上收紧绳子，一边将船里的泥沙一铲一铲地抛入河中。随着船里泥沙的不断减少，船身一点一点地向上浮起。当船的浮力超过船身和大铁牛的重量时，陷在泥沙中的大铁牛便逐渐浮了起来。这时，通过船的划动，很容易就能把大铁牛拉到江边并拉上岸。如此反复进行了8次，终于将8个大铁牛全都打捞到了岸上。在这里，怀炳运用了形象思维的预示想象创新思维方法。

造纸术是我国古代的四大发明之一，纸是我国劳动人民长期经验的积累和智慧的结晶，纸张的发明过程同样也是我国古代工匠创新精神的最好体现。造纸术的发明者是我国东汉的蔡伦。《后汉书·蔡伦传》曾经有过这样的记载："伦有才学，尽心敦慎，数犯严颜，匡弼得失……永元九年，监作秘剑及诸器械，莫不精工坚密，为后世法。自古书契多编以竹简，其用缣帛者谓之为纸。缣贵而简重，并不便于人。伦乃造诣，用树肤、麻头及敝布、渔网以为纸。元兴元年奏上之，帝善其能，自是莫不从用焉，故天下咸称'蔡侯纸'。"在蔡伦发明造纸术以前，古人都是把字写在或刻在竹片上，再编成册，那种用来写字的丝绸叫作纸。丝绸很贵而竹简又太笨重，并且不便于人们使用。蔡伦于是想出一种方法，用树皮、麻头及破布、渔网造成纸。元兴（汉和帝年号）元年上奏皇帝，皇帝夸赞他的才能，从此都采用他造的纸，所以天下都说"蔡侯纸"。蔡伦的本职工作是尚方令，即职掌管理皇室工场、负责监造各种器械。但是专心致志研究造纸的工艺技术，逐渐掌握了造纸术的全部工序，发扬创新精神，在实践中不断加以改进，改革工艺流程，使造纸技术达到新的水准，具备平整性与抗水性等，使纸张可以替代简帛，具有书写功能。

匠人智慧是一种锲而不舍、精益求精的精神，传统的手工业者是工匠精神的最原始、最直观、最生动、最形象的载体，是工匠精神最极致的体现和最合适的参照物。工匠精神是一种对美、对艺术、对生活的极高追求，是对自我价值的最高挑战。它代表着一个集体的气质和细节，认真、耐心、专注、坚持、严谨、精细、传承、创新、一丝不苟、精益求精、精雕细琢的优秀品格、人生态度和价值信仰。

第五节 匠人精神与我国古代科学技术的发展

科学技术是人类社会一种特殊的社会现象和社会活动，它是在人类实践基础上产生的，又反过来影响着人类社会。正如马克思"把科学看成是历史有力的杠杆"，看成是"在历史上起推动作用的、革命的力量"。

我国古代科学技术的发展离不开匠人的技术传承与创新，我国历史上的科学技术成就，尤其是在农学、天文学、数学和汉医学方面为世界文明的发展做出了很大贡献。我国是世界早期人类文明的发源地之一，是世界上最早使用火、发明弓箭和陶器、出现农牧业、观察天文、开创医药的地区之一。与世界其他文明相比，我国古代的科学技术更注重实用性和经验性。

春秋战国时期，我国古代科学技术体系基本奠定，出现了炼钢技术和铸铁柔化技术。《夏小正》成书于春秋时期以前，是我国现存最早的一部农事历书。有大规模的水利工程，包括都江堰、郑国渠等。创造了十进位制。发明筹算，能进行四则运算及乘方、开方等较复杂运算，并可以对零、负数和分数作出表示与计算。有学者认为，筹算促成了印度—

阿拉伯数字体系。创造了九因歌，为世界上最简便的乘法表，直到今日还在使用。出现了世界上最早的星表之一，测定了比较精确的回归年长度。这一时期，传统中医学理论初步建立。

秦汉时期我国古代的各个科学技术已经趋于成熟。农业上的轮作制已经确立。中医学著作《神农本草经》《伤寒杂病论》面世。《九章算术》确定了我国古代的数学体系。造纸术已被发明并且得到了重大改进。造船技术已经非常成熟。长城的建造体现了我国当时建筑技术的发达。张衡发明的候风地动仪是世界上最早的地震仪。我国是世界上最早使用抽水马桶的国家。

魏晋南北朝时期，刘徽、祖冲之、张子信等对数学和天文学作出了很大贡献。裴秀提出的制图六体，创造了我国古代地图学的基础理论。贾思勰的《齐民要术》标志着农学的成熟。王叔和的《脉经》、皇甫谧的《针灸甲乙经》、陶弘景的《神农本草经集注》丰富了中医学体系。葛洪在炼丹上的研究，对我国原始的化学作出了贡献。马钧在机械制造方面的成就代表了我国古代机械制造的水平。解飞、魏猛制造出世界上最早的车磨。

到两宋时期，我国古代的科学技术发展达到了高峰。阿拉伯与波斯科学技术传入我国。元世祖忽必烈在尚未登基之前，就征召"回回为星学者"。他们翻译及带来诸如托勒密的《天文大集》、伊本·优努斯（又译作尤尼）的《哈基姆星表》（又译作《哈基姆历数书》）等天文学著作。1260年，元朝承金国旧制，设立司天台，1271年正式设立回回司天台，1312年设立回回司天监。后来还任用了一大批以扎马剌丁（又译作扎马鲁丁）为代表的天文学家管理此类工作。中国人从此时开始使用阿拉伯数字。

元朝王恂与郭守敬等完成编制《授时历》。《授时历》以365.2425天为一年，与地球绕太阳一周的实际时间只有26秒的差距。制定《授时历》时，列出了三次内插公式（招差法），还使用"垛垒、招差、勾股、弧矢之法"进行缜密计算，其中将穆斯林发明的弧三角法应用于割圆术获得"弧矢割圆术"（即球面直角三角形解法）。

1303年，朱世杰著成《四元玉鉴》，将"天元术"推广为"四元术"（四元高次联立方程），并提出"消元"的解法。朱世杰亦研究各有限项级数求和问题，而且在此基础上得到高次差的内插公式。一般认为欧几里得的著作《几何原本》前六卷是明代的徐光启在意大利传教士利玛窦的帮助下翻译并引进我国的，但有学者认为早在元代，此书已经被来华的穆斯林带到我国。中医学有很大发展，出现了金元四大学派。医药学在继承传统的基础上出现了"兼收并蓄、互通有无"的局面，大大丰富了医药学知识的内容。

《回回药方》是我国大型综合性的回回医药学典籍，作者不详，原有36卷，少数残本现可见于北京图书馆。该书多以汉语书写，同时夹杂许多阿拉伯语与波斯语医药术语及汉语音译。从残本目录可以看出，《回回药方》是一部包括内科、外科、妇科、儿科、骨伤和皮肤病等科，具有中西特色的医学典籍。研究我国医药史的学者根据残存部分推断，《回回药方》约有药方6000~7000首之多，其价值与中医古籍《外台秘要》相当。1291年，郭守敬指挥修建元大都至通州的运河，当中有7座水闸，这7座水闸彼此相距约半公里的地方，又设计有斗门。郭守敬的设计是通过水闸和斗门的关闭与开放，调节运河各段的水位高低，引导船舶顺畅通过。工程竣工后，元世祖亲自将这段164里长的运河命名为"通惠河"。通惠河是我国工程建设史上的杰作，其运用的巧妙方法与国外一些运河采用的技术是基本相同的。

元世祖在位时非常重视农业，制定了有利于农业发展的政治措施，使农业水平有了很大的提高。王祯编著的《农书》有37卷，现存36卷，是我国古代一部对农业生产进行全面系统论述的著作。

《农书》全书约有13万余字与300多幅图画，全文分为《农桑通诀》《百谷谱》《农器图谱》三大部分。《农桑通诀》包括对农、林、牧、副、渔及水利等各方面的综合性论述，提出"顺天之时、因地之宜、存乎其人"的农耕思想。《百谷谱》对各种农作物的品种、特性、栽培、种植、收获、贮藏和利用等知识加以介绍，将农作物分为谷、蔬、果、杂等六大类，为我国农作物分类学奠定了基础；而对于植物性状的描述，也是此前书籍不曾有过的。《农器图谱》则是《农书》的重点部分，该部分就田制、仓廪、舟车、灌溉、蚕桑、织纤、麻苎等分为20门类，详细介绍了257种农业机械，而且配绘图谱306幅并加以文字说明，其价值超过以往所有农业机械书籍。在活字印刷术方面，王祯设计出木活字及转轮排字架，并于1298年用木活字排印《旌德县志》；其《造活字印书法》（附于《农书》书末）是最早的系统性介绍活字排版印刷术的科技文献。

明清科技成就灿若繁星，在各行各业都取得了非凡的成就，涌现了许多名家巨作。明朝前期，由于朝廷鼓励垦荒，所以在水利及农业的技术上大为进步，手工业的繁荣造就了如宋应星的《天工开物》这类研究手工业的百科全书式书籍，在历史上有很重要的实用及科学价值。明熹宗还经常亲自参与木工的研究和实践活动。

明太宗时由于有郑和下西洋的海上活动，使绘制海图及罗盘运用的技术大为进步。其他民间的科学作品，如李时珍的《本草纲目》，地理著作《徐霞客游记》都是流传至今的科学名作，这也使我国的建筑技术更上一层楼。16世纪西方欧洲文艺复兴开始，西洋科学突飞猛进，大量的西学随着传教士进入我国，如徐光启及传教士利玛窦共同翻译的几何原本。物理学方面，朱载堉著音律学著作《律吕精义》，宋应星著《天工开物》，方以智著《物理小识》，万户进行世界最早的火箭升空试验，孙云球制造放大镜、显微镜等几十种光学仪器，并著《镜史》。康熙时期，制成了《皇舆全览图》。这部地图不但是亚洲当时所有地图中最好的一幅，而且比当时所有的欧洲地图都更好、更精确。乾隆时期，又派明安图等人两次到新疆等地进行测绘，最后在《皇舆全览图》的基础上，根据测

107　第二章　匠人智慧

绘的新资料，制成了《乾隆内府皇舆全图》。这两份地图至今仍有很大的参考价值。乾隆时期，官修《医宗金鉴》九十卷，征集了不少新的秘籍及经验良方，并对《金匮要略》《伤寒论》等书做了许多考订，是一部介绍汉医临床经验的重要著作。

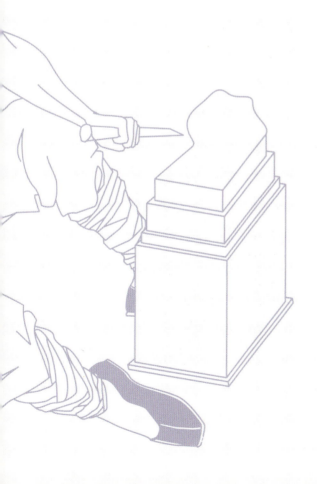

善国双圣

第二章

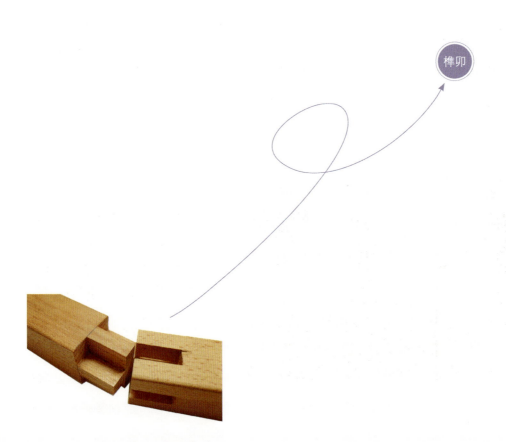

榫卯

111 | 第三章 善国双圣

任继愈先生题词：鲁班故里

我国著名哲学史家、国家图书馆原馆长任继愈先生曾说："在研究墨子里籍的同时，我发现墨子与鲁班是好朋友，而且还是地地道道的老乡，其故里都在滕州市……""今之滕州市古为三国五邑之地，春秋战国之际曾为鲁国附庸，除史书记载墨子与公输般的一些交往外，从鲁班的身世、生活的时代背景和地理环境，滕州的古地名史志资料和考古文物，鲁班的发明创造与滕州古代的科技成果、民间传说，当地保留的一些遗迹，墨子与鲁班的关系等多方面综合分析论证可以得出结论，即滕州为鲁班故里。"

滕州历史悠久、文化灿烂，古为"三国五邑之地、文化昌明之邦"，是7300年前北辛文化的发源地，是"科圣"墨子、"工匠祖师"鲁班、勇于自荐的毛遂、招贤纳士的孟尝君、造车鼻祖奚仲的故里。特别是墨子和鲁班，被誉为世界文明发展史上的巨人，国学大师季羡林先生生前为滕州题词"墨子鲁班，善国双圣"。

墨子，一位和孔子同样久负盛名的思想家；鲁班，一位家喻户晓的发明家。墨子曾经创立了一整套守城的工具和方法，墨守成规正是当时人们对于墨子守城有术的称赞；鲁班有着许多的发明创造，被誉为土木工匠的祖师爷，班门弄斧正是民间百姓对于鲁班高超技能的赞许。墨子与鲁班是老乡，也是对手，更是朋友。

滕州鲁班纪念馆

滕州市鲁班纪念馆鲁班塑像

第三章 善国双圣

滕州墨子纪念馆

鲁班纪念馆位于山东滕州龙泉广场，占地15.2亩，规划建设面积1万平方米。

鲁班纪念馆建设突出"百工圣祖"的特点，采用仿古式建筑风格，以土木建筑为主，混凝土框架为辅，构建飞檐画栋、美轮美奂的古建筑风貌，突出精巧典雅的灵性与特色。鲁班纪念馆设有圣祖堂、公祭大厅、木工器械馆、石器馆、兵器馆、建筑厅、舟桥厅、青少年科技教育厅、鲁班传人成果厅等。鲁班纪念馆院内规划建设以石磨、磨盘、碌碡、石槽等数千件石器垒成的石磨山和碌碡山。

滕州市鲁班纪念馆是全国建筑体量最大、功能最全的纪念鲁班的专门场馆，并开放参观，充分发挥"科技发明展示中心、寻根感恩祭拜中心、爱国主义教育中心、旅游休闲体验中心、鲁班文化传承中心"的功能。

季羡林先生题词：墨子鲁班　善国双圣

第一节 鲁班精神

春秋战国是一个"哲思飞扬"的时代，期间诞生的诸子百家中，鲁班是一颗璀璨的明星，影响深远。他富于智慧、勤于思考、勇于探索、善于创新，以制造为起点，以创造为升华，通过锯、墨斗为代表的许多发明创造，开创了我国的工匠群体，被誉为"百工圣祖"。《孟子·离娄》曰："离娄之明，公输子之巧，不以规矩，不成方圆。"公输子是人们对鲁班的尊称，说明当时鲁班在人们心目中的地位和成就很高。同处春秋战国时期，孔子构建中华民族的精神文明，被后人称为"文圣"。公输子创造中华民族的物质文明，被后人称为"工圣"。史书《唐开元占经》与"孔子之闻"并列谈论。鲁班是我国技术应用开拓者，也是世界科技发明先驱，是我国古代土木建筑巨匠，两千五百多年来，鲁班一直影响着中华民族技术文化的发展方向。国家最高科技奖获得者吴良镛院士尊誉鲁班是"哲匠始祖，大成智慧"。

鲁班没有专门的著作传世后人，历代文献中对鲁班的记载也相当零散和简略，不够系统。对鲁班的描述往往以"鲁班传说"的形式见于古籍史料，见于民间故事。在当代，虽然有关鲁班研究的文章数量不少，但多见于对材料的梳理、史实描述和基本分析，仿佛鲁班研究没有学术的价值。鲁班研究的现实意义在于鲁班精神的凝练与弘扬，用鲁班精神塑造技术技能人才。

鲁班作为工匠行业中最为显赫、最具传奇色彩的象征性符号，其影响遍布华夏大地的各个角落。两千五百多年来，民众为了表达对鲁班的热爱和敬仰，把古代劳动人民的集体创造和发明都集中到他的身上，有关他发明和创造的故事实际上是古代劳动人民发明创造的故事。鲁班的名号成为劳动人民勤劳智慧的象征，鲁班的传说承载着崇拜鲁班的文化信息，对于工匠群体发挥着信仰之源的作用，鲁班的精神是推动我国工匠群体前进和社会进步的强大力量。在当今，要根据时代发展的要求挖掘鲁班精神的内涵。

鲁班精神的内涵是什么呢？儒学大师杨朝明评价鲁班"积极进取、自主创新"；鲁班研究专家王中用"聪颖、诚信、勤奋、创新"概括鲁班；《建筑时报》总编赵仁童把鲁班精神总结为"勤于发明、敢于创新、精于作业、乐于奉献"；有的学者认为鲁班精神的核心内容是"传承规矩，创新工具，精美建筑，诚信服务"；家居企业红星美凯龙对鲁班精神的凝练是"刨根溯源、一丝不苟、专注钻研、创新成就"；枣庄科技职业学院在研究鲁班文化和职业教育教学实践中，把鲁班精神凝练为"勤于思考、勇于创新、立足实践、精益求精"；浙江建设职业技术学院把鲁班精神凝练为"吃苦耐劳、勇于实践、锲而不舍、敬业创新"；山东城市建设职业学院把鲁班精神凝练为"踏实严谨、精技强能、勤奋进取、自主创新"。

鲁班精神和文化经过历代传承、弘扬和丰富，已成为我国建筑文化和工匠文化的一面旗帜。在当下，鲁班精神有新时代的印记，内涵更加丰富。

一、执着坚韧、持之以恒的探索精神

反映鲁班刻苦、好学、持之以恒品质的传说故事在民间流传很多，影响广泛。最为出名的是关于鲁班学艺的典故，已被列为小学语文的教材内容，发挥了鲁班文化政治教育的价值。鲁班虚心拜师的态度以及他学艺的决心得到老师傅的肯定和赞赏，从此开始了他的学艺生涯。在此期间，他勤奋、刻苦、坚持不懈，三年后学会了所有的手艺，成为各个时代拜师学艺的榜样。可以说，鲁班的一生都在不断提高自己的工艺，他的这种坚韧与执着至今仍影响着我们。

鲁班年轻的时候，决心要上终南山拜师学艺。他拜别了爹妈，骑上马直奔西方，越过一座座山冈，蹚过一条条溪流，一连跑了三十天，前面没有路了，只见一座大山，高耸入云。鲁班想，怕是终南山到了，山上弯弯曲曲的小道有上千条，该从哪一条上去呢？鲁班正在为难，看见山脚下有一所小房子，门口坐着一个老大娘在纺线。鲁班牵马上前，作了个揖，问："老奶奶，我要上终南山拜师学艺，该从哪条道上去？"老大娘说："这儿九百九十九条道，正中间一条就是。"鲁班连忙道谢。他左数四百九十九条，右数四百九十九条，选中正中间那条小道，打马跑上山去。

鲁班学艺

鲁班到了山顶，只见树林子里露出一带屋脊，走近一看，是三间平房。他轻轻地推开门，屋子里破斧子、烂刨子摊了一地，连个下脚的地方都没有。一个须发皆白的老头儿，伸着两条腿，躺在床上睡大觉，打呼噜像摇鼓一般。鲁班想，这位老师傅一定就是精通木匠手艺的神仙了。他把破斧子、烂刨子收拾在木箱里，然后规规矩矩地坐在长凳上等老师傅醒来。

直到太阳落山，老师傅才睁开眼睛坐起来。鲁班走上前，跪在地上说："师傅啊，您收下我这个徒弟吧。"老师傅问："你叫什么名字？从哪儿来的？"鲁班回答："我叫鲁班，从一万里外的鲁家湾来的。"老师傅说："我要考考你，你答对了，我就把你收下；答错了，你怎样来还怎样回去。"鲁班不慌不忙地说："我今天答不上，明天再答。哪天答上来了，师傅就哪天收我做徒弟。"

老师傅捋了捋胡子说："普普通通的三间房子，几根大柁？几根二柁？多少根檩子？多少根椽子？"鲁班张口就回答："普普通通的三间房子，四根大柁，四根二柁，大小十五根檩子，二百四十根椽子。五岁的时候我就数过，师傅看对不对？"老师傅轻轻地点了点头。

老师傅接着问："一件手艺，有的人三个月就能学会，有的人得三年才能学会。学三个月和学三年，有什么不同？"鲁班想了想才回答："学三个月的，手艺扎根在眼里；学三年的，手艺扎根在心里。"老师傅又轻轻地点了一下头。老师傅接着提出第三个问题："两个徒弟学成了手艺下山去，师傅送给他们每人一把斧子。大徒弟用斧子挣下了一座金山，二徒弟用斧子在人们心里刻下了一个名字。你愿意跟哪个徒弟学？"鲁班马上回答:"愿意跟第二个学。"老师傅听了哈哈大笑。

老师傅说:"好吧,你都答对了,我把你收下。可是向我学艺,就得使用我的家伙。这些家伙,我已经五百年没使唤了,你拿去修理修理吧。"

鲁班把木箱里的家伙拿出来一看,斧子崩了口子,刨子长满了锈,凿子又弯又秃,都该拾掇拾掇了。他挽起袖子就在磨刀石上磨起来。他白天磨,晚上磨,磨得膀子都酸了,磨得两手起了血泡,又高又厚的磨刀石,磨得像一道弯弯的月牙。一直磨了七天七夜,斧子磨快了,刨子磨光了,凿子也磨出刃来了,一件一件都闪闪发亮。他一件一件送给老师傅看,老师傅看了不住地点头。

老师傅说:"试试你磨的这把斧子,你去把门前那棵大树砍倒。那棵大树已经长了五百年了。"

鲁班提着斧子走到大树下。这棵大树可真粗,几个人都抱不过来;抬头一望,快要顶着天了。他抡起斧子不停地砍,足足砍了十二个白天十二个黑夜,才把这棵大树砍倒。鲁班提着斧子进屋去见师傅。老师傅又说:"试试你磨的这把刨子,你先用斧子把这棵大树砍成一根大柁,再用刨子把它刨光,要光得不留一根毛刺儿,圆得像十五的月亮。"

鲁班转过身,拿着斧子和刨子来到门前。他一斧又一斧地砍去了大树的枝丫,一刨又一刨地刨平了树干上的节疤,足足干了十二个白天十二个黑夜,才把那根大柁刨得又圆又光。

鲁班拿着斧子和刨子进屋去见师傅。老师傅又说:"试试你磨的这把凿子,你在大柁上凿两千四百个眼儿,六百个方的、六百个圆的、六百个三棱的、六百个扁的。"

鲁班拿起凿子和斧子,来到大柁旁边就凿起来。他凿了一个眼儿又凿一个眼儿,只见一阵阵木屑乱飞。足足凿了十二个白天十二个黑夜,两千四百个眼儿都凿好了,六百个方的、六百个圆的、六百个三棱的、六百个扁的。

鲁班带着凿子和斧子去见师傅。老师傅笑了，夸奖鲁班说："好孩子，我一定把全套手艺都教给你！"说完就把鲁班领到西屋。原来西屋里摆着好多模型，有楼有阁有桥有塔，有桌有椅有箱有柜，各式各样，精致极了，鲁班把眼睛都看花了。老师傅笑着说："你把这些模型拆下来再安上，每个模型都要拆一遍，安一遍。自己专心学，手艺就学好了。"

老师傅说完就走出去了。鲁班拿起这一件，看着那一件，一件也舍不得放下。他把模型一件件擎在手里，每一件都认真拆三遍、安三遍。每天饭也顾不得吃，觉也顾不得睡。老师傅早上来看他，他在琢磨；晚上来看他，他还在琢磨。老师傅催他睡觉，他随口答应，却不放下手里的模型。

鲁班苦学了三年，把所有的手艺都学会了。老师傅还要试试他，把模型全都毁掉，让他重新造。他凭记忆，一件一件都造得跟原来的一模一样。老师傅又提出好多新模型让他造。他一边琢磨一边做，结果都按师傅说的样式做出来了。老师傅非常满意。

一天，老师傅把鲁班叫到跟前，对他说："徒弟，三年过去了，你的手艺也学成了，今天该下山了。"鲁班说："不行，我的手艺还不精，我要再学三年！"老师傅笑着说："以后你自己边做边学吧。你磨的斧子、刨子、凿子，就送给你了，你带去使吧！"

鲁班舍不得离开师傅，可是知道师傅不肯留他了。他哭着说："我给师傅留点什么东西呢？"老师傅又笑了，说："师傅什么也用不着，只要你不丢师傅的脸，不坏师傅的名声就够了。"

鲁班只好拜别了师傅，含着眼泪下山了。他永远记着师傅的话，用着师傅给他的斧子、刨子、凿子，给人们造了许多桥梁、机械、房屋、家具，还教了不少徒弟，留下了许多代代相传的故事。后世的人都尊称他为"木工的祖师"。

（原浙教版小学语文课本六年级下册第17课（2004年12月第2版））

二、求实与创新的科学精神

鲁班是鲁国人。史书记载：鲁国的"殷民六族"繁荣手工业。"殷民六族"是以手工生产为业的民族，拥有较高的文化水平，"喜学术、好技艺"。在科学技术领域，鲁国在农业、天文、历法、建筑、手工业、技术等方面有着杰出贡献。通过建筑遗迹考证，鲁国的建筑业发展到了较高的水平。在建筑中，宫殿的建造离不开木工（当时木工称作执斫者）。史书记载：为了阻止楚国的讨伐，"孟孙请往赂之，以执斫、执针、织皆百人向楚国供奉"。这些记载反映出鲁国的木工制造技术非常发达。鲁班生活的时代是一个出现科技革命的时期，良好的社会环境为工艺的发明创造提供了广阔的平台，出现了"百工圣祖"鲁班、"科圣"墨子等具有发明创造能力的人物。鲁班技艺高超，是实践出真知、动手与动脑并重的典范。从典籍《墨子》《孟子》《礼记》《论衡》的记载中，可以得出这样的结论：鲁班既有超凡的智慧，又有出众的实践能力，制作的许多生产和生活工具提高了人们的工作效率，解放了生产力。鲁班身上体现出求实与创新的科学精神。

三、精益求精、发明创造的工匠精神

工匠精神是指工匠对自己的产品精雕细琢、精益求精的精神理念。工匠精神的内涵包括以下几个方面：精益求精，追求完美；做事严谨，一丝不苟；耐心，专注，坚持；专业，敬业等。优秀工匠对精品有执着的坚持和追求，通过不断雕琢自己的产品，不断改善自己的工艺，享受着产品在双手中升华的过程。

工匠精神是发明创造的前提与基础。德国哲学家尼采在评价工匠精神时说，大部分天才都具有能干匠人的严肃精神，他们先学习完美地建造局部，然后才敢动手建设巨大的整体。中华民族也尊崇工匠精神，"琢磨"一词出自《荀子·大略》："人之于文学也，犹玉之于琢磨也"。成语

"独具匠心""匠石运金"是形容技艺精湛,多指技术或艺术方面有创造性,形容具有独特的巧妙心思。

鲁班是一位淳朴的劳动者,也是一位管理工匠的"匠师",对于我国的建筑工艺发展及我国传统文化影响甚大。我国各地保存至今的古代建筑,如河北赵县赵州桥、山西应县佛宫寺木塔、苏州古典园林、北京故宫都具备技艺精湛、风格独特的特点。我国古典建筑具有因地而异的实用性,具有极高的审美特色,在世界建筑史上自成系统,独树一帜,是我国古代灿烂文化的重要组成部分。要挖掘我国古典建筑的哲学思想,则需从其建造者——工匠群体进行细致的研究。

关于鲁班注重质量、精益求精的民间传说和文献典籍也有很多。传说古代房屋上梁特别讲究,许多人都请鲁班上梁。每次上梁前鲁班在心里反复计算,有着严格的规范标准,注重细节,保证梁与梁之间拼得严严实实,不露出丁点缝隙,一敲"嗡嗡"地响,榆木大梁浑然一体。

鲁班的创新主要体现在其智与巧上,关于鲁班创新的典故在各个朝代的文献典籍中都有记载。如东汉著名的学者和无神论者王充在《论衡·儒增》篇中记载"刻木为鸢,以象鸢形"和"审有机关,一飞遂翔,不可复下"的考证,可知鲁班运用木工的精巧技艺模仿鸟类飞行制造出的载人飞行工具这类传说并非完全是虚构,并不是靠魔法仙术等超自然的神奇力量,而是含有很大的科学创新成分。还有他发明创造的鲁班尺、刨子、锯子、石磨都是技艺的革新与创造,都体现了鲁班勇于探索、敢于创新的精神。

小故事 ▶

● 鲁班发明石磨的故事

相传在6000年以前人们就开始用石头将谷物压碎或者碾碎,4000多年以前,人们发明了一种称为"杵臼"的碾米工具。但杵臼比较费时费力,每次只能碾少量谷物,时间一长还会腰酸背痛。

　　有一天，鲁班来到另一个地方干活，恰巧看到一个老太婆捣麦子。老太婆年岁大了，举不起石杵了。她扶着石杵，在石臼里研着麦粒。鲁班走过去一看，石臼里的麦粒有不少已经磨成了粉。鲁班从那里得到了启发。

　　回到家，他找来两块大石头，把石料凿成两个大圆盘，又在每个圆盘的一面凿出一道道槽，其中的一个大石盘，上面凿个洞，并安上木把，将两个石圆盘摞在一起，凿槽的两面相合，中心装了个轴。他在圆盘的中间洞上放麦子，用人力或畜力使之转动，就能够把谷麦磨成粉末，这就是两千年来，在我国农村曾广泛使用过的石磨。

四、无私奉献、爱岗敬业的劳模精神

　　社会学家艾君这样解释劳模，劳模即劳动模范和先进工作者的简称，劳模是劳动者的优秀代表，是民族的精英、国家的栋梁、社会的中坚、人民的楷模，是时代的永远领跑者。劳模精神折射出一个时代的人文精神,反映出一个民族在某一个时代的人生价值和思想道德取向。当代劳模精神的本质是主人翁责任感和艰苦创业精神、忘我的劳动热情和无私的奉献精神、良好的职业道德和爱岗敬业精神,这些集中体现了中华民族能够与时俱进、开拓创新的精神风貌。

鲁班是一位劳动模范,他精通手工技艺,根据实际情况创造性地解决具体问题,发明创造很多。卯榫结构、斗拱结构和鲁班尺、墨斗、刨子、凿子、锯子、钻子、铲子等工具,都是鲁班发明的。这些实用结构和工具的发明使当时的劳动者从原始、繁重的劳动中解放出来,劳动效率成倍提高,土木工艺出现了崭新的面貌。

建设行业从业人员以"鲁班传人"自居,以传承鲁班精神为立身之本。"中国建设工程鲁班奖(国家优质工程)"简称鲁班奖,是国内建筑行业工程质量最高荣誉奖。鲁班奖创立于1987年,是以国家名义对鲁班精神的发扬光大,授予创建出一流工程的企业,促进我国工程建设质量水平的有效提高。前全国政协主席李瑞环年轻时在北京第三建筑公司工作,是当时最年轻的全国劳动模范,创立了木工简易算法,被誉为"青年鲁班"。全国劳动模范、中华技能大师于建友也是一位鲁班式劳模。现任烟台建工集团技工学校校长的于建友,培养了数百名技术能手、抹灰高手,全身心地为建筑工人和农民工朋友送技术、送知识、送温暖。2011年,经国家人力资源和社会保障部、财政部评审,建立了"于建友技能大师工作室",这是当时全国建筑行业唯一的技能大师工作室。

五、紧密联系实践的务实精神

从鲁班的民间传说和史料记载来看,他作为最基层的手工匠,所有的发明创造都与劳动人民的实践生活紧密联系。例如,鲁班为减少人力付出,提高工程效率而发明锛、凿、斧、锯等木工机械工具,为提高人民生活质量,而改进门、窗、桌、床等房屋构件和家具。他的创造和发明来源于劳动人民的生活,同时又服务劳动人民的生产生活,在当时使人们从原始的、繁重的劳动中解放出来，有力地促进了社会生产力的发展，实现了技术与实用的统一。

鲁班精神的本质是科学精神，其核心内容包括尊重科学的态度、敢于创新的勇气、自我反省的魄力和乐于奉献的胸怀。学习鲁班精神有助于提高整个中华民族的科学精神，形成尊重科学、勇于创新、乐于奉献的社会风气，通过增强科技实力从而提高我国的综合竞争力，最终实现中华民族的伟大复兴。

曾经辉煌灿烂的中华文明从明清之际开始在世界的影响力逐渐减弱，时至今日仍然未能挽回其劣势。造成这种现象的根本原因就在于由汉以降我国的主流意识形态采取的基本是轻视科学技术的态度，以儒家为代表极端推崇"形而上"的"道"，对"形而下"的"器"则采取蔑视的态度。科学技术成为君子不屑为之、等而下之的"奇技淫巧"。在这种氛围下，一代又一代的知识精英都埋头故纸堆中，研究圣贤的微言大义，甚而空谈"心性"，终于导致中华民族落后于西方科技并险些堕入亡国灭种的绝境。研究鲁班可以提醒国人要尊重科学，并且重拾民族的自信心和自豪感，鼓足勇气赶超科技领先的国家。

在知识经济时代，科技创新能力是一个国家核心竞争力的体现。而创新是鲁班精神的灵魂。鲁班善于观察和思考，根据实际情况创造性地解决实际问题，极具首创精神。鲁班以他的创造发明、聪明才智，在中华民族数千年的文化历史中，树起了一座丰碑。鲁班精神为各个时代不断地补充、丰富、弘扬和传承，成为我国文化的一面旗帜。相信在这面旗帜的指引下，我们一定能赢回我们失去的辉煌。

此外，批判和反思精神也是鲁班精神的重要内容。鲁班之所以为鲁班，不仅在于他在技术上的成就，还在于他人格上的魅力。鲁班也有犯错误的时候，可贵的是他知错能改，有自我批判和反思的能力。在"止楚攻宋"一役，他在墨子的开导下认识到了自己的错误，然后，不顾及自己作为年长者的体面，虚心地向墨子请教，不断提高自己的认识水平。

正是在这种理性反思的基础上，鲁班后来将主要的精力放在了民生技术的开发上，为中华民族作出了卓越的贡献。所以，通过学习和研究鲁班有助于提高广大劳动者的自我批评意识，弘扬爱岗敬业、乐于奉献的时代精神。

鲁班精神的丰富内涵中，科学精神是鲁班精神的原点，工匠精神和劳模精神是鲁班精神的延续和丰富，共同构成鲁班精神的神韵。鲁班精神也是国家所倡导的职业精神，推崇鲁班精神，在弘扬优秀传统文化、鼓励科技创新的今天，对于技术技能人才培养具有现实的指导意义。鲁班被众多工匠奉为鼻祖，据《事物绀珠》《物原》《古史考》等古籍记载，木工使用的不少工具器械都是他创造的，如曲尺（也称矩或鲁班尺）、墨斗、刨子、钻子，以及凿子、铲子、锯子等工具。精巧实用的工具对木匠来说是尤为重要的，借助于工具，可以让工匠们减轻繁重的体力劳动，缩短劳动时间，工作效率得到成倍的提高。"物因人而著名，人因物而不朽"，鲁班也因此成为一个跨越历史时代、跨行业的，集我国古代能工巧匠之大成的典型，是中华民族古代劳动人民的智慧、才干和美德的化身。

第二节　墨子思想

墨子"兼相爱，交相利"的思想包含宽广与博大，以及心系万民忧乐、情牵苍生疾苦的情怀。他的理想是建立一个"兼爱"的社会，本着"兼相爱、交相利"的造物核心思想，墨子对造物设计是执着的，他既是一位有着深刻思想和远见的思想家、哲学家，也是一位有着丰富实践经验的"大匠"。墨子是我国第一位集思想与实践于一身的造物设计家，他是一个技艺高超的匠人，也是一个具有丰富理论知识和实践知识的科学家。

一、墨子在技艺的应用问题上尤其注重实用性

从经验中抽象出的知识是为了应用于实践之中。张岱年教授曾经指出:"墨家的自然科学研究从属于墨子的'为天下兴利除害'的最高宗旨。"这一论断指出了墨子科技思想的真谛——"重利贵用"。墨子发明的工具主要集中在几何学、力学以及机械制造等方面,其主要原因就在于这些学科与生产实践的关系最为密切,无论是发展几何学用于建筑和手工业制作,还是研制杠杆、滑轮、桔槔等使用广泛的生产工具,目的都是能提高劳动效率,增加社会财富,以获取实利。如桔槔这种汲水工具虽简单,但它使劳动人民的劳动强度得以减轻,相应地促进了我国古代的科技进步,提高了社会生产力。

此外,墨子曾这样解释自己制作车船的目的:"其为舟车何以为?车以行陵陆,舟以行川谷,以通四方之利。凡为舟车之道,加轻以利者,芊鱼且不加者,去之。"意思是说造车船用来沟通四方之利,造车船的原则是能增加轻快便利的,就增益它,不能增加的,就去掉,对华而不实的东西,必须舍弃。这句话最能说明墨子的科技追求以"重利贵用"为标准,他对器物实用性的特征是最为看重推崇的。

二、墨子始终保持以人为本的人文关怀精神

他重视技术工具对人的价值,对技术精益求精,以造福于社会。并且,墨子密切注意技术的双刃剑效应,分清技术利于人、不利于人、有害于人的界限。在实践中,墨子主张只有利民的东西才是有价值的,他以农、工、生产、生活实践作为获取知识的源泉。如《墨子·鲁问》记载:"公输子削竹木以为鹊,成而飞之,三日不下。公输子自以为至巧。子墨子谓公输子曰:子之为鹊也,不如匠之为车辖,须臾刘三寸之木,而任五十石之重。故所为巧,利于人谓之巧,不利于人谓之拙"。墨子认为精巧木鸟的功用不如能承重的车轴,可见他的立足点不同,判断是否有价值的标准不同,"巧"与"拙"的关系并不是绝对的,而是有条件地

相对。真正的"巧"并不是外观的精美或技术的精湛，真正的"拙"也不是简朴的外观和技艺的粗糙，只有放在"利人"的标准下才能检验造物的"巧"与"拙"。也就是说评价一个器物要以"功"为导向，有利于人的就是精巧，不利于人的设计再精妙也是拙，是否有利是墨子衡量科技发明和创造价值的最重要原则。

在墨子看来，社会消费应以保持基本生产生活条件为限，能供给民用即可，反对奢侈浪费，主张"去无用之务"，是"天下之大利"。如出行造车方面，只要能"完固轻利，可以任重道远"即可。建设住房，只要能"御风寒""别男女之礼"即可。墨子思想中体现的工匠精神就是一切的生产发明都要讲求实际效用，以人的需求为基础。

三、重效益、讲实用是墨子思想最重要的价值取向

他的造物思想不是针对某个具体器物或者事件，而是关注人与整个社会的和谐发展，造物的目的是器物都要恰当地配合当时的社会生产实践。特别重要的是，墨子在将上述制造技术传授给他人的同时，还著书立说，使之传至后世。随着新技术、新器具的使用和推广，劳动生产率得到显著提高，人们的生活状况自然也得到改善。墨子思想中的工匠精神告诉我们，科技发明要注重实效，以人为本。

第三节 班墨文化

墨子、鲁班是中华民族勤劳智慧、科学创新的典范，他们"胸怀天下、心系百姓、崇尚科学、造福人类"的博大情怀和善行义举，千古传扬不息，植根于人们心中。时代呼唤班墨文化，缺失墨学的文化不是完整的中华文化。当代我国"和平崛起"的伟大历史契机来临之际，从中华文化形成的"轴心时期"，寻找丰厚的历史文化资源，形成优秀的历史

文化传统与现代相结合的中华文化的主体意识，将是中华民族巍然屹立于世界民族之林的必然选择。

一、班墨文化的时代特征

"班墨文化"这一概念是十几年前国学大师任继愈先生提出来的。要了解班墨文化形成的原因及其特征，先要熟悉墨子与鲁班生活的时代和两人的经历。

墨子是战国时期小邾国（今山东省滕州市）人，生卒年月大致在公元前480年—前390年。由于其关怀人生、关怀社会、关怀自然的执着情怀，墨子在诸子百家中别开生面、独树一帜。先秦诸子，唯墨子集思想家、教育家、科学家、军事家和社会活动家于一身，即使被称作万世师表的孔子也称不上军事家和科学家。先秦诸学，唯墨学人文品格与科技品格并重，而孔子在他所有的言论中，从未涉及自然科学方面的内容。所以毛泽东同志称赞墨子"是比孔子高明的圣人"。墨子提出的"兼爱、非攻、尚贤、尚同、节用、节葬、非乐、非命、天志、明鬼"十大主张，集中反映他所处时代最底层民众的最强音。在墨子生活的时代，像他那样拥有如此丰厚的思想、广博的知识、多方面的建树和熟练手工技艺的人，几乎是绝无仅有的。可以说，墨子是一个集劳动者、思想家和科学家于一身的全能型人才。墨子创立的墨学在春秋战国时代，曾与孔子创立的儒学并驾齐驱，是那个时代博爱众生、救世济困、制暴扶贫、道德重建的重要力量。《韩非子·显学》记载："世之显学，儒墨也。儒之所至，孔丘也；墨之所至，墨翟也。"吕不韦说："孔、墨徒属弥众，弟子弥丰，充满天下。"（《吕氏春秋·尊师》）庄子也较为客观地评说墨子道："不侈于后世，不靡于万物，不晖于数度，以绳墨自矫，而备世之急。"（《庄子·天下》）这些评说都出自与墨子相距不远的名家之口，可见墨学在当时的影响深远。

墨子及其弟子"学者加工匠"的特殊身份，成就了他们在先秦时代科学领域的最高地位和足以与西方古代自然科学相媲美的科学建树。墨子及其弟子直面自然，通过对所感知、所经验的自然现象考察、分析、研究，把科学活动建立在客观理性的基础之上。通过对具体事物的观察分析，科学地说明事物的构成方式、存在方式和运动方式。他们认为，科学的任务就是"摹略万物之然，论求群言之比。以名举实，以辞抒意，以说出故。以类取，以类予"（《墨子·小取》）。一部《墨经》涵盖光学、力学、形学、数学、几何学、逻辑学等多门学科，"其科学成就超过了整个古希腊"（国学大师杨向奎语）。

鲁班（公元前507年—前444年），姓公输，名般，战国时期小邾国人，今山东省滕州市人。因"般"与"班"在古文中既同音又通用，所以人们称他为鲁班。如果说墨子是墨家集团的巨子和旗手的话，那么鲁班则是墨家集团的重要成员。国学大师任继愈先生"班墨不分"的宏论，为研究墨子和鲁班指明了方向。事实上，研究墨子不可能不涉及鲁班。《墨子·公输》《墨子·鲁问》《墨子·经上》和《四库全书》《四部丛刊》等古文献资料，都把墨子与鲁班的事迹融合起来介绍。因为墨子和鲁班同时同辈，基本上也同专业，两人相辅相成，不可分离。鲁班以手工操作为职业，钻研技术，精益求精，积极进取，善于创新，是中华民族开化史上手工业技术、发明创造的典型，是伟大的发明家。他集工匠、经验家、技术家、大匠师和发明家于一身，聪明绝顶，善于领悟，把工匠技术发挥到了极致。

鲁班虽是能工巧匠，但当时他毕竟属于平民阶层，并专攻匠艺，只注重言传身教。加之他的弟子只知道跟他学手艺，而没人记下他的言论传世，这才为后人研究留下了难题。鲁班发明创造的故事之所以世代相传，关键是他在中华科技史上作出了重大贡献，也是民间舆论影响使然。文人墨客对此不可能熟视无睹，视而不见。因此，或多或少，甚至挂一漏万地把鲁班的故事融入先哲载籍，化作成语典故，千古传扬不息，根植于人们心中。鲁班故里在滕州，但他的足迹遍及中华大地。鲁班生活的年代正值春秋末战国初期，人们思想活跃。先哲圣贤们周游列国，阐明政治主张。而作为大匠师的鲁班，自然也四处传艺，惠及四方，所到之处，留下杰作，传下美名。当时，由于鲁班影响之大，凡工匠技巧达到极致的多托名为鲁班。鲁班身上体现了中华民族勤劳智慧、勇于创新的美德。

墨子与鲁班生活在春秋战国时期，他们的思想学说自然会深深地刻上那个时期的时代烙印。墨子崇尚科学，以人为本，兼通工匠技巧，是著名的思想家和理论家。鲁班积极进取，勇于创新，是古代手工业技艺和发明创造的大匠师。班墨二人，一个善于实践，一个善于总结。他们同在墨家集团，志同道合，互为补充。墨子靠思想学说传世，鲁班靠技术发明传承。至今人们还享用着他们科学精神和发明创造的恩泽。他们是中华民族创新和科学精神的典范。班墨二人智慧关系的特质，是技术家和哲学家的结盟，是当代经验和理论、技术和哲学相结合，最终实现中华民族伟大复兴的历史借鉴和精神动力。圣人留言，大匠留物，班墨不分，互补传承。他们都是古滕大地和邾娄文化（我国古代东夷地区的先进文化，滕州属于邾娄地域，是当时科技文化最为发达的地区）哺育出来的精英，共同有着科学创新精神。

二、班墨文化的基本内涵

要弘扬班墨文化，自然要首先明确班墨文化的内涵。墨子与鲁班同在墨家集团，一个是领军人物，一个是重要成员；一个是思想家，一个是技术家；一个注重理论，一个善于实践。他们可谓黄金搭档，珠联璧合。两人作为邾娄地区培育出来的精英，他们性格和学说的形成，无不留下"邾娄文化"熏陶的痕迹，血液里共同流淌着热爱和平、反对战争、崇尚科学的基因。所以，班墨文化主要体现在墨子和鲁班"胸怀天下、心系百姓、崇尚科学、造福人类"等方面。

墨子所处的春秋战国之际，社会动荡，战争频发。春秋时代，"弑君三十六，亡国七十二"，孟子概括为"春秋无义战"。至战国时代，七霸争雄，国无宁日，不义之战愈演愈烈。墨子忧天下之忧，苦百姓之苦，先以"义、利"之辩游说止战，继以"天志"思想震慑诸侯。引导人们相爱相利，避免相恶相贼。他热心救世，心里想着如何拯救人民出火海。他心里装着百姓，时刻牵挂着人民安危。墨子衣衫褴褛，一路风尘，背负行囊，行色匆匆地疾行在战火硝烟中。墨子只是一个学者，有的是才华和胆识，他能吃苦奉献，并能身体力行，但他没有话语权，不能让自己的主张变成统治者的意志。面对种种挫折，他依然义无反顾地宣传践行自己的政治主张。这些无不体现了墨子"胸怀天下、心系百姓、崇尚科学、造福人类"的博大情怀。

鲁班尽管没有像墨子那样大义凛然、游说止战，但他用自己特有的方式，用他匠人所独有的手艺服务乡邻，造福四方，发明创造了许许多多与人民生活密切相关的生活器物和工具，大大方便了人们的生活，提高了人们的生活质量。他在造福乡里的同时，广收徒弟，传授技艺，并依据当时科技水平，不断探索实验，进行了很多发明创造，广泛用于生活、工程等领域，被人们誉为百工圣祖。尤其是他设计制造的连弩车、云梯等器械，威力无比，显示了极高的科技含量，令现代人都叹为观止。可以说，墨子与鲁班如果没有"胸怀天下，心系百姓、崇尚科学、造福人类"的精神动力，就不可能取得那么高的科技成就，也就不可能赢得人民的拥戴。

墨子是平民圣人，他的核心思想是兼爱包容；鲁班是百工圣祖，他的精神实质是自主创新。历史是根，文化是魂，这种根和魂融汇铸造了"兼爱包容、科学创新"的班墨文化。"包容"是一种至高无上的美德，是一种无声又强大的力量，是一种博大且精深的意境，是墨子聪明处事的经验，也是墨子为人修养的体现。包容的心态是善良人品的升华，是崇高精神的凝结。包容也体现了墨子容载万物、宽厚大度、谦恭善良的精神气度。

"创新"是鲁班思想的精髓，是人类社会进步的源泉，是一个民族进步的灵魂，也是一个国家兴旺发达的不竭动力。要创新，就要像鲁班那样，不断总结经验，发明创造，扬弃固有，突破已有，超越实有，创造未有，并在扬弃、突破、超越、创造中不断追求卓越。鲁班的创新精神已经深入当今人们的骨髓，融进人们的血脉和性格中，激励着人们战胜前进路上的艰难险阻，书写科学创新的崭新篇章。

　　班墨文化体现了一种积极向上、奋发有为的超越姿态，同时也是树立科技创新形象的内在要求。对内可凝聚民心，增强认同感、自豪感，对外可以塑造自我砥砺、追求卓越的良好形象，从而增强品牌力、向心力、影响力。班墨文化是历史传承的积淀，是现实实践的写照，是未来发展的动力。践行班墨文化，就要在继承的基础上创新，在创新中不断超越，在超越中不断提升。

三、班墨文化的担当与传承

　　墨子与鲁班生活的春秋战国时代是我国传统文化的"轴心时期"，影响国人两千多年。由于自然科学层面的缺失，加之人文科学和自然科学并重的墨学的长期衰微，导致了我国长期以来较之西方自然科学的落后，这是中华民族文化科学发展史上的遗憾。当代我国"和平崛起"的伟大历史契机来临之际，从中华文化形成的"轴心时期"，寻找丰厚的历史文化资源，形成优秀的历史文化传统与现代相结合的中华文化的主体意识，将是中华民族巍然屹立于世界民族之林的必然选择。

　　文化作为一种社会意识形态，不仅能让人增长知识，增强本领，还能陶冶情操，教化人心。正如瑞士心理学家荣格所言："一切文化都沉淀为人格。"当文化沉淀为集体人格，它也就凝聚成了民族的灵魂。班墨文化历经磨难，今天终于以其包容创新的靓丽英姿展现在世人面前，担当起引领支撑国家科学发展的重任，这种舍我其谁的文化担当，将开启中华民族创新发展的力量源泉，凸显班墨文化的当代价值。

　　墨子主张兼爱非攻，尚贤尚同，既述且作，创造发明。他的主张不合时宜，被打入"冷宫"。今日拂去历史的尘埃，墨子学说震撼了世界，唤醒我国迅猛崛起，指导着当代中国和谐发展、科学发展、可持续发展，把墨子那无私的人间大爱传递到世界的每个角落，让世界各国竞相发展，和平相处，最后实现世界大同。

鲁班道法自然，崇尚科学，勇于探索，自主创新。他的发明创造造福万代，恩泽后世，推动了历史的进步和社会的发展。假如没有鲁班，没有他的发明创造，不敢想象所处的世界会是什么模样。如果鲁班不发明石磨，或许至今我们还会吃整粮食。鲁班是中华民族勤劳智慧、发明创造、勇于创新的典范，对中华民族的性格有深远持久的影响。班墨智慧同时也改变了世界。

无论是提倡"兼爱、非攻"的大思想家墨子，还是被后人奉为百工圣祖的鲁班，虽然他们的故事流传至今，但是毕竟离我们都太遥远了，那么我们今天为什么需要重新认识墨子和鲁班呢？他们究竟给我们留下了哪些宝贵的财富呢？是什么原因导致邾娄文化培育出来的墨子和鲁班被重新发现，并且得到世界性的高度评价呢？最根本的原因就是他们身上所体现出来的科学创新精神，也就是说，时代呼唤班墨文化。

传承班墨文化的主旨是"以墨子的爱心做人，以鲁班的创新做事"。要传承班墨文化，首要的是培养高素质公民。首先要从教育抓起。教育的目的不是简单的传播知识，而是建立一种新的文化，包括我们对世界的生活态度、思维方式、价值取向。教育所要聚焦的目标，就是要青少年立德立业。立德就是形成诚实守信、热爱生活、崇尚自然、善于接纳他人和他人合作等基本的道德素养。立业就是形成善于学习、善于发现、善于创新的能力和勤奋学习的品质，把伟大的追求、满腔的热情和强烈的责任感，寓于平凡平静平常的学习生活当中。在平凡平静平常中追求伟大的人生目标，实现自己的人生价值。

要传承班墨文化，必须提升人文素质。人文素质体现了一个人的思想道德修养。一个人的思想道德观念，总是以一定的文化底蕴为基础。一定的人文意识，又总是蕴含着一定的价值观念。高层道德感和社会责任感主要依靠文化积淀。文化根本在化，内化、融合、升华、超越，把爱心做人、创新做事的道理渗透到人的灵魂。人生道路能否走好，取决于个人的素质。文化素质对人生道路有决定性的影响。民族复兴说到底是文化复兴，人生成功说到底是文化的成功。所以传承班墨文化必须提高人文素质。

要传承班墨文化，还必须努力营造崇尚创新的社会氛围。要积极改善创新生态，不断强化"尊重劳动、尊重知识、尊重人才、尊重创造"的社会价值取向。要努力营造遵循规律、鼓励创新、宽容失败的环境氛围，在全社会形成想创新、学创新、敢创新、会创新的良好局面。

第四章 工匠精神

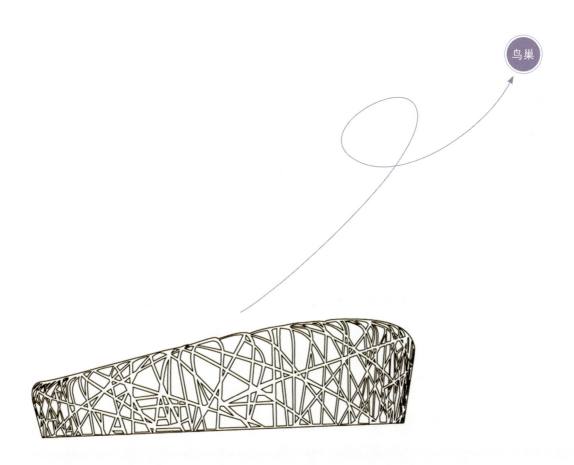

第四章　工匠精神

> 中国历来不缺少好的工匠，现在也不缺好的手艺人。但是，如今的中国缺乏尊重工匠精神的文化。我国是世界的工厂，但是由于缺乏对工匠的尊重和理解，缺乏对鲁班工匠精神的传承、创新，导致我国的制造业往往过分追求利润而不重视产品质量，在管理、做法等方面还落后于法国、瑞士、日本、德国、美国等制造业强国。在制造业强国纷纷推出更高、更新、更强的制造业战略时，中国制造面临着更严峻的转型升级压力，成为世界制造业强国，"工匠精神"是催化剂。在全球化背景下，传承鲁班工匠精神，可以加快实现从"中国制造"向"中国智造"的转变，顺利完成"中国制造2025"规划。

第一节　工匠精神是时代发展的呼唤

一、工匠精神重新提出的背景

（一）我国制造业转型升级和工业强国战略呼唤工匠精神

在经济发展新常态下，产业结构的优化升级成为一种必然趋势，我国社会对于经济发展速度的关注逐渐趋于理性，而对于经济发展质量的关注则日趋高涨。在此背景之下，以精益求精为重要特征的工匠精神再次回归大众视野。工匠精神是一个国家永续发展的不竭动力，其独特价值对处于转型期的中国经济社会显得尤为珍贵。

在2016年全国"两会"期间，工匠精神这一概念被历史性地写入政府工作报告。报告明确提出："鼓励企业开展个性化定制、柔性化生产，培育精益求精的工匠精神，增品种、提品质、创品牌。" 2017年全国"两会"上，李克强总理在《2017年国务院政府工作报告》中指出："质量之魂，存于匠心。要大力弘扬工匠精神，厚植工匠文化，恪尽职业操守，崇尚精益求精，培育众多'中国工匠'，打造更多享誉世界的'中国品牌'，推动中国经济发展进入质量时代。"

　　新中国成立特别是改革开放40多年来的快速发展，我国建成了门类齐全、独立完整的工业体系，2010年制造业规模跃居世界第一，综合实力不断增强，"中国制造"成为支撑我国经济社会发展的重要基石和推动世界经济发展的重要力量。然而与世界制造强国相比，我国制造业在品牌、质量和创新等方面还有很大差距。从全球看，随着新一轮技术革命和产业变革的孕育兴起，国际产业分工格局正在重塑。传统制造业强国凭借技术、人才等优势在先进制造、工业互联网等高端领域抢占先机，并纷纷制定再工业化战略，与此同时，发展中国家也凭借劳动力和资源等比较优势在中低端领域激烈争夺，"中国制造"面临着发达国家先进制造与发展中国家低成本制造的双向挤压。在此背景下，2015年5月，国务院正式印发《中国制造2025》，部署全面推进实施制造强国战略。

　　制造业是国民经济的主体，是科技创新的主战场，是立国之本、兴国之器。而制造强国从何而来？纵观世界发展的历史，成为制造业强国的路径和条件虽各不相同，但具有追求卓越、严谨执着的工匠精神是一个共性因素。德国、日本等之所以成为制造强国，不仅源于其制造技术的先进，更源于其社会所具有的对工作执着、对所做事情和产品精益求精、精雕细琢的普遍价值。

　　时至今日，"德国制造"已成为质量和信誉的代名词。当英国、法国完成工业革命时，德国还是个农业国。德国进入工业化后也经历过"山寨阶段"，向英国、法国学习，仿造其产品。为此，英国议会还特别在1887年通过对《商标法》的修改，要求所有进入英国本土和殖民地市场的德国进口货必须注明"德国制造"。此后，德国人用"严谨"和"认真"重塑了对"德国制造"的定义，使之直到今天都维持着世界性的声誉。据一项调查显示，全世界范围内延续超过200年以上的企业共有5000余家，其中日本有3400多家，而中国超过150年的企业仅有5家。日本的长寿企业数量之所以位居全球第一，除科技发展水平高、技术先进外，最主要的原因是整个社会有着对工匠精神执着追求的良好土壤，这些企业无一不把"工匠精神"奉为圭臬，不懈坚持和执着追求产品的精良品质。

德国、日本的制造业发展史表明，尽管传统的小作坊已被现代化的工业生产所取代，但沉淀下来的工匠精神和文化传统依旧贯穿于现代生产制造中，并从个体化的工匠行为演变为群体性的制造文化，成为推动现代制造业发展的灵魂所在。德国、日本众多名牌的创立以及制造业强国的形成在很大程度上来自这种精益求精、追求完美与极致的制造文化。

而在中华民族漫长的历史长河里，工匠精神源远流长，从鲁班的"巧夺天工"到庖丁的"技进乎道"，再到近代同仁堂坚持的"炮制虽繁必不敢省人工，品味虽贵必不敢减物力"，体现的正是人们卓绝的技艺和精益求精的价值追求。而在工业现代化的建设过程中，也形成了"两弹一星"精神和载人航天精神等具有时代特征的工匠精神。

因此，当前面对国内传统的低要素成本竞争优势持续减弱，能源资源环境等约束不断增强的压力，以及国际上先进制造与低成本制造的双向挤压，"中国制造"要成功突围并向制造业强国迈进，必须要弘扬和培育新时代的工匠精神，在"增品种、提品质、创品牌"等方面深入挖掘，从而实现我国制造业的转型升级。

（二）职业教育需要工匠精神

近年来，国家大力倡导发展现代职业教育，着力培养高素质劳动者和技术技能型人才。职业教育的落脚点是培养更多高素质劳动者和高端技能型人才，而人才是实现"中国制造2025""一带一路"倡议计划的关键。职业教育旨在培养具有责任感、创新精神和实践能力的"善建者"，而鲁班工匠精神的精神内涵就是"善建者"所必备的职业素养。同时，现代学徒制教育模式成为职业教育的重要组成，而鲁班文化、鲁班工匠精神为现代学徒制教育模式提供了借鉴和精神指引。因此，时代呼唤鲁班工匠精神的回归。只有传承鲁班工匠精神，才能让鲁班工匠精神在职业教育中扎根，并创新职业教育，实现人文素养、职业态度和职业精神的统一，最终实现我国制造业强国的大国梦。

工匠精神是职业教育的灵魂，鲁班工匠精神是职业教育的精神标杆。我国目前尚缺乏对鲁班工匠精神的宣传和鼓励，"万般皆下品，唯有读书高""学而优则仕"的思想被人们所认同，而职业教育被看作低人一等。职业教育应与企业发展、科技进步以及社会繁荣是同步的。"长期性的教育结构与产业结构不相适应，才出现了近年来日渐严重的大学生就业难与企业技术技能人才短缺并存的就业结构性矛盾。"鲁班工匠精神在职业教育中的贯彻，有利于校企之间工学结合教学模式的创建。当前，职业教育普遍存在鲁班工匠精神缺失的现象，在职业教育中培育鲁班工匠精神成为一项紧要任务。

（三）"大众创业、万众创新"需要工匠精神

鲁班工匠精神强调工艺传承和技术创新，贯穿于"大众创业、万众创新"的始终，是塑造"双创"合格主体的最重要因素之一。工匠精神中执着敬业、坚韧不拔、精益求精、脚踏实地等品格应成为创业者的基本职业素养。《孟子·离娄》中说："公输子之巧，不以规矩不能成方圆。""工匠精神并不代表保守，相反，匠人是能工巧匠，也是技术革新的能手，是出类拔萃、巧夺天工的人。"鲁班工匠精神既包含循规蹈矩的因素，也包含创新创业的因素。鲁班工匠精神提倡在传承规矩的基础上有所创业创新。时代的发展呼唤鲁班工匠精神，在现代社会不仅需要制造，还需要创造，需要产业工人不断提升自我能动性和创造力，生产出更精、更细、更优的产品来。"航空手艺人"胡双钱曾说过："经济学原理告诉我们，无论技术发展到什么水平，都离不开人这一最核心的生产要素。"鲁班工匠精神正是我国劳动人民充分发挥主观能动性的驱动力。当前，我国实施"大众创业、万众创新"的国家战略，很多工匠身上所缺失的正是鲁班工匠精神，只有传承鲁班工匠精神，才能培养更多大国工匠。

"大众创业、万众创新"是保增长、调结构、促稳定、惠民生的助力器，是小微企业生存之路、大企业繁荣兴盛之道，是富民之道、强国之策，是实现扩大就业、促进社会公平正义的有效途径。鲁班工匠精神追求的是精益求精的质量、独具匠心的设计、踏实严谨的作风，传承鲁班工匠精神是对劳动和劳动者的尊重和认同，可以促进创新创业发展环境、精品市场环境、企业制度环境等进一步优化升级，促进社会政策的配套改革。在全面深化改革的征途上，推进大众创业、万众创新，是鲁班精神的题中之意，是我国发展的动力之源，广阔前景值得期待。只有让鲁班工匠精神流淌于人们的血液中，才能打造技能型强国，为世界制造出更多流芳百世的精品之作。

（四）职业道德、社会公德强化需要工匠精神

鲁班工匠精神是树立正确价值观、培养职业道德和社会公德的关键。鲁班工匠精神强调要有自己的职业道德和社会公德，提倡做事先做人，一切工作的前提是良好的职业道德和社会公德，懂规矩、守规矩、先德行、后技能，这也是成为一流的匠人的基本素养。做匠人首先要有匠心，而这也凸显了重拾鲁班工匠精神的必要性和重要性。"欲修其身者，先正其心"，鲁班工匠精神强调以德为先，体现了时代的气质，它所蕴含的实践精神、创造精神、创业精神、科学精神、道德精神、无畏精神、批判精神、革新精神等，是当代我国发展的强大精神动力。鲁班工匠精神是匠心的核心，很多行业都还缺乏这样的匠心，缺乏对产品的精益求精和创新，缺乏对质量和品牌的持久锻造，因而也就失去了在市场上的竞争力。因此，无论对于企业还是个人的长远发展，都要把职业道德和社会公德放在首要位置。传承鲁班工匠精神，是不断追求产品的品质和卓越，迎接一个新时代到来的前提。只有恪守职业道德和社会公德，人人把好质量关，人人都有鲁班工匠精神，才能避免弄虚作假、恶性竞争，才能更好地重塑我国社会道德体系。

党的十九大报告更是把弘扬工匠精神、营造精益求精的敬业风气，

上升为国家意志和全民共识。2017年，习近平总书记在党的十九大报告中，再次提出"建设知识型、技能型、创新型劳动者大军，弘扬劳模精神和工匠精神，营造劳动光荣的社会风尚和精益求精的敬业风气"。从社会学视角来看，重提"工匠精神"的实质是实现中华民族伟大复兴的中国梦所需要。因此，对"工匠精神"的重提具有一定的伦理意义与社会效用。

二、工匠精神的内涵及其演变

工匠精神本质上是一种职业精神，是从业者的一种职业价值取向和行为规范。工匠精神的基本内涵包括敬业、精益、专注、创新等方面的内容。在时代的更迭与社会的变迁中，工匠精神的内涵也在变化发展，发展历程主要经历三个阶段：古代工匠精神、近代工匠精神与现代工匠精神。

在东方，工匠精神最早孕育于我国，对于工匠精神的诠释可以追溯到春秋战国时期。《周礼·考工记》曾记载："百工之事，皆圣人之作也。烁金以为刃，凝土以为器，作车以行陆，作舟行水，此皆圣人之所作也。"由此可见，多才多艺的能工巧匠被当作"济世圣人"来对待。在我国文化视域下，工匠精神主要有以下三种内涵。其一，工匠精神意味着"尚巧达善"的工作追求。"尚巧"是指在制造过程中追求技艺之巧，这是对工匠最基本的职业要求，也是工匠区别于其他职业群体的鲜明特征。《说文解字》曰："'工'，巧饰也。"《荀子·荣辱》篇云："农以力尽田，贾以察尽财，百工以巧尽械器，士大夫以上至于公侯莫不以仁厚智能尽官职。""达善"是指工匠竭尽全力提升自身的技艺水平，从而达到一种炉火纯青的至善境界。实际上，我国传统文化中的"与人为善""止于至善""众善奉行"等关乎善的规范准则早就被融入工匠精神之中。其二，工匠精神意味着"知行合一"的实践理念。"知行合一"是指将所学的知识应用到行动中去，在不断的实践过程中，发现与解决问题，进而获得自身的成长。其三，工匠精神意味着"德艺兼修"的职业信仰。"德艺兼修"是指在力求技艺水平提高的同时，提升自身的道德修养水平。从本质上讲，我国古代工匠的实践活动可以称得上是一种道德实践。《左传》记载："六府三事，谓之九功。水火金木土谷，谓之六府。正德、利用、厚生，谓之三事。义而行之，谓之德礼"。其中，正德处于首要地位，规约着工匠的技艺行为。在此指导之下，技艺的长进被赋予更多道德的意味。

  古代工匠精神的核心要义是精益求精与言传身教。无论是古希腊颇具艺术美感的维纳斯黄金比例的精确测量，古罗马令人赞叹的万神殿穹顶跨度的完美比例，还是古代中国奇思妙想的"榫楔"建筑工艺，都凸显着古代工匠精益求精的核心理念。此外，通过考察广泛存在的古代工匠世家，发现古代工匠更加看重这种精益求精的精神在其下一代的传承与发扬。古代工匠精神正是这样一种秉持"精工"与"传承"的精神理念。近代以来，自然科学的迅猛发展与机器工厂的不断崛起，使得社会生产力得到极大地解放，社会生产开始出现分工与协作。因而，在社会各行业纷杂接触的大背景下，近代工匠精神增添了分工协作与爱岗敬业的内涵。此外，科学技术的飞速发展推动着机器生产取代手工劳动，创新精神也开始在近代工匠精神中得到体现。在对传统工匠精神的传承和发展下，近代工匠精神则从社会关系的视角重新构建了一种重视"协作"与"创新"的精神理念。然而，在近现代高速的工业化进程中，由于片面强调发展而无节制地向自然索取，使得生态环境遭受极大的破坏，生态灾难频发；利益至上的价值取向也使得产品生产与工程建设的质量难以保证，人类文明的自身安全面临着极大威胁。因此，伦理道德开始成为现代工匠精神的新主题，"工程伦理学"也成为现代工程教育的必修课。马克思说过："人即使不像亚里士多德所说的那样，天生是政治动物，无论如何也天生是社会动物。"每个人在社会发展中不仅是一个经济和利益实体，也是一个社会和伦理实体。作为天然自然向人工自然转化的桥梁，工程师一旦失去了道德和法律的约束，则一定会失去责任心与使命感，结果必然是轻则屋倒桥塌，重则家破人亡。不仅给人民群众的财产和生命带来损失，也给党和政府的公信力带来损害。现代工匠精神正是在对古代精工与传承、近代协作与创新等工匠精神的继承发展下，增添了一种更为重要的"敬畏精神"，即敬畏自然、敬畏生命。

三、工匠精神的价值体系

在哲学层面，工匠精神在其形态、观念与目标上呈现出较强的体系性实践价值，并在物质意识与道德价值、行为观念与伦理价值、职业信仰与人文价值之间具有深层次的逻辑属性。

（一）工匠精神的价值形态及其广义性

在广义本质上，工匠精神是劳动者在长期的劳动实践中逐渐形成的一种劳动精神、职业精神和人文精神。美国学者桑内特在《新资本主义的文化》中指出："匠人精神这个术语最常被用于手工劳动者……（但）脑力劳动也存在匠人精神。"显然，桑内特认为，一切劳动中都存在工匠精神，所有的职业或群体均具有广义上的工匠精神。譬如，"努力把文章写清楚"也算是一种工匠精神，或"社会的匠人精神也许在于打造一段白头偕老的婚姻"。实际上，除劳动精神和职业精神外，工匠精神还是一种广义层面的人文精神。譬如，"本杰明·富兰克林通常被认为是美国的第一位工匠，同样的称号也能够'套'在乔治·华盛顿身上"。因为，工匠精神确乎是为了人们对自我与他者生命、价值的维护与尊敬。在劳动层面，劳动者所创造的劳动价值闪现出人性的光辉、文化的理想和审美的诉求，也就是一种工匠精神的体现。如工匠所造器物的"礼制关怀"或"形式美感"，就是人文精神的一种外在显露。由此看来，在广义层面，工匠精神所呈现的价值形态分为劳动价值、职业价值与人文价值，这些价值近乎是职业化的宗教精神，即对劳动及其职业的虔诚。

（二）工匠精神的价值观念及其功能化

在广义层面，工匠精神是工匠在劳动过程中形成的行为、信仰和理想的价值观念综合体，其价值体系是工匠精神价值观的具体体现。桑内特在《新资本主义的文化》中认为:"广义的匠人精神是这样的,为了把事情做好而把事情做好……标准最为重要,对质量的追求理想化地变成了自身的目的。"换言之,广义上的工匠精神在行为、信仰和理想层面体现出"把事情做好而把事情做好"的质量目标,而这已然成为自身唯一的理想目标。具体而言,工匠精神的价值观念大致分为行为观念、信仰观念和理想观念。行为观念是工匠精神价值的外显部分,而信仰观念与理想观念是工匠精神的内隐部分。工匠精神的价值观念是工匠劳动实践的取向及其行为理想的产物,它是在劳动实践中逐渐产生的,一旦形成便反作用于并指导工匠的劳动实践,推动工匠实践的发展,进而具备了一定的社会功能。因为一切观念总是要表现在行动的功能上。作为价值观念的工匠精神,它已然具备伦理功能、凝聚功能、激励功能、规范功能等,并在实践中加以执行。

(三)工匠精神的价值目标及其客观化

工匠精神的价值目标是工匠精神的引领,代表着劳动者的共同理想与价值追求。工匠精神的价值目标是具有"客观性的"。桑内特在《新资本主义的文化》中认为:"匠人精神强调客观化。"他举例说明,当尼可洛·阿马蒂制作小提琴时,"把精神贯注在那件物品之上,全然忘了自身的感受,并通过是否把事情做好来评判自己。我们对阿马蒂工作时是开心或郁闷毫无兴趣,我们关注的是F孔的切割和琴漆的美丽。这就是客观化的含义:事物被制造成物自体。显然,桑内特的"物自体"概念不同于康德的"物自体"。因为工匠精神是认识工匠行为及其心情之外的"物自体",它是可以被认识的。我们只想看"劳动的具体结果",来判断工匠的工作做得怎么样。换言之,工匠精神的价值目标只存在于客观性的"物自体"身上。就"物自体"的表现空间而言,工匠精神的终极价值在于个人目标、群体目标和社会目标层面的呈现,即工匠精神的价值目标分为个人价值目标、群体价值目标和社会价值目标。个人价值、群体价值和社会价值都是工匠精神价值的综合表现。其中,工匠精神的群体价值由个人价值构成，个人价值是社会价值的体现；工匠精神的社会价值是个人价值的基础，也是起主导作用的价值。工匠精神价值目标是工匠精神体系的最高层次，代表劳动者的发展理念、发展方向与前进趋势，是劳动者文化自觉的最高表现。实际上，工匠的行为能力给他（她）带来"某种道德的声望"。桑内特在《匠人》（The Craftsman）中确立了工匠在物质意识和道德价值之间的深层关联，并在《新资本主义的文化》中指出了"物自体"与"工匠自我"的分离。桑内特指出，由于工匠精神具有客观化的物自体特征，使得即便是"毫无技能的底层工人也能够为他们的工作感到自豪"，这种观点来自他对波士顿家族面包工人的调查研究。

在工匠精神的价值体系及其属性分析中可以看出，工匠精神的广义价值空间是宽广的，其价值实践与拓展能适切于诸多领域。这些工匠精神的适切空间包括从一般工匠到所有职业人员、从观念到理想与从个人到国家……所有这些均指向一个共同的适切领域，即行为主体及其意识形态领域。

第二节　现代工匠精神的内涵

一、鲁班工匠精神的现代阐释

从鲁班雕木成凰到庖丁解牛神技，从墨子探行求规到张衡观天测地，他们凭着自己精湛的技艺为人们世代传颂。虽然鲁班的事迹多见于传说中，但毋庸置疑，鲁班是我国古代最有影响力和代表性的工匠之一，是"工匠精神"最伟大的代表人物之一。鲁班工匠精神是中华优秀传统文化的重要组成部分，也是我国工匠精神的标志，主要包括以下几个方面。

第一，严谨专注、追求品质的大国工艺之魂。

鲁班一生有诸多发明创造，尤其是在木工器具、农用器具、建筑、军用器械、家居用品、仿生器具等方面有杰出成就，深刻地改变了人们的生活，当今建筑业仍在沿用鲁班的发明创造和技艺。在鲁班以前，木匠们用斧子、刀来切制木料产品，工作很难满意，鲁班经过反复实践，不断追求切割表面的平整，最终发明了刨。鲁班之所以被称为能工巧匠的代表、工匠行业的开山祖师，正是因为凭借严谨专注、追求品质的特性，他的发明也减轻了劳动强度，提高了生产效益。因此，鲁班工匠精神成为生产力进步、企业发展的保障。

第二，大众创业、万众创新的伦理之基。

鲁班在工程实践中善于创新创业，发明了鲁班尺（简称尺，也称曲尺或矩）、墨斗、刨、锯、凿、铲、斧等木工工具，创造了门、窗、床、桌、雨伞、木马、木车等生活用品，建造出殿、阁、桥、亭等建筑，制作出攻城用的云梯和作战用的钩强、攻城锤等军事器械，鲁班因此被视为石匠、木匠、泥瓦匠、机械工匠、漆匠等多个行业的"行业神"，被人们尊称为"鲁班先师""工圣鲁班""百工圣祖"。鲁班的创新贴近生活、独具匠心，是"技"与"用"的统一，是人与自然的和谐。李克强总理曾指出："'大众创业、万众创新'，核心在于激发人的创造力。"这与创造力是鲁班工匠精神的核心元素是相吻合的，鲁班工匠精神创新、创业的特质为"双创"提供了精神支撑。

第三，传承规矩、勤奋进取的民族之脊。

懂规矩、守规矩是一流匠人的职业素养，是对工作、对家庭、对自己负责的态度，保持一种清醒、一份冷静、一种定力，扛得住诱惑、耐得住寂寞、管得住小节。鲁班苦学技艺，几十年如一日，他反复实践，在思考和实践中积累了丰富的经验，在土木建筑工程实践中不断了解、熟悉和掌握了许多工艺创新的技能，并且鲁班常年坚守廉洁自律的道德操守，为富贵人家修造宫室台榭，自己却没有盖房的原料，连简陋的草房也盖不起来。体现了鲁班工匠精神传承规矩、勤奋进取、心存敬畏、行有所止的内涵。鲁班的每一项发明并不是那么轻而易举的，无不是经过了反复思考、反复实践得来的。不轻易放弃、不畏惧困难险阻、艰苦奋斗，这也是鲁班工匠精神所体现的。

第四，精益求精、善于自我批判反思的科学之本。

据《事物绀珠》《物原》《古史考》等古籍材料记载，鲁班以不懈钻研、追求卓越的态度对待每一项工作，他的发明创造很好体现了"巧、妙、精、准、义、新"，但他并不满足于已有的发明创造，几乎每项发明创造都经过了无数次的改造，这是鲁班精益求精、善于自我反思的成果，也是对鲁班工匠精神内涵的最好阐释。鲁班把精、益、求、精四个字融会贯通，让其成为每个生产环节和每个管理监督层面上的每个人的工作精神、劳动态度、质量意识、服务观念和职业道德。同时，鲁班工匠精神是一种不断进行自我批判反思的精神，在守护工作和劳动中一切行为模式底线和警戒线的前提下敢于批判、善于批判、推陈出新，这是鲁班工匠精神的内涵之一。

第五，尊师重教、知行合一的师道之术。

鲁班工匠精神经过世代流传，造就了一大批伟大的匠人，给世界留下了无数精致的匠品。鲁班拜师学艺的故事被人们熟知，他苦学三年，时刻铭记老师的嘱咐，传承了技艺。他还广收门徒、传道授业、至善育人，培养了无数伟大的工匠。历史上有泥木工人创建的行业组织"鲁班会"，举行鲁班祭祀活动，当天会分给孩子们吃"师傅饭"。现如今，我国建筑行业从业人员以"鲁班传人"自居，以传承鲁班工匠精神为安身立命之本，这些都凸显了鲁班工匠精神尊师重教的内涵。同时，鲁班工匠精神强调做任何工作都要注重思想和行动统一，既要有扎根价值创造、钻研细节、心存敬畏、追求品质的意愿，又要有不畏艰险、精雕细琢、爱岗敬业、大匠忘利的行动。善于思考、敢于实践，不断完善自我、提升自我，这很好地体现了鲁班工匠精神的知行合一。

二、新时代中国特色工匠精神的基本内涵

在后金融危机时代，唯一的超级大国美国凭借其得天独厚的人才优势，牢牢占据着科学与技术领域的高峰；传统制造业强国德国也凭借其

精湛的产业技术与管理享誉世界，已经迈入"工业4.0"时代。而在工程建设领域，崛起中的大国中国凭借着"青藏铁路""三峡水利工程"和"港珠澳大桥"等世界级工程建设的奇迹，在世界工程领域竞争中一枝独秀。归根结底，这些成就离不开改革开放综合国力的提升，离不开我国工程师的不懈奋斗，更离不开其坚守和发展的精神——一种在新时代背景下熔铸而成的中国特色工匠精神。

习近平总书记指出：新时代中国特色社会主义建设需要"弘扬劳模精神和工匠精神，营造劳动光荣的社会风尚和精益求精的敬业风气"。因此，当工匠精神与中国特色社会主义道路相结合，与我国特有的国情和工程建设模式相融合，便在新时代的中华大地上得到了不同以往的创新发展和理念升华，创造性地形成了一种新时代中国特色的工匠精神。新时代中国特色工匠精神创新性地从传统的强调微观个体体验、注重工匠群体简单协作，转变为强调宏观集体攻关、注重工程师群体与其他社会群体的整体协调；从简单的精益求精、分工协作，上升为集体决策、大局优先；从片面的经济利益至上，转变为经济与社会效益兼顾，人民利益至上。新时代中国特色工匠精神不再局限于工匠个体微观上的"匠心、匠德"，而升华成为属于国家和人民群众的一种宏观集体意义上的"民心、民德"。概而言之，新时代中国特色工匠精神就是一种集体利益优先、识大体顾大局、舍家为国、无私奉献的家国精神；是一种同心同德、坚持不懈、团结攻关的集体精神；是一种以人为本、凝心聚力、实践优先的实干精神。新时代中国特色工匠精神是我国工程师和工程建设者创造的无形资产和宝贵财富，为中国特色社会主义现代化建设提供了不竭的精神动力。

（一）实践为本、集体攻关，理论与实际相结合的实践精神

新时代中国特色工匠精神首先是一种实践精神。工程建设重在实践，唯有实践才能认知，唯有实践才能创造。但是，新时代中国特色工匠精神又不局限于实践，理论指导在我国的工程建设中也占有着重要的地位。

我国的工程建设历来注重寻求理论指导，把理论研究和反复实操有机结合起来，不断尝试最佳解决方案，最终通过具体实践予以实施。在明确任务、分工协作的同时，进一步强调在重大关键问题上要集体攻关和集思广益，以此确保工程建设的最优选择。最典型的案例就是青藏铁路工程。青藏铁路的修建仅正式的实地勘探就进行了至少四次，还不包括为解决特殊问题而进行的大大小小的阶段性勘探。新中国成立之初，周恩来总理主持国务院相关工作时，就特地拨钱拨人用于青藏铁路的具体勘探工作，但最终因为1958年后国内较差的经济形势而被迫中止放弃。到了二十世纪七八十年代，青藏铁路的建设被重新提上议程，第二次与第三次的青藏铁路勘探接连开展。为确保科学勘探与降低施工难度，还特地请来国外专家与国内专家一同进行实地勘探、考察，但最终因为高寒缺氧，难以保证建设者生命安全，加之青藏高原多年冻土带以及脆弱的生态环境等现实的问题，建设难度巨大，举国之力难以为继，因而遭到国内外专家的一致否定，中央再一次被迫叫停青藏铁路修建计划。事已至此，我国工程师仍没有放弃，坚持一心一意谋发展，集体攻关克难题。关于高寒冻土、人员安全、生态环境保护等难题，在最后一次被称为"生命禁区中的勘探"中得到切实的解决。2001年9月，青藏铁路正式开工。2006年，在我国工程师和筑路工人团结合作的努力下，这一条一度被称为不可能的世界奇迹"天路彩虹"蜿蜒横跨在青藏高原之上，为藏家儿女送去了富裕和希望。回顾历史，支撑我国工程师们在屡次失败中仍一直坚持不懈、努力实践、重大问题集体攻关的正是这种新时代中国特色的工匠精神。

（二）精确测量、严密计算，遵循与尊重客观规律的科学精神

新时代中国特色工匠精神是一种严谨的科学精神。在现代的大型工程建设中，离不开自然科学的精确测量和严密计算，相比于由于社会生产力低下而更加注重实用经验的古代工匠精神，新时代中国特色工匠精神在生产力极大发展的今天实现了从实用经验为主到遵循自然规律、精

密测量、严密计算为主的转变。在工程建设中,尽管我国工程师仍然器重先人前辈的经验,但更加注重实地的测量和考察,注重严密的计算和可行方案的数理推演。仍以青藏铁路为例,工程师们为攻克常年冻土、生态脆弱以及高寒缺氧等各类难题,在实地勘探中进行了大量的测量和模拟计算。大至土壤的硬度、生态环境的承受力,小到铁轨的具体位置、地基固定的深浅,甚至对各路段氧气的稀薄程度都作出了严密的测量与计算。在实际施工中,大幅减轻了施工者的身体负担。铁路一线设置的施工者吸氧站,也是根据人体的实际需求与高原上的实际温度和氧气稀薄程度等做出的精确测算。同时,为了使青藏铁路的修建更为科学与合理,我国工程师们还对铁路途经地区人口稠密度进行了测算,最大程度避免影响人们的正常生活,也体现着严密自然科学中的人文主义关怀。正是有了以自然科学为基础的精确测量和严密计算,才使得青藏铁路的施工如期进行。

(三)大局优先、无私奉献,舍小家为国家的家国精神

新时代中国特色工匠精神还是一种家国精神。家国精神历来是根植于中华儿女血脉中的传统理念,"家是最小国,国是千万家"等观念深入人心,形成了一种集体利益、国家利益与个人利益有机统一的利益观念共同体。这使得我国人民更懂得大局为先,更懂得保障集体利益与保障个人利益的一致性。由于我国巨大的人口基数与人口稠密度,进行工程建设难免会触及包括工程技术人员在内很多人的个人利益,但为了国家切实的工程建设,为了国家的兴旺与发达,这种家国精神的发扬也使得我国的工程建设极大地减少了阻力,保障了国家集体和社会利益的实现。三峡水利工程建设是家国精神最为典型的体现。三峡水利工程在兴建过程中遭遇了许多重大的难题,尤其是三峡工程的周边移民问题。尽管项目建设最终选址在宜昌三斗坪,但三峡大坝作为长江上下游重要的防汛发电水利工程,其建设将直接影响到上下游近百万人口的居住与生活,其中更是包括了工程建设各分段内当地筑建工人与工程师们个人的土地、

房屋与财产。庞大的财产资源牵涉以及纷杂的直接利益群体使得移民工程阻力空前。但在国家开发性移民工程的实际进行中，却惊喜地发现，在实际了解了三峡水利工程强国富民的未来前景及其对后代的各方面惠泽后，周边的老百姓都积极主动配合进行迁移，甚至主动减少对国家的补偿要求用来投入三峡工程的建设。我们的工程师与筑建工人们更是以身作则，舍弃个人小家的利益，一心扑在国家建设上，为了工程能够如期保质、保量的完成，加班加点，经常"三过家门而不入"。据统计，三峡移民工程总计迁移线下人口84.75万人，淹没房屋3473万平方米，淹没耕园地41.83万亩[①]；淹没涉及2座城市、10座县城、114座集镇、1632家工矿企业和大量专业项目。工程牺牲之大可以说是举世无双的，但正是在这种大局优先、无私奉献的家国精神感召下，肩负历史重任的工程师、筑建工人们与广大人民群众一起舍小家、为国家，舍私利、为集体，舍自己、为子孙，这才成就了今日三峡水利工程的巍峨奇迹。

（四）群众为本、统一领导，凝聚力量搞建设的实干精神

新时代中国特色工匠精神更是一种凝聚力量搞建设的实干精神。近代中国一盘散沙，正是中国共产党团结中国人民艰苦奋斗，取得了战争的胜利、国家的崛起和人民的幸福。在工程领域也无例外，如果没有中国共产党的统一领导，既无法团结中国工程师进行国家建设，也无法团结人民群众支持国家建设。失去了党的领导和人民的支持，任何大型工程建设也只能沦为空谈。可以说，中国共产党的统一领导是工程建设顺利开展的根本保障。同时，党的宗旨也是全心全意为人民服务，党的基本路线是群众路线，以人民为中心，群众为本，人民利益至上。只有坚持群众为本，坚持党的统一领导，才能有效凝聚各方力量真正进行建设，才能真正做到"实干兴邦"。2018年实现通车的又一"中国奇迹"港珠澳大桥就是实干精神的典型体现。在长达55公里的大桥建设中，由于横跨港珠澳三地，还要建造入海口人工岛，最后完成对接，"三地"协同建设

---

① 1亩=666.67平方米，全书同。

不可避免。跨越海峡、穿越海底、外海快速成岛、隧道基础设计、沉管预制和结构设计，以及沉管安装成套技术等难题接踵而来。从水下铺设到海上吊装，建设过程的每一步都必须精确无误，大桥的建设难度可想而知。特别是香港、澳门与大陆的社会制度、建设标准和施工进度等巨大差异使得大桥的建设一度不被看好。但事实是，这一超级大桥自2009年开工9年内就已经完成建设并顺利通车，有效地整合了港珠澳的经济发展，为港珠澳三地注入了强劲的发展动力，闪耀着三地不同凡"想"的智慧之光。这背后离不开中国共产党的统一领导和中国政府的统一协调，离不开三地人民群众的大力支持，更离不开大桥建设者的无私奉献。

第三节　工匠精神与创新文化

企业从粗放型经济发展方式到集约型发展方式转变，能否良好高效地运行更多地取决于企业创新能力，创新已经成为企业发展的核心动力。随着经济水平的进一步提升，市场经济给经济体制和企业个体提出了更高的要求：创新企业文化基础上的工匠精神。国外企业的融入和同行业竞争的不断加剧，使得我国经济只有在锐意创新的市场经济大潮中把握好并贯彻落实精益求精、执着专一的工匠精神，才能把一个企业做大、做强。每一个企业在今后的道路上不仅要发掘自身敬业、专业、严谨的行业自律精神，还要把创新文化和工匠精神作为相辅相成、互相促进的两种本源文化，灌输到企业的运行中，双引擎的动力将会起到一加一大于二的效果。

一、创新文化的含义

创新文化是指在一定社会历史条件下，在创新及创新管理活动中所创造和形成的具有特色的创新精神财富以及创新物质形态的综合。对于企业而言，创新文化是一种公司理念，可以是由创新价值观、创新准则、创新制度和相关规范等一系列组件构成的工作氛围，当氛围允许每一名员工去创造自己认为有利于企业发展的制度和工作方法，并给予足够的空间去发挥他们的主观能动性时，那么，创新文化对于企业来说就算是得到实质性的建立，并将在今后的工作中为企业不断提供活力。

二、企业创新文化

　　首先，制度创新给予创新的土壤和有机条件。公司作为最基本的经济单元，是整个经济体制中最活跃的细胞个体，创新转型始于每一个基本企业，企业创新文化的养成也基于企业内部相关制度的完善。企业在吸收外部经验或者理念的自我更新之后，给予整个管理机制更加合理、开放的新制度、新思路，让整个企业的产品走向更加契合市场的要求，让每一个部门能够有发挥的空间去找到更加高效、精确的工作方法，这就是创新文化给予企业的正面作用。这样就会使企业得以在提升之后进一步恢复发展的后劲，从而拥有持久的生命力。

　　其次，人才在市场经济的创新浪潮中发挥先行者的核心作用。人才能带来新思想、新观念，促使企业固有的制度得以更迭，创新型人才对于企业创新能力的提升至关重要，技术性人才所攻破的技术难题，会帮助企业节省大量的人力、物力和时间成本，给企业带来利润的同时，也可以使企业的技术、工艺水平、管理理念站在行业前端，防止企业被市场所淘汰。人是创新的要义，抓住具备创新精神的人，企业才能在国家创新型经济转变中跟上政策的步伐，在市场经济的突飞猛进中迎风而上，走出国门，与世界经济接轨。

　　最后，助力企业创新文化建立，"兵马未动，粮草先行"，资金投入和人力为整个创新大环境的营造提供稳定的后勤支持。政府、企业在产业创新中一直不断加大投入的力度，给予企业重大创新项目资金鼓励和税收优惠。创新产业由于政策倾斜而能够吸引大量资金的注入。企业更应在这样的优势条件下，大力发展自身的创新能力，把握正确的发展方向，努力在创新产品上寻找新的增长点。

反观当今我国的经济现状，逐步从粗放型发展方式走出来，向集约经济时代迈进，对于创新的认识不断深刻，创新环境不断完善。但是，我国经济发展的背后尚存在大量的新问题。例如，我们的经济主力在向中国制造的努力中，忽视了对于产品质量的把关；资源浪费现象严重，生产创新和细节问题解决不能兼顾；把利润看得高于产品口碑和企业品牌的树立。正是因为存在一些不合理的问题，让我们认识到创新的发展理念背后不应该是单纯地为了创新而创新，企业产品创新的基础上要加入严谨、考究、精益求精的工匠精神。注重了创新，但保留了以往经济的粗放型发展不是真正的创新，而是更高水平的浪费。

习近平总书记指出："工业强国都是技师技工的大国，我们要有很强的技术工人队伍。我们要建成创新型国家，在科技前沿必须有一大批具有原始创新能力和世界一流水平的高科技人才，在生产一线必须有一大批高科技人才。"习近平总书记这一番话也说出了我们现今各行业对于技术性人才的求贤若渴，也是对广大企业员工工匠精神的号召。《尚书·大禹谟》有云："人心惟危，道心惟微，唯精唯一，允执厥中。"可见，古人对于匠心就有求精、入微的解释，要求做事要注意细节、力求精到。

古代的匠心指严谨、高超、追求极致的技能本领，我们对于古代匠心的理解往往存在偏见，认为工匠会固守自己的技能，不愿接受新的技术工艺，忽视创新。然而这是片面的，工匠精神也追求完善的一面，他们精益求精的追求也延伸出改进和创新的含义，所以工匠精神与创新文化是相辅相成的。时至今日，创新文化正在如火如荼地被认同和实践着，工匠精神作为一种更高水准的要求，正在逐步受到全社会的高度重视或关注。

三、工匠精神和创新文化的关系

首先，工匠精神是创新文化中的精英精神。工匠精神要求我国企业在追求创新的基础上精益求精，在不断研发新产品的前提下，把产品做精，做到专业化、人性化、产业化。鼓励创新是要不断发现新的创收途径，不断延长产品的市场寿命，让产品更加具有吸引力。工匠精神在要求更加极致的产品基础上还要让品质令客户更加满意，注重的是一如既往的口碑和好感。工匠精神目标是要追求极致完美，工匠精神正是创新精神中不断革新工艺，优化工艺流程，希望能够给消费者留下深刻印象，从而树立自己品牌的精英文化追求。因此，我国企业在开发新式工艺方法的同时，对于精致产品理念的继承也不能忽视，相信好的产品和服务永远可以做得更好、更极致。

其次，创新文化给了企业继续发展的方法，工匠精神告诉企业怎样能把路走得踏实、长远。"万众创业，大众创新"中的大众已经包含我国各个企业和各阶层的人民群众，为全国人民和千千万万个企业指明了道路。只有加快创新型经济改革，才能进一步追逐世界经济步伐，并促进我国经济增长方式的转变，扩大内需在经济发展中的拉动作用。就企业而言，树立企业创新文化是当下时代的要求，也是适应中国特色社会主义市场经济的必然要求。国务院总理李克强在政府工作报告中提到，鼓励企业开展个性化定制、柔性化生产，培育精益求精的工匠精神，增品种、提品质、创品牌。其中，工匠精神让大众创新道路中的人们得到启发，创新是一个复杂、变化、严苛的发展过程，中期和后期都需要以发扬精益求精、严谨、耐心、专注、坚持、敬业的工匠精神作为创新准则，为实现真正意义上的创新型社会而脚踏实地，拼搏进取，由"中国制造"向"中国智造"转变，树立中国自己骄傲的民族品牌。

最后，工匠精神与创新有着共同出发点和落脚点。工匠精神在企业管理和生产中的核心要求是精益求精，这与创新文化的内涵有着类似的要旨。两者强调的侧重点不同，创新文化强调企业要不断发现新的事物，找到新的出路，使企业保持生命力；而工匠精神侧重要求企业扎实脚下，稳住下盘，将眼下的产品或者服务做到尽可能得完美，保证企业品牌能够一直屹立不倒。可见二者都以实现企业的常青为目的，只是对于企业如何发展壮大的方式上提出不同的路线和观点。所以，创新文化和工匠精神完全可以融会贯通，同时作为企业战略，对于企业树立品牌、延长企业生命周期有着异曲同工的效果。

四、创新文化与工匠精神在现代企业应用中的基本遵循

无论是生产有形产品还是无形产品，都要关注产品的每一个设计细节，但真正能够在整个生产过程中不仅创新过程严谨细致，而且在后期的继续生产中一如既往的企业少之又少，但凡能够在世界上打开市场，并保持住自己商业地位的企业，无不把产品细节作为企业的重中之重。人性化的产品思维是当今卖方市场的生存法则，无论是线上电商还是线下实体，顾客都对相应的产品提出了新的高要求，物质条件的迅速丰富使得企业不仅要注重品质，还要注重客户感受，创新思维要给消费者带来与众不同的体验，工匠精神要让买方拥有持久的满足感和认同感。古谈口碑，今言品牌，品牌是生命力的象征，品牌意识在创新文化和工匠精神的贯彻实施中不容忽视。

"国之生命，唯恒唯新"。企业的生命力需要不断地更换血液，不懈地追求精到，创新文化给了企业焕发生机的机会，工匠精神的发扬能让每一个员工高效、敬业、严谨，能够营造企业精益求精的专业素养。时代的进步不会给企业停止下来进行休整的机会，只有创新和精益求精才是企业永远适用的不二法门，顺应潮流，摸着经济的脉搏，开拓创新，用追求无与伦比的时代精神去经营一家企业，才是创新文化和工匠精神真正要求我们践行的。

第五章 大国工匠

第一节 薪火相传

一、发扬光大

习近平总书记在党的十九大报告中指出要"弘扬劳模精神和工匠精神,营造劳动光荣的社会风尚和精益求精的敬业风气"。在新时代,要深入把握工匠精神的基本内涵和时代价值,要重塑职业精神,重构职业价值取向。

中华民族的发展史凝聚着无数工匠的智慧与创造,我国古代也曾是世界上最大的原创之国和匠人之国,其中,鲁班工匠精神堪称我国工匠精神的典范。他们凭着自己精湛的技艺为人们世代传颂,工匠精神是中华优秀传统文化的重要组成。不止在我国,其实工匠精神存在于世界的每个角落。瑞士的制表师能不借助计算机和机械,一把镊子、一副眼镜,就组装出世界上最复杂的机械表芯。每当捧起一块这样的手表,陀飞轮、星相、音乐、报时等功能下,能听到齿轮咬合的轻响,这便是制表师日日夜夜在工作台上创造的奇迹。同样的工匠还有许多,如法国的高级皮具师、德国的跑车发动机调校师、捷克的水晶工艺师等,他们在世界上的不同角落,用自己的双手和技艺,创造出一件又一件完美的艺术品。可以说,在现代社会,工匠精神是高档、完美的代名词。

我国是制造业大国,但是由于缺乏对工匠的尊重和理解,缺乏对鲁班工匠精神的传承、创新,导致我国的制造业往往过分追求利润而不重视产品质量,在管理、做法等方面还落后于法国、瑞士、日本、德国、美国等制造业强国。现在很多企业都秉持"投资少,见效快"的理念,从而忽略"工匠精神",这类现象的出现正是因为现在工匠精神的缺乏,放眼周遭,浮躁之风滋生蔓延,所以我们才需要工匠精神。我们要补上工匠精神这一课,让"中国制造"向"中国智造"强力迈进,随着"中国制造2025"战略部署和供给侧结构性改革的深入,我们亟须重塑鲁班的形象、宣扬鲁班工匠精神、传承鲁班工匠精神，在全社会掀起"学习鲁班工匠精神、争做大国工匠"的时代浪潮，以此促进"中国制造2025"战略的推进，推动中华民族伟大复兴"中国梦"的实现。

工匠精神，让我们追求完美。荣宝斋的王玉良大师一生追求完美，他所做的《夜宴图》木板复刻至今无人能再做第二份，因为他所做的太精妙，难度太大。他用1667块木板，先打板打印，不合适的再修改，如此反复，一年半才做成，其坚守细致完美的工匠精神令人叹服。正因为这样的工匠精神，才让我们获得如此艺术精品。相信有了这样追求完美的精神，那些粗制滥造的产品也就不复存在了。

工匠精神，让我们摒弃浮躁之气。著名拼布艺术家金嫒善认为，工匠精神需要坚守、情怀和修行。她静心端坐，几百个小时做出世间精绝的《百花争艳》，在外国展览会上备受称赞。她肯静心做事，如同修行一般的做拼布艺术。反观有些制造业，不到一个小时产出成百上千的次品，让国人对"中国制造"失去信心，假如像金大师一般的不浮躁，只专心做自己的产品，"中国制造"一定会大放异彩。

工匠精神是冰冷的机器所代替不了的，当工匠精神被大众所重视，当手工的艺术与流水线上的产品区别开来，当工匠精神带上本应属于它的高贵，工匠精神才能发扬光大。如何才能更好地传承工匠精神，让我们来看一下几位国家级非遗传承人是怎么说的。

"作为传统文化企业的老员工，我们有责任也有信心发扬好工匠精神，将祖国优秀的传统文化保护好、传承好、弘扬好。"中国国家级非遗传承人周东红这样说。他如今依然坚守在捞纸一线，每天8点准时来到生产车间，带领两名徒弟开始一天8小时的工作。"一帘水靠身，二帘水破心。"帘子捞起来，既要能感觉到纸有多重，还要准确判断出每帘水的重量是否保持一致。整个过程不过数秒，但宣纸的好坏、厚薄、纹理和丝络就全在这一"捞"上。周东红每天都要捞900~1000张宣纸，很多书画名家点名要他捞的纸。在周东红的眼里，传统文化也是有温度的。为弘扬宣纸文化，周东红与同事们开启转型升级、创新发展的步伐，先后建成宣纸博物馆和宣纸文化园，在中央美术学院、中国美术学院等全国八大美术学院设立"红星宣纸"奖学金并开设宣纸讲座。此外，成功开发出"三丈三"巨宣，破解了原料、污染等难题。周东红还参与宣纸邮票纸的生产试制；为公司捞纸帘床以塑料替代芒杆寻找材料，并获成功；为捞纸机械划槽、纸药桶替换等技术革新献计献策，带头试制，为宣纸生产节约了人力、物力。

徽墨技艺传承人、中国工美行业艺术大师项德胜与徽墨打了近40年的交道。他认为，作为"文房四宝"之一，徽墨的重要性无可替代，为源远流长的中华文化、为中华民族的文化自信，作出了不可磨灭的贡献。近年来，项德胜已在十多所高校授课或举办相关讲座介绍徽墨技艺，并被中央美术学院等高校聘为客座教授。每逢假期，还有不少学生前来他的工作室进行研学游。多年来，项德胜带出了60余名弟子，其中包括他的儿子项颂，也在为徽墨技艺的薪火相传尽心尽力。项德胜说："工匠精神要求我们对待每一个作品都要一丝不苟、精益求精，不能只求做得'像'，要尽力做到完美。平时就要钻研技术，攻克难关，不放过每一个细节。"目前，项德胜仍坚持每年对产品推陈出新，眼下他手头正在做一块构思复杂的工艺收藏墨，为此他计划花几年时间完成。

二、继往开来

工匠精神是一种精神，一种品质，一种态度。我国已进入中国特色社会主义新时代，弘扬和培育工匠精神无论是对企业、对学校还是对当代大学生，都具有十分重要的意义。

（一）学校要承担起培育工匠精神的责任

如何传承工匠精神，树匠心、育匠人，培养企业、行业需要的具有职业素养的技能型人才已成为一项重要课题。而作为承担着高质量技术技能型人才培养重任的高职院校，其输出的人才质量直接影响产业的转型升级。因此，培育学生的工匠精神是高职院校应承担的责任。

1. 加强校园文化建设

培育工匠精神，校园文化建设是载体。新时代工匠精神不仅是对精湛技艺的追求，更是个人职业精神和职业理想的体现，而对学生理想信念、职业品质的培养是在较长时间的校园文化熏陶中逐步形成的。高职院校要将工匠精神融入校园文化建设中，丰富校园文化内涵，引导学生树立正确的人生观、价值观，不断修炼学生的职业精神，为助推我国产业转型升级培育更多大国工匠。

校训是广大师生共同遵守的行为准则与道德规范，因此，高职院校的校训应与工匠精神相契合，从而规范和约束学生的日常行为，在深化校风、学风建设的同时培养学生的职业品质。同时，邀请各行业优秀校友及工匠劳模进校园，与学生近距离交流，以杰出校友的亲身经历感染和鼓舞学生，以新时代工匠楷模的事迹引导学生树立正确的职业理想和信念。此外，学校还应利用校园环境对学生进行工匠精神的熏陶，如在图书馆、实训场所、校舍等地加入体现工匠精神的宣传语、劳模雕塑和建筑景观，让学生随处感知工匠精神。

2. 将工匠精神融入课程教学中

培育工匠精神，课程教学是主要手段。习近平总书记在全国高校思想政治工作会议上明确提出要用好课堂教学这个主渠道，各类课程与思想政治理论课应同向同行，形成协同效应。高职院校不仅要将工匠精神融入思政课程，还应将其与专业课程教学结合起来。随着工匠精神被多次提及，如何培养工匠精神已成为高职思政教育的重要内容。通过思政课程教学让学生理解工匠精神的内涵，培育和践行社会主义核心价值观，依托"大国工匠""中国智造"等课程让学生深入了解我国国情，并激发爱国情怀，让爱岗敬业、精益求精、严谨专注和突破创新的工匠精神内化为学生的自觉追求。同时，专业课程教学应以市场需求为导向，以就业为目标，以岗位能力要求为依据，以培养"大国工匠"为重点，将工匠精神融入课程体系建设中，根据岗位需求将课程内容项目化，使学生在理论学习中掌握岗位所需理论知识，提高职业素养。在教学过程中还应加大实训课程比例，通过创设典型工作任务，使学生在完成任务的同时掌握职业技能、强化岗位能力并感悟工匠精神的内涵。此外，应根据国家职业标准和企业岗位标准建立多元化考核评价方法，全面评估学生的理论知识水平、职业能力、职业品质和职业态度，并将工匠精神融入考核评价体系。

3. 深化校企合作协同育人机制

培育工匠精神，校企合作是重要途径。"工匠精神，匠人为基"，技能型人才是工匠精神的主要传承者，而企业在技能人才的培育过程中发挥着主导作用。如今，"校企合作、产教融合"已是职业教育的必然趋势，但由于缺乏有效的利益驱动，"校热企冷"的现象普遍存在，校企合作流于形式。为此，《国家职业教育改革实施方案》提出建立产教融合型企业认证制度，并对进入目录的产教融合型企业给予"金融+财政+土地+信用"的组合式激励，这将推动企业深度参与协同育人。高职院校应通过校企合作课程开发，以企业需求为导向，以职业能力为本位，将企业的岗位培训前置，把职业标准融入课程标准，让企业技术骨干将工匠精神带进校园，才能培养出顺应时代发展的高级技术技能型人才。此外，学校应积极与企业共建产教融合公共实训基地，由校企双方协同育人，让学生在真实的工作环境中了解职业道德要求并掌握岗位技能，同时将优秀的企业文化与工匠精神结合，让学生在现场实践教学中领略企业专家的匠人风范，在潜移默化中培育更多未来的大国工匠。

4. 优化专兼结合的教师队伍

培育工匠精神，拥有一支师德高尚、结构合理、技艺精湛的专兼结合的"双师型"教师队伍是关键。现在很多院校距教育部要求的"到2022年'双师型'教师占专业课教师总数超过一半"的目标仍有一定距离。同时，很多年轻的高职专任教师仍缺乏一线工作经验，缺乏岗位相关技能。因此，高职院校首先应在培养"双师型"教师的基础上，通过让教师定期下企业，熟悉工作岗位和技能，亲身体验真实的工匠精神并将其带入课堂。其次，高职院校要培育有匠心的技能型人才，还应加大兼职教师的比例，聘请来自企业的高级技术人才到学校兼职任教。企业一线的能工巧匠不仅能传授高超的技艺，还能用自己独有的严谨专注、求实创新的工匠精神感染、熏陶学生。此外，高职院校还应提高教师的聘用标准，多从行业企业中选拔技术骨干参与教学，而不是选拔没有实践经验的应届毕业生。

党的十九大报告提出："建设知识型、技能型、创新型劳动者大军，弘扬劳模精神和工匠精神，营造劳动光荣的社会风尚和精益求精的敬业风气。"高职院校应将工匠精神的培育作为人才培养的重要目标，为我国产业转型升级输送更多有匠心的技能型人才。

（二）当代大学生要继承和弘扬工匠精神

工匠精神是时代的需求，当代大学生必须学习继承工匠精神，并将其发扬光大。

传承工匠精神需要将事物做到极致，精益求精，不苟且对待自己该做好的所有事情，并且能一直坚持下去。北大古生物专业毕业生薛逸凡拍摄的毕业照走红网络。原来在这张"北大2010级古生物专业合影"里，只有她一个人。这一略显"奇葩"的合照在网上引发了热烈讨论。古生物学是一个连北大人都不一定知晓的专业。而若问曾不被看好出路的薛逸凡如今在做什么，答案是振奋人心的。她已经修完美国卡内基梅隆大学的计算生物学硕士课程，目前被美国匹兹堡大学医学院的医学信息学博士专业录取，从下半年开始带薪攻读博士学位。而她最初选择古生物的原因也很简单——"我来元培学院不为别的，就是为了圆儿时对古生物喜爱的梦"。薛逸凡将自己的爱好变成专业，比起大多数的大学生近乎是学到了极致、爱到了极致，这就是工匠精神在当代大学生身上的一种体现。

少年强，则国强，大学生是未来高尖端行业的中流砥柱，是祖国的未来。大学里既然选择了自己喜爱的专业，那就将它学到极致。在日本人的概念里，将60%提升到99%和从99%提升到99.99%是一个概念！如果你的成绩从及格提升到了第一名，还不够好，那不叫极致，要做到极致，不是跟别人较劲，是跟自己较劲。大学生如能秉持这种思想，以后一定能在所在的行业成就一番事业。

　　大学生的主要任务是学习，所以大学生要把工匠精神体现在学习上。第一，学习必须有正确的态度和科学的方法。俗话说"态度决定一切"，对待学习的事物要有将不懂的内容先学懂再学精的态度，要勇敢地攻坚克难，并且在学习中注重方法，尽全力学好所学事物。第二，学习必须要专注。一天的认真学习很简单，一个月、一年也不难，但是能在整个求学生涯都保持这样的态度就不是一件简单的事情。但是我们是可以做到的，并且做到了就是一辈子的财富！把每一个平凡的事做好就是不平凡，坚持下去才是工匠精神的真实体现！第三，学习要勤奋。不但要勤于学习本专业的知识，还要勤于学习各种其他方面的知识。这样才能将各种知识联合起来，发挥工匠精神——精益求精。都听说过"没有最好，只有更好"，如若只精通本专业的知识，要做到更好时是会受限制的；勤于重复，重复的次数越多，越是熟练，越是能够精益求精；勤于洞察，知识是永无止境的，要学到极致，必须勤于洞察和发现。第四，在学习中创新，将学习所得用作创新的资源！创新是时代进步的来源，创新让工匠精神如虎添翼，创新让自己学以致用，同时也收获了成就感！

　　无论是现在，还是将来，无论是学习，还是实践，当工匠精神深入大学生们的内心，那对于国家和个人都将是一笔无穷的财富。

三、时代呼唤

　　无论是古代，还是现代，工匠精神均为满足社会需要，在长期的某一对象的实践活动中形成的专注、钻研，并内化为一种行为习惯的生产生活状态，从职业的角度表现出一种职业的精神状态。特别是随着现代工业经济的发展，职业生活成为人类实践活动的主要形式，人们的生存发展和对人生价值的追求需要通过一定的职业活动来实现，不同的人们从事着不同的职业，每个职业岗位又有其自身的道德要求，所以要从事职业活动就必须遵守一定的职业道德，具备自觉的职业精神。工匠精神在职业行为中体现为高尚的职业态度，突出敬业、奉献，从敬业上升为乐业。工匠精神从某种意义上全面深刻地展示了职业精神的主要内涵和存在的价值，职业精神的内核在工匠精神的价值内涵中得到了完美的诠释。大力弘扬工匠精神，有利于建设创新型国家，也是建设质量强国和文化强国的需要。

（一）工匠精神是新时代建设创新型国家的需要

建设创新型国家是党和国家的重大战略方针，也是我国基本实现社会主义现代化的重要指标。加快建设创新型国家，不仅需要强化基础研究、加强应用基础研究、加强国家创新体系建设、深化科技体制改革、倡导创新文化，还要培养造就一大批具有国际水平的战略科技人才、科技领军人才、青年科技人才和高水平创新团队，需要一大批实践技能突出、具有娴熟技术、善于解决实际问题的高技能人才。而我国高素质技术工人缺乏的现状，直接影响制造业的快速发展。人才是创新实践的主体和主导者，具有工匠精神的产业工人是新时代建设创新型国家的生力军。在工业化时代，立足当下社会和经济环境，高素质技术工人需要在传统生产工艺的基础上不断创造新工艺、新技术，以提升生产效率和产品质量。创新是工匠精神的题中应有之义，它寓于普通劳动者挥洒汗水、默默奉献的劳动过程中。新时代大力弘扬工匠精神，是培育富有创新精神、充满活力的产业工人队伍，稳步提升我国产业工人的整体素质，创造经济发展持续动力，加快建设创新型国家的重要举措。

（二）工匠精神是新时代建设质量强国的需要

质量体现着人类的劳动创造和智慧结晶，体现着人们对美好生活的向往。中华民族历来重视质量。千百年前精美的丝绸、精制的瓷器等我国优质产品走向世界，促进了文明交流互鉴。今天，我国不断提高产品和服务质量，努力为世界提供更加优良的中国产品、中国服务。党的十九大报告多处提到了"质量"，指出必须坚持质量第一，建设质量强国。从制造业来看，没有强大的制造业，就没有国家和民族的强盛。新中国成立尤其是改革开放以来，我国制造业持续快速发展，建成了门类齐全、独立完整的产业体系，有力推动工业化和现代化进程。然而与世界先进水平相比，我国制造业仍然大而不强，在自主创新能力、资源利用效率、产业结构水平、信息化程度、质量效益等方面差距明显，转型升级和跨越发展的任务紧迫而艰巨。这就需要作为无形的人力资本和生产力的工匠精神，发挥提升产品质量的作用，在各个层面支撑质量强国战略的实施。工匠精神能够激励工人为提高产品设计、生产、销售和售后服务质量，实现高效率的生产流程和高性能产品而不懈努力，从而有利于最终形成品牌效应。弘扬工匠精神是推进制造业质量升级、技术升级、产业升级，实现新时代从速度到效益、从旧动力到新动力的更迭转换，显著增强我国经济质量优势的积极举措。

（三）工匠精神是新时代建设文化强国的需要

党的十九大报告指出，要坚持中国特色社会主义文化发展道路，激发全民族文化创新创造活力，建设社会主义文化强国。建设文化强国，要培育和践行社会主义核心价值观、繁荣发展社会主义文艺、提升国家文化软实力、推动文化事业和文化产业发展等。工匠精神是社会主义核心价值观的体现，是我国从制造大国走向制造强国必备的文化元素，也是广大文艺工作者应该具备的精神素养。工匠精神不仅体现出个体对产品精益求精、追求完美的精神理念，更表现出中华优秀传统文化的魅力。工匠精神蕴含的职业理念和价值取向与社会主义核心价值观倡导的敬业和诚信高度契合。一方面，工匠精神可以增强广大劳动者的文化自信，激发他们的劳动热情，引导他们不断学习新知识、钻研新技术、甘于奉献，把个人价值的实现融汇到辛勤的劳动之中；另一方面，工匠精神是对劳模精神、劳动精神的体现和升华，是我们党有关劳动理念的重要发展。对于文艺创作来说，工匠精神所体现出的深厚文化意蕴和价值是一笔宝贵的财富。广大文艺工作者要加强和改进宣传工作，创造更多接地气、有温度的劳模和工匠题材文艺精品，讲好劳模故事、工匠故事，营造热爱劳动、崇尚技能、鼓励创新的社会氛围。这对于积极培育和践行社会主义核心价值观，形成爱岗敬业、无私奉献的文化氛围，树立劳动光荣、奉献伟大的精神风尚，具有重要意义。

第二节 大国工匠

有一群劳动者，他们的成功之路是追求职业技能的完美和极致，靠着传承和钻研，凭着专注和坚守。他们技艺精湛，有人能在牛皮纸一样薄的钢板上焊接而不出现一丝漏点；有人能把密封精度控制到头发丝的1/50；还有人检测手感堪比X射线般精准，令人叹服。他们用劳动者的手缔造了一个个"中国制造"神话，他们用高度的责任、精湛的技艺打造大国重器，充分彰显了各行各业劳动人民的使命担当和崇高精神！他们是披荆斩棘的先驱，择一事、终一生，让"匠心"永远传承。让我们一起来聆听他们的故事。

一、火箭"心脏"焊接人高凤林

焊接技术千变万化，为火箭发动机焊接，就更不是一般人能胜任的，高凤林就是一个为火箭焊接"心脏"的人。

高凤林，中国航天科技集团公司第一研究院国营二一一厂特种熔融焊接工、发动机零部件焊接车间班组长，特级技师。

30多年来，高凤林先后参与北斗导航、嫦娥探月、载人航天等国家重点工程以及长征五号新一代运载火箭的研制工作，一次次攻克发动机

第五章 大国工匠

高凤林

喷管焊接技术世界级难关,出色完成亚洲最大的全箭振动试验塔的焊接攻关、修复苏制图154飞机发动机,还被丁肇中教授亲点,成功解决反物质探测器项目难题。高凤林先后荣获国家科技进步二等奖、全军科技进步二等奖等20多个奖项。

绝活不是凭空得,功夫都需练出来。高凤林吃饭时拿筷子练送丝,喝水时端着盛满水的缸子练稳定性,休息时举着铁块练耐力,冒着高温观察铁水的流动规律;为了保障一次大型科学实验,他的双手至今还留有被严重烫伤的疤痕;为了攻克国家某重点攻关项目,近半年时间,他天天趴在冰冷的产品上,关节麻木了、青紫了,他甚至被戏称为"和产品结婚的人"。2015年,高凤林获得全国劳动模范称号。

新一代"长征五号"运载火箭是目前我国设计运载能力最大的火箭，是我国火箭里程碑式的产品。也是我国未来天宫空间站建设的主力运载工具。大火箭需要大发动机，而大发动机的制造需要大科学家、大工程师，同样也需要一线动手的大工匠。高凤林参与焊接发动机的火箭有140多发，占我国火箭发射的一半之多，是火箭关键部位焊接的中国第一人。

对高凤林来说，"长征五号"大运力火箭发动机每一个焊接点都是一次全新的挑战，而难度最大的就是喷管的焊接。"长征五号"火箭发动机的喷管上，有数百根空心管线，管壁的厚度只有0.33毫米，高凤林需要通过3万多次精密的焊接操作，才能把它们编织在一起。这些细如发丝的焊缝加起来，长度达1600多米。而最"要劲儿"的是每个焊点只有0.16毫米宽，完成焊接允许的时间误差是0.1秒。发动机是火箭的心脏，一小点焊接瑕疵可能导致一场灾难。为保证一条细窄而"漫长"的焊缝在技术指标上首尾一致。整个操作过程中高凤林必须发力精准，心平手稳，保持住焊条与母件的恰当角度，这样才能让焊液在焊缝里均匀分布，不出现气孔沙眼。在国际上，火箭发动机头部稳定装置连接的最佳方案是采用黏结技术。但这种技术会产生老化，因此高凤林选择用焊接的方式解决这一难题。发动机头部稳定装置的焊接必须一次成功，高凤林的技艺和他研制的焊丝决定着焊接的成败。由于铜合金的熔点较低，高凤林必须将焊接停留时间从0.1秒缩短到0.01秒，如果有一点焊漏就会造成稳定装置的失效。最终，高凤林还是成功地解决了这一焊接难题。高凤林以卓尔不群的技艺和劳模特有的人格魅力、优良品质，成为新时代高技能工人的时代坐标。

二、"一枪三焊"破解复兴号"腿脚"难题的李万君

焊工是最普通的工匠。被誉为"没有翅膀的飞机"的高铁，却离不开他们非凡的双手。

李万君，男，1968年生，汉族，中共党员，高级工人技师，中车长

第五章 大国工匠

李万君

春轨道客车股份有限公司首席操作师。1987年8月在原长春客车厂参加工作，他始终坚守在轨道客车转向架焊接岗位，苦练技术、攻克难关，迅速成长为公司焊接领域的技术专家。

李万君在2005年全国焊工技能大赛中荣获焊接试样外观第一名，并先后于1997年、2003年、2007年三次在长春市焊工技能大赛荣获第一名，2008年荣获全国技术能手称号，2011年荣获中华技能大奖。

李万君先后参与我国几十种城铁车、动车组转向架的首件试制焊接工作，总结并制定了30多种转向架焊接规范及操作方法，技术攻关150多项，其中27项获得国家专利。他的"拽枪式右焊法"等30余项转向架焊接操作方法，累计为企业节约资金和创造价值8000余万元。

李万君先后获得全国劳模、全国优秀共产党员、全国五一劳动奖章、全国技术能手、中华技能大奖、2016年度"感动中国"十大人物、吉林省特等劳模等荣誉称号。

小故事 ▶

● 党员干部，模范带头

1987年初入职场，李万君披挂着厚重的帆布工作服，扣着封闭的焊帽，和工友们在电焊车间水箱工段的烟熏火燎中淬炼意志。

焊枪喷射着2300℃的烈焰，瞬间将钢铁融化。炎热的盛夏，车间里火星四溅，烟雾弥漫；声音刺耳，味道呛鼻。一年后，一起入厂的28个小伙伴有25个离职。李万君留了下来。焊工是非常苦、非常累的工作，但是李万君热爱它、钻研它。

厂里要求每人每月焊100个水箱，他总会多焊20个；厂里两年发一套工作服，可他一年得磨破四五套。师傅们都说这孩子黏人，问问题问得太细。1997年，他首次代表长客公司参加长春市焊工大赛，虽然是最年轻的选手，三种焊法、三个焊件、三个第一轻松收入囊中。

1995年，工作8年的李万君终于如愿成为一名党员。"当时工作条件艰苦，我就想好好干活，加入党组织好发挥更大作用"。

成为党员，李万君更加不讲条件地带头干活。厂里的尖端活、关键活都找他，他的作用越来越大。有一年，工厂水管冻裂了，水哗哗地流，生产无法进行。可带压焊接一焊就噗噗冒气儿，经验丰富的老师傅也没了主意。李万君仔细观察，反复琢磨，在裂口处焊上了一个带螺纹的管座，让气体从中排出，难题迎刃而解。

● 探索创新，屡显身手

多年的勤学苦练下来，李万君把焊枪用得出神入化。两根直径仅有3.2毫米的不锈钢焊条，可以被分毫不差地对焊在一起，不留一丝痕迹；20米外，只要听到焊接声，李万君就能判断出电流电压的大小、焊缝的宽窄、焊接质量如何。

技艺越来越高的他自然走上了攻克技术难题之路。2007年，作为全国铁路第六次大提速的主力车型，时速250公里动车组在长客公司试制生产。列车转向架横梁与侧梁间的接触环口，是承载整车约50吨重量的关键受力点，按常规焊法焊接段数多，接头易出缺陷，质量无法保证，成为阻碍生产的拦路虎。

"能否一枪把这个环口焊下来呢？"李万君提出这个想法，来自阿尔斯通的法国专家认为不可能。经过1个月的反复钻研摸索，李万君总结出"构架环口焊接七步操作法"，一枪焊完整个环口。这连最先进的焊接机械手也无法完成的操作，让倨傲的法国专家对中国工人竖起了大拇指。

中国中车从德国西门子引进了时速350公里的高速动车组技术。由于外方此前没有如此高速的运营先例，转向架制造成了双方共同攻关的课题。带着领导的重托，李万君参加了转向架焊接工艺评定专家组，并发挥了高技能人才的特殊作用。以李万君试制取得的有关数据为重要参考，企业编制的《超高速转向架焊接规范》在指导批量生产中解决了大问题。

2015年初，公司试制生产我国首列标准化动车组（即复兴号动车组），转向架很多焊缝的接头形式是员工们从来没有接触的，其中转向架侧梁扭杆座不规则焊缝和横侧梁连接口斜坡焊缝质量要求极高，射线探伤检查必须零缺陷，不允许有任何瑕疵，如果不规则焊缝接头过多，极易造成焊接缺陷，成为制约生产顺利进行的瓶颈难题。以李万君为主的攻关团队，经过反复论证、多次试验，最终总结出高效科学的焊接方法，他们交叉运用平焊、立焊、下坡焊的操作技法，成功攻克这项焊缝难题，并总结出操作方法用于指导员工完成此项焊接工作。

2016年初，李万君带领工作室成员，成功完成美国纽约地铁转向架厚板焊接的31项工艺评定，为我国试制生产40毫米厚板转向架提供可靠焊接规范及操作依据。2017年初，在此基础上，李万君亲自参与试制生产4个美国纽约转向架，通过32道焊接把4厘米厚的钢板严丝合缝地焊在一起，用超探、射线技术检测也看不到任何缺陷。通过美国焊接专家的认证，2018年6月27日，长客股份公司成为我国首家成功拿到美国纽约地铁转向架生产资质的生产单位。

凭借精湛的焊接技术，李万君在参与填补国内空白的几十种高速车、铁路客车、城铁车，以及出口澳大利亚、新西兰、巴西、泰国、沙特阿拉伯、埃塞俄比亚等国家的列车生产中，攻克了一道又一道技术难关。

● 精心培育，勇创"培训奇迹"

为高速动车组生产培养新生力量，是李万君对我国高铁制造的又一大贡献。为确保时速250公里和350公里动车组顺利生产，以及时速380公里超高速动车组的试制，李万君肩负起了为企业培养后备技术工人的重任。在2008年到2009年不到两年的时间里，他一边工作，一边编制教材、承担培训任务，创造了400余名新工提前半年全部考取国际焊工资质证书的培训奇迹。他精心撰写的CO_2气体保护焊平板对接、单面焊双面成形焊接工艺等教材通俗易懂，深受员工欢迎。

温度高达几千摄氏度的电焊弧光四面散射，为了看清徒弟孙维鹏的操作手法，李万君一个晚上都没有戴护具。"后来我看到师傅的眼睛开始红肿、淌眼泪，就为了教我焊试验片，我是又感动又自责啊"。在26岁的年轻技工孙维鹏心中，师傅李万君是他最敬佩的人。

在传授技能这件事情上，李万君的确毫不吝啬。他利用业余时间举办高级电焊工培训班，一招一式地传，手把手地教，经常跪在地上指导操作。他还会根据大家的不同特点量身定做训练方案。2013年，长春市焊工比赛的前三名都出自李万君门下。

随之设立的"李万君国家技能大师工作室"，既是传承技术的培训站，也是解决企业生产难题的攻关站。为进一步发挥"劳模创新工作室"的技能传承作用，李万君带领工作室成员，采取"请进来""走出去"的方式，承担了吉林省、长春市包括中国一汽在内的各企业焊工技能交流传承活动，形成资源共享，共计培训高技能人才15次，累计达1500多人次。2012年8月，在省、市工会的组织下，他还参加高技能人才赴新疆进行技术援疆活动，为阿勒泰市、布尔津、哈巴河、吉木乃、富蕴地区400多名技术工人捧上了精湛技艺的大餐，让劳模精神在千里之外落地生根。2012年，他所负责的焊工首席操作师工作室被国家人事部授予"李万君国家技能大师工作室"，2014年被吉林省总工会和全国总工会分别授予"劳模创新示范性工作室"，他本人多次被长春市总工会授予劳模高技能优秀传承师。

2011年以来，李万君带头完成国家发明专利21项，革新70多项，重大技术创新10多项，取得五小成果150多项，获奖104项。而在短短的6年时间里，中国高铁也完成了时速250公里、350公里、380公里的"三级跳"。大国工匠正助力"中国梦"提速。

三、超高精度装配人夏立

夏立，男，1971年7月出生，汉族，群众，中国电子科技集团公司第五十四研究所钳工高级技师，单位航空、航天通信天线装配责任人，中国电科首届高技能带头人，于2016年6月成立夏立创新工作室。

作为通信天线装配责任人，夏立先后承担"天眼"射电望远镜、嫦娥四号卫星、索马里护航军舰、"9·3"阅兵参阅方阵上通信设施等卫星天线预研与装配、校准任务，装配的齿轮间隙仅有0.004毫米。

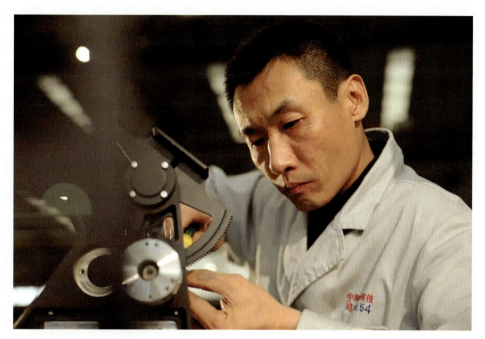

夏立

夏立先后获得全国技术能手、河北省金牌工人、河北省五一劳动奖章、2016年河北省军工大工匠等荣誉称号。

他是一名钳工,但在博士扎堆儿的研究所,博士工程师设计出来的图纸能否落到实处,都要听听他的意见。20多年的时间里,夏立天天和这些半成品通信设备打交道,在生产、组装工艺方面,夏立攻克了一个又一个难关,创造了一个又一个奇迹。

小故事 ▶

● 挑战0.004毫米的齿轮间隙——装配亚洲第一射电望远镜超高精度天线的故事

384400千米,是地球到月球的平均距离;0.004毫米,是亚洲最大射电望远镜的天线齿轮间隙的距离,相当于一根头发丝的1/20粗细。这两个差距以亿来计算的数字,由于"嫦娥落月"工程被紧紧连在一起,而将它们连在一起的,是中国电子科技集团公司第五十四研究所(以下简称五十四所)的钳工高级技师夏立。

上海65米射电望远镜，名列全球第四、亚洲第一。银色的望远镜矗立在上海佘山脚下，在蓝天下雄伟壮观。由于建设中涉及多个技术领域，这种大型射电望远镜是国家科技实力的体现。要实现灵敏度高、指向精确等性能，望远镜天线的核心部件方位俯仰控制装置的齿轮间隙要达到0.004毫米。完成这个"不可能的任务"的就是有着近30年钳工经验的夏立。

"现代科技使许多精密制造实现了自动化，但要实现这种超高精度的装配，离不开高技能工人的手工操作，夏立完全'融'进了卫星天线的装配"。夏立的同事们由衷赞叹。

走进夏立所在的五十四所天线伺服专业部工艺与制造室的车间，上千平方米的车间内，满是正在装配中的各型号卫星天线。五十四所承揽的卫星天线基本上都在这里制造，夏立是技能带头人。从1987年进入五十四所至今，近30年的钳工工作中，夏立参与了许多国家重大工程中卫星天线的预研与装配。"最难的是上海65米射电望远镜天线的装配。"他说。

射电望远镜通过接收天体的射电波来确定遥远天体的结构。嫦娥三号月球软着陆、嫦娥五号飞行试验器测定轨……不仅在我国探月工程中接收信号、发送指令，上海65米射电望远镜还"凝望"着更遥远的深空，被形象地称为"天马望远镜"。让"天马行空"，是夏立的骄傲。因为装配难度太大，五十四所将任务交给他。

宇宙中的射电波有不同波段，望远镜的天线就如同鼻子和耳朵，通过左右上下扫描，精确找到、接收不同波段的信号，哪怕只偏离百分之几的角度，就可能找不到目标。控制天线对各角度进行扫描的装置，被称作方位俯仰控制装置，其核心是一个直径200毫米、厚度10毫米的圆形钢码盘。确保望远镜精准探测，安装钢码盘成为关键，齿轮间隙要有0.004毫米，如果太小，天线转不动，大了，天线会松动。一丝是0.01毫米。一根头发丝大约有8丝粗细，而0.004毫米只有一根头发丝的1/20。实现精确装配，夏立认为最重要的是"心静"，眼里、心里只有设备。拧螺丝时，屏住呼吸，手稍微重一点，会过紧，手的力量不够，达不到精度要求。"要反复测算，寻找零件的移动变形量，找到规律，就容易达到装配精度要求了"。在反复尝试中，他凭着多年积累的手感，寻找那无法言说的"偶遇"。

安装钢码盘，夏立面临着不止一个难题。钢码盘要安装到一个托盘上，托盘的平面度要求极高，为千分之几毫米，当时磨床设备的加工能力只能达到百分之几毫米，精度等级相差

10倍。他决定手工磨出来。用2个千分表一点点测量托盘表面，比较分析所有数据，3天时间，他将托盘平面高低相差0.02毫米，磨到相差0.002毫米，顺利完成装配任务。

● 护航舰船通信、"天眼"上的工匠追求

安装陆地上超高精度的天文望远镜天线，很难。安装海上的天线，难题更多。我国海军赴亚丁湾、索马里海域执行护航任务，展示了我国作为一个负责任大国的形象。护航舰艇同样离不开卫星通信。除精度上的苛刻要求外，夏天在索马里海域，舰艇甲板温度能达到50℃，舰载通信天线处于高温之中，护航舰艇在海浪冲击下晃动幅度大，空气的腐蚀性也比较强。在复杂海况下，保持天线稳定运行，夏立带领团队设计出全新的1.2米天线的核心部件，体积更小，数据传输量却相当于以前两三台舰载天线之和。由于创造了6个月不停机连续工作的纪录，他们受到使用方赞扬。

● 组装机器人都无法代替

"现在机械设备自动化程度很高，但钳工工种没有消失，就是因为在特殊环境、特殊结构上需要超高精度装配，这是机械做不到的。"夏立说。通信天线的安装就是将各个部件组装起来。在外人看来，工业化时代，工业产品的组装应该在流水线上完成，或由机器人完成。像夏立和工人师傅们这样，仍旧用双手将一个个零部件组合到一起，显得似乎不够现代化。

"流水线上的工作是纯机械劳动，不需要动脑，这里则不然。"夏立说，他们这里和大家所认知的流水线不同，这些组装工作也无法由机器人代替。生产组装车间，就是要把设计师的图纸变成产品，实际上，很多时候，设计师设计的图纸在实际生产、加工中会遇到诸多问题。因此，工人师傅们不仅要会看图纸，在将图纸内容落地的过程中，会遇到种种问题，这些问题是最直接的拦路虎。甚至，个别部件旋转的频率和速度都是靠工人师傅们长期积淀形成的手感来确定的。

少年时期的夏立就表现出动手能力强、对事物好奇心重的特点，并成长为邻居和同事们眼中的"巧手"。机缘巧合，夏立从事了他感兴趣的工作，不到17岁，夏立就进入五十四所，成为一名学徒钳工。到今天，20多年的时间里，夏立一直待在五十四所的钳工操作台上，用电钻、扳手、钳子确保经手的军工品质——合格率100%。

四、特高压带电作业"刀锋上的舞者"王进

王进同志于1998年11月参加工作，2012年6月加入中国共产党，现任国网山东检修公司输电检修中心带电作业班副班长、全国示范性劳模和工匠人才创新工作室"王进劳模创新工作室"带头人，光荣当选党的十九大代表、第十二届全国青联常委、中国能源化学地质工会兼职副主席。他扎根一线21年，以初心筑匠心，从一名普通线路工人成长为行业顶尖的技能专家，是±660千伏带电作业世界第一人，在平凡的岗位上创造出不平凡的业绩，用"敬业乐业、专业专注、精益求精"的工匠精神，唱响了新时代的劳动者之歌。王进曾荣获全国劳动模范、全国五一劳动奖章、中国五四青年奖章、全国道德模范提名奖、全国"最美职工"、山东省优秀共产党员、国家电网公司特等劳动模范等荣誉称号。

多年来，王进苦练带电作业专业技能，练就了"一声辨、一眼定、一招准、一线稳"四大绝活，累计开展特、超高压带电作业300余次，缩短停电时间700多小时。在2011年世界首次±660千伏直流带电作业中，面对±660千伏的高压、56米高的高空，他凭着精湛的技艺，仅用55分钟，就成功处理了线夹开口销脱落的缺陷。为了这次带电作业，王进和同事

王进

们反复试验论证，用2万多个翔实的数据，制定了±660千伏带电作业成套技术标准，研制出"±660千伏电位转移棒"等专用工器具。2015年，带电作业创新成果获得国家科技进步二等奖。此外，依托660千伏直流带电作业的技术经验，通过团队的不懈努力，2017年，王进团队又实现了1000千伏特高压带电作业。

百米高空检修百万伏特带电线路，电弧能让人瞬间化为灰烬。王进在60层楼的高度与1000千伏的特高压线共舞。但是，对于王进而言，这不是高空走秀，而是工作。

内蒙古锡林郭勒盟至山东的1000千伏特高压交流输变电工程，2016年的竣工验收和运行表明我国拥有目前世界上覆盖面积最广、电压最高的在用特高压电网工程，王进是山东电力集团带电作业组的组长，也是特高压输电线路山东段验收工作的主要负责人。

特高压输电线路山东段验收工作收尾时正值盛夏，室外气温接近40℃，恶劣天气条件是高空作业的天敌，事故概率会明显增加，王进把组员留在地面上，独自攀高作业。从地面到塔顶接近60层楼的高度，王进要借助于886根攀爬脚钉徒手攀爬上去，普通人仅仅站在地面上观看这个过程都会心惊胆战，而王进的身体却能如蜘蛛一般悬在高压线上。更令人惊心的是，那可是1000千伏的特高压线。王进是国家电网最优秀的检修工人之一，这位有16年工作经历的电工已经爬过2000多个高压铁塔，但面对1000千伏的特高压线路，各种严峻的新挑战也让他悚然心惊。

王进身在138米的高空脚板踩着的导线直径不足5厘米，并一刻不停地在晃动，王进在高空中行走的同时还要检查导线有无破损等问题。通常，作业工要坐在晃动的导线上，一只手抓住导线，另一只手工作，王进却能双手脱离导线工作，实属顶尖高手。此时他身上的全部装备是一根保险索，加上极限化的胆量、意志、体能、耐性，责任心和本行业的技术操作本领，这不是"达瓦孜"（"达瓦孜"是维吾尔族一种古老的传统杂技表演艺术，指高空走大绳表演）一类的走秀，而是王进的工作。

王进的绝活还不止于此。线路带电运行中，导线会发出电晕的声音，而王进仅仅凭耳朵听，就能判断出不超过2毫米细的微小铝线哪里有损伤，以及损伤的程度，这个绝活在整个国家电网系统中，也没有几个人能有。

在验收的同时王进还有一件大事要兼顾，制订安全进入特高压电场进行带电作业的预案，如果没有这样的科学预案便没有人敢在特高压环境下带电作业。

1000千伏特高压放电实验数据表明，几米之外的人会在瞬间被特高压感应形成的电弧化为灰烬。这样的挑战非王进莫属，因为我国660千伏超高压电网，带电检修是王进和他的团队创造的。在无数次的摸索和实验之后，王进选择"秋千法"，"秋千法"带电检修可行性最高，但是对带电检修的工人挑战也最大，一旦防护不到位就可能被强电流击中，后果不堪设想。

以铁塔为支点，身着屏蔽服的王进坐在兜篮里，像荡秋千一样，被绳缆吊着画过90°的圆弧之后，逐步带电，从没电荡的过程中，通过电位转移棒，瞬间让操作人员身上带上了660千伏的电荡到带电的导线上，在几百千伏的超高压电线上行走，让几百千伏的电压从屏蔽服流过。

在平凡中坚守，在实战中锤炼，王进用"敢于有梦、善于追梦、勤于圆梦"的不懈奋斗，浇灌出实现美好"中国梦"征程上的青春之花；用"敬业乐业、专业专注、精益求精"的工匠精神，唱响了"劳动最光荣、劳动最崇高、劳动最伟大、劳动最美丽"的新时代劳动者之歌。

五、核燃料操作、修复工乔素凯

乔素凯，男，1972年生，汉族，中共党员，中国广核集团（以下简称中广核）运营公司大修中心核燃料服务分部工程师、核燃料修复师，全国技术能手、中央企业劳动模范、中国广核集团"优秀党员"，中国广核集团首届"中广核工匠"。

靠劳动成就梦想，用梦想追求极致。被称作"国家名片"的核电站，

183 第五章 大国工匠

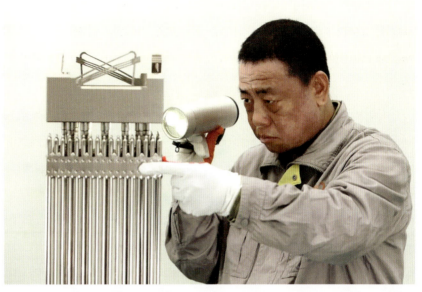

乔素凯

对于很多人来说，是一个陌生而又神秘的地方，有这么一个人，他和核燃料打了25年交道，全国一半以上核电机组的核燃料都由他来操作，他的团队是国内唯一能对破损核燃料进行水下修复的。他便是我国第一代核燃料师——中广核核燃料师乔素凯。他1992年技校毕业后来到大亚湾核电站，参与核燃料操作、修复等相关工作，一直工作到现在。

守护蓝芯，与核共舞26年，连续56000步操作"零失误"；修复核燃料组件的世界顶级"外科医生"；带领国内唯一能对缺陷核燃料组件进行水下修复的团队；守护中国核燃料的掌门人……这些贴在乔素凯身上的标签，闪闪发光，耀眼夺目。而每一个荣誉的背后，是乔素凯怀一颗安于宁静、臻于极致的匠心，敬畏核安全；是乔素凯用敬业、专注、探索、创新的匠人精神，守护核安全。

让我们到深圳大亚湾核电基地，去感受匠人精神，聆听匠心故事。2018年度大国工匠人物颁奖典礼上，组委会送给乔素凯的颁奖词：4米长杆，26年，56000步的零失误让人惊叹！是责任，是经验，更是他心里的"安全大于天"！乔素凯，你的守护，如同那汪池水，清澈蔚蓝！

小故事 ▶

● **蔚蓝色水池边 4 米长杆完成核燃料组件水下修复**

在大亚湾核电站的最深处，有一个如大海般的蔚蓝色水池，水下 4 米深处，是 157 组核燃料组件，每组核燃料组件有 264 根核燃料棒，令人谈之色变的核裂变反应就在这里发生。

"核燃料是浓度为 3% 左右的铀 235，被加工成燃料芯块后，装进核燃料棒里，一根根核燃料棒组装在一起，形成 17×17 正方形排列的燃料组件，157 个这样的核燃料组件，最终被安装在一个直径 3~4 米的压力容器中。"乔素凯说，大亚湾核电站使用的是压水式反应堆，每一组核燃料组件中都有一束控制棒，用来控制核裂变反应，确保安全。

核燃料是核电站的"心脏"，乔素凯负责的是与核燃料相关的一切工作，包括燃料接收、检测以及装卸和维修，通俗地讲，就是更换"心脏"、维修"心脏"。

更换、修复核燃料组件是最难的，乔素凯使用的"神器"是一根 4 米的长杆。"长杆共有 7 种，有拧螺钉用的，有紧松适配器的，有拆装上管座的，有测量高度的等，根据具体情况分别使用。"乔素凯说，核燃料水池之所以是蓝色的，是因为它特别纯净，在光的折射下发出蓝色的光。核燃料棒被放置在含有硼酸的水池中，可以屏蔽其产生的辐射。这也就意味着，核燃料组件的修复必须要在水下完成。

每隔 18 个月，核电站要进行一次大修，这是核电站最重要的时间，1/3 的核燃料要被置换，同时还要对有缺陷的核燃料组件进行修复。

在进行水下换料、修复时，乔素凯需要用 4 米长杆，伸到水下 3 米进行操作。比如，打开组件的管座，这个过程需要在水下拆除 24 颗螺钉，这是一个对精度有严格要求的动作。而乔素凯做到了能用 4 米的长杆完成水下精确值为 3.7 毫米的操作。

"高度差 1 毫米，螺钉都是拧不进去的，这个长杆有 4 米长，扭矩传到水下，定位难度极高，完全靠人的经验和手感。稍有不慎螺钉就会损坏。一旦失败，这个核燃料组件就无法入堆运行，一组核燃料组件将造成经济损失 1000 多万元人民币。"乔素凯说，核燃料棒包壳管的壁厚只有 0.53 毫米，他可以用自己的手感和经验保证在核燃料棒抽出的过程中完好无损。

● **像呵护宝宝一样守护核燃料组件安全**

26 年，56000 步的"零失误"，着实令人惊叹！乔素凯打趣说："开车十几年，我都没有接过一张罚单，更何况是安全大于天的核燃料操作。我是很胆小的呢！"

核燃料组件修复难度高，风险也大，每一步操作都必须慎之又慎。换料修复工作一旦开始就不能停，而在控制区是没有卫生间的，一个班6个小时，核燃料操作员不仅要集中注意力，还得不吃不喝不上厕所。每个核燃料操作员都有自己的办法解决，乔素凯的提神秘籍是"咖啡粥"，就是一下冲两袋咖啡，冲成像粥一样稠，这样就不用上厕所，还能提神醒脑。

如果出现特殊情况，工作时间还会延长。有一次大修装料，最后一根核燃料棒怎么也装不进去，本来装一步只需要20分钟，但那一次却装了4个小时。为了保证核燃料组件的绝对安全，只好不断调整方案，像摆积木一样，小心翼翼一点点尝试，一毫米一毫米地调，直到安全装好。哪怕是耽误了时间，也要保证百分之百安全。

还有一次，在核燃料组件修复过程中，当有缺陷的核燃料棒被拔出，插入实心替换棒时，这根棒的位置比其他棒的位置低了几毫米。当时有团队成员认为几毫米没问题，但乔素凯根据多年的经验判断，这个小小的偏差可能带来其他潜在的风险。"不行！必须返工！核燃料无小事，我们不能在核燃料组件上留下任何安全隐患，一次就必须把事情做好。"乔素凯坚定地给出意见，他说，最终，在大家的反复试验下，将替换棒拉到了正常高度，成功修复了缺陷组件，保证了核燃料组件再入堆后的安全运行。

乔素凯把核燃料组件当成自己的孩子，他说，核燃料组件是有生命的，应该把它们当宝宝一样呵护、守护，必须照顾好它们，让它以最佳的状态入堆运行，否则它会发脾气。

在一次大修中，乔素凯发现一个核燃料组件周围有一个若隐若现的条状异物，燃料组件和水池里是绝不允许异物存在。于是乔素凯和团队成员决定实施打捞，但当所有工作准备就绪，又发现异物不见了。经过15个小时的排查，最终在一个角落里找到这个异物，打捞上来一看，原来是一片指甲盖大小的塑料片。乔素凯说："大家用了很大的精力24小时倒班打捞异物，有惊无险。不过，造成晚并网发电15个小时，这意味着800万元没了。但这一切都是值得的，核安全大于天，我们用实际行动保证了入堆燃料组件的安全。"

26年来，乔素凯和他带领的团队共为国内22台核电机组完成120多次核燃料装卸任务，创造了连续56000步操作"零"失误的纪录及换料设备"零"缺陷的成绩，用心守护着核安全。

● 甩掉"洋拐棍"核燃料组件修复设备、工具国产化研发

没有大修换料的工作、不去集团所属外基地指导工作的时候，乔素凯就带领他的团队专注于核燃料组件修复专用工具设备的研发。

在乔素凯的核燃料操作维修工匠工作室，水下异物打捞机器人、陆用状态检查机器人等大大小小各种专用工具设备摆放整齐，都是乔素凯和团队的研发成果，其主持参与研发的21个项目获得国家专利，全部投入使用到核燃料组件的修复工作中。

乔素凯和他带领的团队是国内唯一能对缺陷核燃料组件进行水下修复的团队。"之前，核电站很大一部分维修是要依靠法国人的。现场一些专用工具，只能买国外的产品。"乔素凯说，"2008年，我们请外国专家来做缺陷组件和设备修复的培训，我参与了培训。我在想，请他们培训一次花几百万元人民币，太贵了。为什么我们不能自己研发工具和设备，开展维修呢？"乔素凯主动跟领导请缨，要承担单棒组件的修复研发工作。

"核燃料操作中，需要用到一种耐辐照水下摄像机（也称耐辐照相机），是用于乏燃料组件视频检查的。长期以来都是从国外购买，一套60万元，价格高、供货周期长。如果耐辐照相机出问题了请他们来修，从外国专家上飞机就以小时为单位开始计时收费，一直到回国下飞机。"乔素凯说，当时这种"洋工具"真是买得起也用不起，用得起也坏不起，整个技术产品就是被外国公司垄断了，他们说什么就是什么，要多少钱就得给多少钱。

2009年，乔素凯团队终于研发出耐高辐照的光导管摄像机，价格低，价格仅是国外产品的一半，供货周期还短，售后服务好，头一天晚上相机出问题，售后维修人员第二天上午就能赶到核电站。

小到吊摄像头用的钩子、大到如同人的手臂一样的上管座异物打捞工具，堆芯无线照相技术、电火花剪切工具……这些年来，乔素凯一直致力于换料设备的维修及换料操作、燃料组件专项视频检测与分析、燃料组件修复、堆芯换料装载技术优化、堆芯装载异常困难处理、换料专用设备国产化研发等领域，目前，这些技术均处于国内领先水平。

历经10年，于2018年完成的核燃料组件水下整体修复项目被乔素凯称为"世纪工程"，这是国内第一套，也是唯一一套核燃料组件水下整体修复设备，该设备的技术路线优于国内外通用修复模式，填补了国内在压水堆核电站乏燃料组件水下整体修复领域的空白，而全部的技术都掌握在中国人自己手中。

从一无所知的起重机少年到技术精湛的大国工匠，乔素凯一边精益求精，心细如发，小心翼翼地守护着国家的核安全；一边挑战自我，在核燃料组件修复设备国产化的道路上探索创新，不断超越，为实现我国核电强国的"中国梦"添砖加瓦！

六、为祖国石油事业"死磕"到底的谭文波

谭文波，男，1970年12月18日出生，高级技师、西部钻探工程有限公司试油公司技能专家、"石油名匠"重点培养对象，现为井下作业工具工。

他善于突破现有工作条件限制，创新思维，经常组织员工交流在生产现场遇到的问题，并有针对性地进行分析探讨解决问题，自己花钱购买车床、铣床等设备，自己动手设计、加工并成功发明一系列试油现场实用的工具、工件、元器配件。他主张建立磨钻打捞工艺及桥塞封堵工艺的实物展示台，通过工具实物结合生产施工中遇到的问题分析及研究解决的方法。他还不定期开展答疑解惑培训使大家对创新学习产生了浓厚兴趣，从中吸取了一些经验数据，掌握施工技巧。他通过自学电子仪器仪表操作维护，在工作中有效解决诸多影响施工进度及成功率的技术难题。他把"引领、聚力、攻关、创新"作为主要理念，由他领军创立的"谭文波工作室"，积极发挥榜样的示范带动作用，引领培养了一大批青年技术骨干，2017年"谭文波工作室"作为全国示范性劳模创新工作室，获中华全国总工会命名表彰。到目前他已获得5项国家实用新型专利和4项国家发明专利，他发明的具有自主知识产权的新型桥塞坐封工具被

谭文波

誉为世界首创。他先后荣获集团公司优秀共产党员、自治区最美企业员工，克拉玛依市"最美克拉玛依人"，西部钻探"劳动模范"等荣誉称号。

小故事 ▶

● 夜色中奋进的小队"科学家"

2013年，新型桥塞坐封工具的投入使用迫在眉睫，为了能够彻底摆脱传统火工品作为动力源的坐封方式，降低生产风险、节约作业成本，试油公司高级技师谭文波已经连续十几个工作日没回家，坚守在生产基地。

3月19日的清晨，当人们刚刚从睡梦中醒来时，试油公司顶驱队的厂房内灯火通明，这已经是谭文波自己都说不清的第几个不眠之夜了。

厂房中央的水泥地上，一个2米多长的本体银色的井下工具横卧在三块胶皮支撑垫上，谭文波正围着它上下忙碌，用电笔测量着每一处的参数数据情况，黑色的身影在灯光的照射下在厂房内来来回回地穿梭。半个小时后，天空渐渐明亮起来，谭文波看了看手表，7点10分了，嘴里默念着："必须再打压坐封一次，成功就回办公室躺一会儿。"

电机调试完毕，工具本体紧固到位，打压泵链接完成，压力表显示正常，在一系列准备工作完成后，第七次打压坐封也是今晚的最后一次工具坐封实验正式开始，1MPa、2MPa……随着逐级打压，压力表盘数值指到了20MPa，电机工作正常，工具运转正常，坐封成功！终于，忙碌了一夜的谭文波紧锁的眉梢渐渐舒展开来，疲惫的脸上露出了欣慰的笑容，这时的他终于可以放下悬着的心，踏踏实实地睡一觉了。

作为工作室科研工作领军人物谭文波虽已经十多天没有回家，但为了跟踪现场试验，进一步完善新桥塞坐封工具，优化电机坐封系统的运转过程，确保工具现场应用一次成功，他白天带领着研发团队征战在各个作业区开展施工，夜里又对工作中发现的问题进行工具的改进，反复论证参数，反复优化方案。在他的带动下，2014年顶驱队完成了217井次的电缆桥塞施工，一次成功率达到100%，实现了新工具应用的又一个突破。

在推广应用现场，谭文波总是一口井接一口井地跑，工具下井他都是亲自把关，2017年初，他甚至创下了3天没合眼加班搞科研的纪录。谭文波总是用自己的实际行动诠释着试油先锋模范的带头作用，用自己的人生信念在生产现场争做技术攻关的急先锋。

● "小诸葛"勇闯科研路

科研之路并不是一帆风顺，面对失败，谭文波展示出的攻坚克难、勇于担当的主人翁精神赢得了每一位同事的尊敬。

2013年的一天，谭文波与队员们在顺利完成当天第一口井的新型桥塞坐封工具实验施工后，为保证下一口井的成功，谭文波带领队员开始对新工具进行维护检查。但在检查过程中，由于操作上的一个疏忽，导致工具的液压泵不能正常工作了，而液压泵是整个工具的核心部件，看着地面上静止的液压泵，大家面面相觑，都很为难。但谭文波为给团队鼓劲，主动承担责任，他说："这是我的错误操作，导致工具损坏，现在影响项目进度，这个责任我来担，我太对不起大家了。"谭文波为了不耽误项目进度，正在筹钱买泵的事情让公司经理王新河得知后，专程赶到车间了解情况。他语重心长地对大家说："既然是试验，就难免有失败，这不是个人的责任，但要我们接受教训，找出原因，努力挽回损失。"

王经理的一番话让在场的研发成员们备感鼓舞，领导的包容增强了科研团队战胜困难的决心。20天后，新改进的液压泵投入使用。与此同时，谭文波并没有放弃已损坏的工具，他不停地往机电市场跑，买回了所需配件，针对已坏的液压泵进行反复拆装，反复试验，经过连续一个多月加班加点的修复工作，这台德国进口液压泵终于可以正常工作了。

事后，谭文波感动地说："领导的理解与支持，让我们感到了温暖，坚定了信心。"而谭文波在科研路上的敢于担当、敬业奉献的主人翁精神，也得到了领导同事们的高度赞扬。

● 面对高薪诱惑的"缺心眼"

2013年新疆工人时报记者到谭文波家去采访，进门后第一句话："你们专家的家就是这样的呀？怎么家里值钱的家当就是一个柜式空调了。"去过谭文波家的人都知道，他家至今还使用的是他和爱人1994年结婚时的电视机。尽管这样，谭文波面对高薪诱惑，还是坚持自己的原则和信仰。

在"新型电动桥塞工具"刚刚研发成功时，就有几家民营企业找到谭文波，愿意出高价购买新工具的专利，甚至得到一些公司的高薪聘请。而谭文波总是摇着头、摆摆手告诉对方："说到底是企业成就了我的现在，我就是一名技术工人，我能为企业创造的最大价值就是把手头的活做细、做精、做好，钱对我来说很重要，但无法满足我对工作的追求！"很多人听了他这个事，都说他"缺心眼"。

● "小发明"实现"大环保"

油田作业中环境保护工作是重中之重，在常规的油井抽汲求产施工中，由于防喷盒密闭不严，抽出的油水飞洒井场，造成严重环境污染，如何在施工过程中不让油污落地？谭文波用自己的"小发明"给出了答案。

2017年3月的一天，谭文波在完成日常施工任务之余又围绕新型抽汲防喷盒的加工改造日夜忙碌，这已经是他为新项目开发连续作战的第三天，他先后尝试四种新型抽汲防喷盒的改造方案，但都均被自己一一否定。发明进程受阻，神经高度紧绷的谭文波告诫自己："不能急，要保持头脑清醒，重新整理思路，一定有一种方案可行。"凌晨1点，创业基地顶驱队内夜深人静，谭文波在厂房外大口大口地抽着闷烟。他脑子里一直在思考如何实现"防喷盒与抽汲绳完全动态密封"的问题。突然，灵光一闪，一个新想法从他脑子里蹦了出来——既然要密封，现在围堵不行，疏浚可否？说干就干，他打开厂房灯、启动电焊机按照新思路对工具开始连夜加工。终于，经过反复多次试压和动态模拟试验，看到所有参数符合要求后，他按捺着喜悦长舒一口气，心里却还在担心现场试验的真正考验。

次日，谭文波带着他的新型抽汲防喷盒亮相百34井，进行首次现场试验，随着抽子的快速上提，紧盯着防喷盒的谭文波心都提到了嗓子眼。"方罐罐口出油了！"试油队员工大声报告着。谭文波看着自己制作出的新型抽汲防喷盒矗立在数米高的防喷管上正常运转，整个抽汲过程安全环保，无油滴落地。终于，他紧锁多日的眉头慢慢舒展开来，会心地笑了……至此，一项从研发到应用仅用不到10天的革新发明工具诞生了。一同在现场观察新型抽汲防喷盒应用实际效果的公司副经理肖辉，一把握住谭文波的手激动地说："太棒了，真是好样的！感谢你，在咱们试油抽汲工艺中，这个小发明可解决了环保大问题呀！"

2017年5月，新型抽汲防喷盒在原防喷盒的基础上再次改进，丝毫不增加原防喷盒尺寸，结构紧凑，现场使用操作简单、环保使用效果很好，深受施工作业队的欢迎。

● 绝活科研不断，勇于创新

谭文波是一名井下作业工具工高级技师，他在井下工具的改造、研发方面颇有建树，积累了大量的经验。在他的带领下，谭文波工作室经过两年的研究，研发出电缆自破扭倒揽器，并写成论文《电缆自破扭倒揽器的创新设计》。此系统的制作完成对电缆起到保护作用，最大限度地延长电缆的使用寿命；同时完成《连续油管液压助排器的研制》《电缆通井规新增打捞功能的发明》，为公司现场施工作业保证成功率100%提供可能，其中连续油管液压助排器的发明，可在排管、倒管工作中提高工作效率5~30倍。

2011年6月，谭文波带领大家进行铠接电缆技术的研究获得成功，并完成《废旧电缆再利用的铠接技术》论文，对今后的作业起到一两智慧胜过十吨辛苦的作业教材指导作用。截至2017年6月20日，谭文波所铠接的电缆统计共施工作业552井次，创经济效益1550万元。

2016年5月，试油公司一辆五十铃电缆测井车，底盘分动箱与主车传动轴螺丝断入孔内，谭文波钻研巧利用"电化学法"取工具断头方法，及时将其修复，为生产节约了时间和成本。2016年6月，工具泵座接头上的液压油回油复位阀螺孔，在保养维护时发生丝锥断裂，他再次利用该创新方法成功地解决了难题，避免工具的核心元件报废，保证生产和节约。

2017年6月，常规的抽汲求产作业工艺过程中，在抽子的快速上行运动，抽汲钢丝绳经过防喷盒后，有一部分油滴被动态带出，对井场环境造成污染。为杜绝一滴油落地的污染问题，急需设计一种工作装置解决抽汲环保污染问题。经过谭文波自主动手加工的巧妙设计，仅用10天时间就研究出新型环保抽汲防喷盒，现场使用操作简单、环保使用效果很好，完全避免抽汲作业油滴外溅的现象，深受施工作业队的欢迎。

在同事们的眼里谭文波的绝技绝活，就像是在变魔术，他被称为专业电缆车"爆破专家"，研发电动投灰工具丢手机构，促使电动作业方式替换传统的爆炸作业方式；发明电动电缆液压桥塞座封工具；加工完成电缆自破扭倒缆器。他有"起死回生之法"可铠接报废电缆，解决各种液压泵故障；又可取断头螺丝、丝锥，让电缆测井车底盘分动箱传动轴重新工作。

就像他的人生格言一样，"完成工作只是刚刚及格，勇于钻研才能更加优秀"。多年来，谭文波行走在创新的路上，摸爬滚打，苦干实干，他把对事业的一片赤诚融于他的行动，凭着对工作高度负责的态度和执着敬业的精神，深深地感染和激励着身边的每一位员工。他的事迹并非惊天动地，但平凡孕育高尚、细小昭示博大。谭文波在平凡的工作岗位上，作出了卓越的成绩，在他的身后，留下的是一串串坚实而闪光的足迹。

七、我国先进发动机精密修复工王树军

王树军，男，1974年7月出生，汉族，中共党员，潍柴动力股份有限公司一号工厂机修钳工，公司首席技师。他致力我国高端装备研制，

王树军

不被外界高薪诱惑。坚守铸造重型机车中国心。攻克的海勒加工中心光栅尺气密保护设计缺陷,填补国内空白,成为我国工匠勇于挑战进口设备的经典案例。独创的"垂直投影逆向复原法",解决了斗山加工中心定位精度为千分之一度的NC转台锁紧故障,打破了国际技术封锁和垄断。

王树军是潍柴高精尖设备维修保养的探路人和领军人,也是潍柴装备智能升级、智慧转型的引领者和推动者。工作25年来,他一心扎根基层,专心致志与设备打交道,用实际行动和实实在在的成绩成为潍柴乃至国内发动机行业中设备检修技术的集大成者,是潍柴工匠精神的典型代表。王树军有两项高超的技能,一是擅长自动化设备的定制化设计及自主研发制造;二是精通各类数控加工中心和精密机床的维修。

2013年,潍柴专门为王树军命名成立了创新工作室,以此辐射和支撑基层创新、持续改善。依托这一平台,王树军带领团队改造、制造柔性设备生产线5条、自动化设备109台套,实施重大创新项目230多项,累计创造经济效益2.62亿元。凭借优异的业绩,"王树军劳模创新工作室"被中国机械冶金建材工会命名为"全国机械冶金建材系统示范型职工(劳模)创新工作室",被山东省总工会命名为"山东省劳模创新工作室"。同时，个人先后荣获山东省十大"齐鲁工匠""齐鲁首席技师""山东省有突出贡献技师""富民兴鲁劳动奖章""山东省省管企业道德模范""鸢都产业领军人才""潍坊市劳动模范""潍坊市首席技师""潍坊市有突出贡献技师""富民兴潍劳动奖章""潍柴十大工匠""潍柴劳动模范"等荣誉称号。

小故事 ▶

● 向洋权威说"不"——做高精尖设备维护第一人

（1）折服国外专家，为中国工人赢得尊重。作为我国最重要高速发动机制造基地的潍柴，拥有世界一流的加工设备。2005年，潍柴为提升主力产品WP10发动机竞争力，先后从德国和日本引进了世界最先进的海勒（HELLER）、丰田（TOYOTA）、格劳博（GROB）、纳格尔（NAGEL）等数控加工中心和加工单元。在这些顶尖设备安装初期，负责调试的都是外方工程师，他们态度异常傲慢。可是在海勒加工中心调试过程中，废品率高达10%，外国专家一筹莫展。王树军根据非对称铸造件内应力缓释原理，结合实际、大胆创新，在原设计基础上加装夹紧力自平衡机构，将废品率成功控制在0.1%内，为中国工人赢得了尊重。他进一步提出成立"中外联合设备调试小组"的建议，面对这个曾经击败过自己的中国人，外国专家不得不同意这一要求，这为中国维保人员打开了难得的国外高精尖设备维修这一禁区。而以王树军为组长的中方调试小组也不负众望，联合调试仅4个月，就解决技术难题72项，不仅得到外国专家的肯定，更积累了3万多字的技术资料。

（2）大胆质疑，解决进口数控设备行业难题。随着高精设备服役时间的不断增加，海勒加工中心光栅尺故障频发。光栅尺是数控机床最精密的部件，相当于人的神经，一旦损坏只有更换。而采购备件不仅产生巨额费用，还严重影响企业生产。"我怀疑这批设备有设计缺陷，导致了光栅尺的损坏。"王树军大胆的质疑惊呆了众人，世界最先进的设备怎么可能会有设计缺陷？王树军无疑将自己推到风口浪尖上。在众人的怀疑中，他利用一周时间，对照设备构造找到该批次加工中心的设计缺陷。继而通过拆解废弃光栅尺、3D建模构建光栅尺气路空气动力模型、利用欧拉运动微分方程计算出16处气路支路负压动力值搭建了全新气密气路。该方案成功取代原设计，攻克了海勒加工中心光栅尺气密保护设计缺陷难题，将故障率由40%降至1%，年创造经济效益780余万元，该设计填补了国内空白，也成为中国工人勇于挑战进口设备行业难题的经典案例。

（3）挑战不可能，打破国外精密转台维修垄断。进口加工中心精密部件很多，数控转台、主轴等涉及生产厂家的核心技术，厂家既不提供相关资料，也不做任何培训，一旦发生故障，只能求助厂家。2012年，斗山加工中心一台定位精度为千分之一度的NC转台锁紧出现严重漏油现象，面对这个整合了机械、液压、电器、气动各个环节的铁疙瘩，售后服务人员也无从下手，建议返厂维修。王树军利用独创的"垂直投影逆向复原法"，绘制传动三维示意图确定复原思路，在不使用专用工装的情况下，凭借"机械传动微调感触法"，成功在μm级装配精度下排除设备故障，打破了外国专家垄断维修数控转台的神话。

● 助力中国内燃机迈向高端——做自动化设备改造的领军者

（1）自主造血，消除生产瓶颈。2016年，潍柴推出一款引发行业震动的产品——WP9H/10H。这是一款潍柴自主研发的国内领先、世界先进，国Ⅵ排放的大功率发动机，是我国内燃机的高端战略产品，名副其实的"中国心"。投放市场以来订单持续火爆，完全超出设计纲领日产80台的预期，要想提升产能，最简单的方法就是增加新设备，但至少18个月的采购周期将极大影响与外国产品的竞争。"既然我们的产品已经实现了从'中国制造'向'中国创造'的突破，那么我们的设备同样可以实现自主研发制造的突破！"王树军决定带队为WP9H/10H这颗"中国心"自主造血！他采用"加工精度升级、智能化程度升级"的方式，升级主轴孔凸轮轴孔精镗床等52台设备、自制"树军自动上下料单元"等33台设备、制造改制工装216台套，优化刀具刀夹79套，不仅节约设备采购费用3000多万元，更将日产能从80台提高到120台，缩短市场投放周期12个月，每年创造直接经济效益1.44亿元。

（2）逆向思维，突破加工禁区。产品的高端不仅体现在前期工艺设计上，更体现新材料的应用上。WP9H/10H采用了蠕墨铸铁这一新型铸铁，在实现柴油机轻量化的同时，对自制件加工提出了更高的要求。发动机机体后端集成齿轮室最薄位置仅8毫米，加工过程中极易出现震刀现象，严重影响产品加工精度，属于机械加工的"禁区"。王树军团队最初通过调整刀片材料、修整切削参数，有效减小了震刀，但单工位加工时间高达22分钟，无法满足生产线15分钟的节拍要求。后来，王树军逆向思维提出"反铣刀"设计概念。新的"反铣刀"刀片用正前角的设计方案代替负前角，借助正前角刀片耐冲击的特性，横向分散加工应力，同时将刀柄由分体式刀柄改为一体式刀柄，新刀具应用后单工位加工时间降至13分钟。不但解决了加工难题还提高生产效率41%，为企业创造了巨大的经济效益。

（3）大胆尝试，助推智能制造。潍柴是工信部确定的智能制造示范基地，王树军所在的一号工厂是高端柴油发动机智能工厂，王树军也成为装备智能化升级的领军人物。潍柴新一代高端产品采用全新4气门整体式气缸盖，其设计较前代产品实现革命性突破，加工难度也不可同日而语。为保证生产线平衡率，公司决定在导管阀座底孔工序启用三台斗山HM8000加工中心，以并行作业的方式生产。柔性加工中心以其多品种换型作业而独占优势，但工序间转换效率低，成为行业无解的诟病。而在王树军的字典里从来没有"无解"两个字，"跨工序智能机器人协同系统"成为他又一次大胆尝试。以安川机器人为运载核心、增设地轨实现六轴运载向七轴运载的突破，同时辅以光感识别系统，实现物料状态的自动识别调整。随着该系统的使用，四气门整体式气缸盖加工效率一举提升37.5%，高效高质的定制化生态成为这颗"中国心"的新名片。

2014年，他仅用10天时间，就成功改进海勒双轴精镗床，解决了产品新工艺刀具不配套的加工难题，缩短了新产品的投产周期，节约购置资金300余万元。2016年，他用50天时间，主持完成气缸盖两气门生产线向四气门生产线换型的改造，改进设备15台套、改进工装20套，累计节省采购成本1024万元。由他设计制造的"气缸盖气门导管孔自动铰孔装置"，解决了漏铰及铰孔质量差问题，每年创造效益500余万元，获得国家实用新型发明专利。"H1气缸盖自动下料单元"有效解决人工搬运工件及翻转磕碰伤问题，每年创造效益850万元，获得潍柴科技创新大会特等奖。"机体框架自动合箱机""机体主螺栓自动拧紧单元"等10多项自动化设备成功用于生产，整体效率提升25%，每年创造经济效益2530余万元。

● 德技双馨——做工匠精神的坚定践行者

（1）不忘初心，大力弘扬工匠精神。王树军始终将忠诚企业放在首位。在20年前潍柴濒临破产的时期，他信念坚定，毫不动摇。在成名之后，山东电视台等省市媒体对他进行了大量宣传，很多企业高薪聘请，始终不为所动。单位领导多次想让他从事管理工作，他也婉言谢绝，他常说的一句话就是"不忘初心、牢记职责、干好工作、心中快乐"。作为目前潍坊市唯一的齐鲁工匠，他走出潍柴，通过言传身教，在社会上大力弘扬工匠精神，潍坊科技学院、潍柴大学聘请他为客座教授，并为他建立了工作室，定期为学生授课，每年培训学生2000多人次，影响和带动了大批青年人。

（2）忠诚企业，毫无保留地传承匠艺。为企业培养高技能人才是王树军的另一项使命，他将自己总结的经验和方法倾囊相授，联合5名高级技师成立了创新工作分站，并通过首席技师大讲堂和潍柴网上学习平台与潍柴全球各子公司进行技术交流和技术培训。他每年授课达240课时，培养的学员个个成为装备管理的骨干。除了开展以技师讲堂为主的教、授立体式培训以外，他在车间还建立了技术成果交流推广机制，每月开展两次以典型故障、维修案例为题材的头脑风暴活动。他带的徒弟中，7人获得技师资格证书，5人获高级技师资格证书。2018年，王树军两个徒弟分别获得全国机器人大赛、自动化控制大赛二等奖。

王树军作为潍柴工匠人才的一面旗帜，凭借精益求精、持之以恒、爱岗敬业、不断创新的工匠精神，为广大职工树立了一个正直进取、勤学实干、技能突出的榜样形象。他是千千万万坚守一线岗位，默默奉献工匠的缩影，他们正在为中国制造业自主创新、迈向高端不懈奋斗。

八、定向钻探技术的颠覆者朱恒银

朱恒银，男，汉族，1955年11月生，中共党员，安徽省地质矿产勘查局313地质队教授级高级工程师。他从事地质钻探野外工作40多年，从一名普通的钻探工人成长为钻探专家，攻克了定向钻探技术难关，将我国小口径岩心钻探地质找矿深度从1000米以浅推进至3000米以深，为国家创造了上千亿元的经济价值。参加和主持了10余项国家和省部级重点科研项目，取得了"多分支受控定向钻探技术"系列成果，攻克陡矿体等无法勘探矿体系列难题。先后荣获国家科学技术进步奖、李四光地质科学奖、全国劳动模范、全国优秀科技工作者、大国工匠、2018年度人物、中国好人、全国地矿系统十佳科技工作者、自然资源部"十一五""十二五"优秀科技工作者、全国十佳最美地质队员、安徽省道德模范、安徽省十大新闻人物、安徽省优秀专家、安徽省学术和技术带头人等称号。

197 第五章 大国工匠

朱恒银

小故事 ▶

● 40余年坚守，攻坚克难，不断勇攀科技高峰

地质钻探工作异常艰苦，常年工作于野外钻井机台，昼夜三班倒作业，整天一身泥浆一身油，自20岁招工到地质勘探队，朱恒银一干就是40多个春秋。他在平凡的工作岗位上，善于发现、探索和解决问题，研发的技术成果填补了多项国内空白。采用新型集成创新模块化思路，率先建立了3000米深部岩心钻探工艺技术体系，突破了制约3000米深部地质岩心钻探的技术瓶颈；研发了一套集钻孔弯曲分析、初级定向孔设计、钻孔轨迹定位、三维定向钻孔轨迹设计、钻孔柱状图、钻孔结构、钻孔轨迹三维动态显示等功能于一体的软件系统，使计算机技术深度应用于深部钻探优化设计、钻孔轨迹监控、数据处理、钻孔质量控制和钻探资料档案管理中。朱恒银立足本职、砥砺奋进，创造了一个又一个行业技术先河，攻克了钻探技术领域众多难题，为推动我国地质岩心钻探技术发展作出了突出贡献。

● 一腔热血，融入厚土，彰显精湛专业技艺

在常年的工作实践中，朱恒银不仅勇于创新，更将研发成果应用于钻探生产第一线，大力助推了地质钻探技术的发展。

创新技术，促进找矿新突破。他将自己积累的精湛技术和所研发的机具、工艺方法，推广应用到矿区的勘探施工中去，解决了复杂地层、坚硬地层、钻进效率等技术难题，为地质找矿的突破提供了重要的技术支撑。在安徽霍邱李楼铁矿区，应用单羽状分支定向孔施工技术，解

决了陡矿体、异型矿体等困扰多年的技术难题,完成了该矿区3亿吨储量勘探任务;在滁州琅琊山铜矿危机矿山深部找矿中,应用定向钻进技术及复杂地层钻进新工艺,解决了老矿区地表密集房屋和其他建筑物下部矿体勘探的技术难题,延长了矿山服务年限30年,解决了矿山3000余名职工的后续就业问题;在大别山金寨沙坪沟区域,利用深部钻探技术,完成了特大型钼矿的勘探工作,探明钼储量245万吨,单矿体储量居世界第一,为革命老区的致富提供了坚实的资源保障。

精湛技能,高科钻探显神通。他研发的技术还广泛应用于国家科学钻探和特种工程技术领域,在全国独树一帜。利用自身的独特钻探技术优势承担了四川汶川地震断裂带科学钻探WFSD-3孔的施工任务,通过对岩心、岩屑和流体样品进行多项科学观测和研究,可长期进行地震监测和预警预报,受到了中国地质调查局的高度评价;承担了北京、上海、浙江、江苏等省市地面沉降监测与防治工程,2003年上海地铁4号线重大塌陷事故发生后,采用非常规特殊技术手段,快速钻穿地铁顶部流砂层和钢筋混凝土层的灌浆通道,成功地遏制了险情,被赞誉为"安徽地质神兵"。

● 满载收获,薪火相传,谱写新时代奋斗华章

朱恒银的不断创新和勤于实践,让理想之梦结出了累累硕果。40多年来,他的科研成果荣获了地质领域最高奖——李四光地质科学奖、国家科技进步二等奖、安徽省创新争先奖、省部级科学技术奖6次,获得国家专利14项、计算机软件著作权1项;本人出版专著3部,在国家重点专业期刊上发表论文40余篇,被中国地质大学(武汉)、安徽工业经济职业技术学院聘为客座教授。

名师出高徒,在榜样的引领和感召下,他培养出钻探工程教授级高级工程师3人、工程师10余人,其中1人获中国地质学会野外青年地质贡献奖——金罗盘奖、安徽青年科技奖、安徽青年五四奖章,1人获全国钻探技能大赛银奖,2人获省部级"能工巧匠"称号,1人获安徽省"江淮工匠"称号,2人获安徽省"五一劳动奖章",2人获安徽省政府特殊津贴。目前,该团队的行业技术水平和操作技能始终保持全国领先水平。

千磨万击还坚劲,任尔东西南北风。40多年来,朱恒银将自己和地质钻探事业紧紧联结,用毅力不断挑战技艺的巅峰,以实际行动诠释了爱岗敬业、无私奉献的"劳模+工匠"品质,他让钻头行走的深度,矗立为行业的高度,奋力谱写着新时代精彩华章!

九、激光器与核武器精密加工者陈行行

陈行行，男，1989年生，汉族，群众，中国工程物理研究院机械制造工艺研究所加工中心特聘高级技师，先后荣获全国五一劳动奖章、全国技术能手、四川工匠等称号，在第六届全国数控技能大赛中，获加工中心（四轴）职工组第一名。

陈行行在核武器科技事业中从事高精尖产品的机械加工工作。他能熟练运用现代化的大型数控加工中心完成多种精密复杂零件的铣削加工，掌握多种铣削加工参数化编程方法、精密类零件铣削及尺寸控制方法和铣削钻削等成型刀具的手工刃磨方法，同时还具备数控车技师、高级制图员、二级模具设计师等8项职业资格。他编程功底扎实，操作技术精湛，尤其在新设备运用、新功能发掘和新加工方式创新等方面，成为研究所新型数控加工领域的领军人才。

陈行行

小故事 ▶

● 努力学习，一路前行

2006—2011年，陈行行先后在山东技师学院机械工程系学习，在某食品设备有限公司从事

机加工艺与数控程序编制、调试及新产品开发等工作。这期间，他凭着刻苦钻研、踏实勤奋的精神，取得了相当不错的成绩：第四届全国数控技能大赛职工组加工中心（四轴）第四名、山东省富民兴鲁劳动奖章、山东省技术能手。

2011年，陈行行无意中与中国工程物理研究院结缘，这是我国唯一的核武器研究生产基地，他决心在一个新的更大的平台上为实现强国梦、强军梦而努力，最终他选择投身国防事业。研究所为陈行行提供了良好的工作条件。他操作的设备是国内一流的高精尖数控设备，研发的是高精尖的国防尖端产品。对他而言，责任更大，要求更高。面对压力，他更有着一股子不认输、不服软的冲劲儿。

在各级领导无微不至的关怀下，在师傅们悉心的教导和帮助下，陈行行更加如饥似渴地学习新知识、新工艺、新技术，参加各种技能培训，了解熟悉军工产品的特点和要求，反复领会加工工艺和图纸，认真分析加工工艺路线和所需要的刀具，严格按照工艺流程生产，并从中不断寻找更优化的加工方法。同时，核武器科技事业的优秀文化也在一点一滴地熏陶着陈行行，"铸国防基石，做民族脊梁""国家至上、事业第一""严肃认真、周到细致、稳妥可靠、慎之又慎、万无一失""铸神工、创一流"……这些文化理念让他从内心深处认识到所投身事业的崇高神圣，认识到自己所从事的工作极为重要。他为自己写下这样的人生信条："投身国防，扎根岗位，技能成就人生，学习创造未来。"

陈行行先后撰写《动叶轮高速铣削技术》等论文及技术革新合理化建议10余篇，取得了"多工位柔性快换夹具的应用""弱刚性零件的加工变形控制技术"和"全参数化编程方法的应用"等多项成果。他参与编写的《数控铣工/加工中心操作工（高级）》（中国劳动社会保障出版社出版）和《数控铣床操作与编程》（中国水利水电出版社出版）成为职业院校教材。

2012年以来，陈行行多次参加四川省和国家级技能比赛，凭借良好的心理素质、精湛的技能技术、全面的综合能力，获得第六届全国数控技能大赛加工中心（四轴）职工组第一名，并曾2次获得全国数控技能大赛四川省选拔赛职工组加工中心（四轴）第一名。

● 勇于创新，行出必果

对于操作着价值数百万、性能精良数控加工设备的新一代技能人员来说，其能力和贡献已经不再单纯是传统意义上的吃苦耐劳、加班加点，也不仅是技艺水平的高低，更多的是看能否在产品加工中，综合运用多领域的专业技术知识，融会贯通，充分发挥设备的技术优势，挖掘设备的性能潜能，通过创新性的工作提升生产力，优质高效完成任务。

陈行行正是这样一位多能一专的技术技能复合型人才，在数控加工中心操作中，他精通多轴联动加工技术、高速高精度加工技术和参数化自动编程技术等，尤其擅长薄壁类、弱刚性类零件的加工工艺与技术窍门。在多项重要型号产品的急难险重任务中，他凭借扎实、深厚、全面的专业功底和敢于创新的精神，以技术革新推动技术进步，攻坚克难，啃下了一个又一个"硬骨头"。

国家重大专项分子泵项目核心零部件动叶轮不仅加工精度要求高，而且加工过程中程序调试异常繁琐，费时费力，尤其会因加工振动容易导致零件表面质量差。陈行行与技术人员一起从问题、难点入手，通过优化铣削方式、加工刀具和工装夹具，编制合理的加工程序和发掘设备智能辅助专家系统的两个高级功能，攻克了加工振动导致的质量难题，同时消除了叶片边缘毛刺现象，不仅节省了工序，而且较大幅度地提高了加工质量，加工效率提高了3.5倍。

在某型号定型产品重要零件的批量加工中，陈行行通过对加工刀具、切削方式和加工程序及装夹方式进行优化，使加工效率提高了1倍，有效解决了因刚性差导致的加工变形问题，节省了钳工研磨工序，产品合格率高于98%。

某大型科学仪器诊断系统关键精密零件的加工精度异常苛刻，且产品尺寸非常小，无法进行加工中的测量。陈行行打破常规，大胆开展加工工艺创新，通过设计实用的工装夹具及合理优化工艺路线，高效优质地完成了任务。

某飞层是某大型试验中的零件，尺寸及形位精度要求极高且批量大、周期紧。陈行行与工艺人员共同研讨，多方协作，通过优化加工工序缩减了加工时间，他还凭借经验设计了专用工装夹具，提高了加工效率，降低了劳动强度。

创新，已经融入陈行行的血液里。作为研究所唯一的特聘技师，具体管理着3个高技能人才工作站，兼任某壳体高效加工和加工中心两个高技能人才工作站的领办人。作为高技能人才工作站的领办人，陈行行和他的团队有信心把工作站建设成数控加工创新成果的孵化器。

● 携手同行，共同进步

陈行行很豁达。那些多年工作、学习和比赛积累的心得经验、窍门绝活，他都毫不保留地分享给其他同事。在机械加工领域，原理是相通的，关键是怎样活学活用，融会贯通，也就是大家常说的"独门绝招"。陈行行从不担心"教会徒弟饿死师傅"，也不相信"同行是冤家"的说法，他对同事们倾囊相授，内心非常坦诚，"吾生有涯，而知无涯"的道理他理解得很通透。

陈行行很温暖。车间新来的年轻人，陈行行总是不厌其烦地手把手教，从看图纸到操作，从零部件的加工到工装夹具的使用，每一个步骤、每一个细节都知无不言，言无不尽，使新人们能够尽快适应工作，进入状态。

陈行行很卖力。他不仅做好自己的事情，还兼任着研究所里数控加工中心的培训老师，从选材、备课到教学，全部都是尽心尽力完成好。经他培训和指导的选手有5人次分获国家级技能比赛职工组前十名，还有5人次获四川省级职工组的前三名。他还多次应邀在四川省总工会、中机维协（绵阳）和中物院培训中心等单位举办的技能培训班上授课。2015年，他被国家高技能人才基地聘为特约教师。

陈行行一直在用心做好多重角色：一线生产工人、参赛选手、师傅或者培训老师、攻关团队领办人等。他觉得这是一种充实和完美。展望未来，陈行行认为，整个社会都在飞速前进，新知识、新技术日新月异，自己一定要不断学习，终身学习，在数控加工领域永葆创造力和竞争力。因为，志高方能行远。

十、壁画修复保护第一人李云鹤

李云鹤，男，1932年9月出生，汉族，敦煌研究院原副所长。以心

李云鹤

为笔，以血为墨，六十余载潜心修复，八十余岁耕耘不歇，匠心躬耕在沙漠里，人生书写在方寸间。已经耄耋高龄的李云鹤，仍坚守在文物修复保护第一线，被誉为我国"文物修复界泰斗"。他是国内石窟整体异地搬迁复原成功的第一人，也是国内运用金属骨架修复保护壁画获得成功的第一人。

小故事 ▶

● 倾心一件事，干了一辈子

李云鹤于1956年在敦煌莫高窟参加工作，1998年退休，已经80余岁高龄，仍坚守在文物修复保护第一线。1957年，在捷克斯洛伐克文物保护专家约瑟夫·格拉尔短暂对莫高窟进行壁画保护情况考察和壁画病害治理示范后，李云鹤也开始尝试像格拉尔一样用一些白色牙膏状的材料与水混合搅拌均匀制成黏结剂，再用一支医用粗针管顺着起甲壁画边缘沿缝隙滴入、渗透至地仗里；待壁画表面水分稍干，再用纱布包着棉球，轻轻按压，使壁画表面保持平整、粘贴牢固。一遍遍调试，一次次失败，才得以成功。自此以后，李云鹤便将毕生的精力投入到文物修复保护事业。此后几十年里，李云鹤立足莫高窟，足迹跨越北京、新疆、青海、西藏等九个省市，故宫、布达拉宫等30多家兄弟单位的文物修复保护现场都留下了他清瘦坚毅的身影。他修复壁画近4000平方米，修复塑像500余身，取得了多项研究成果。其中"筛选壁画修复材料工艺"荣获全国科学大会成果奖，"莫高窟161窟起甲壁画修复""敦煌壁画颜料X光谱分析及木构建筑涂料"两项成果荣获国家文化部一等奖，"敦煌莫高窟环境及壁画保护研究"荣获国家文物局三等奖。

● 再显大手笔，创造新奇迹

20世纪80年代以来，李云鹤的文物修复保护技术达到炉火纯青的地步。他是国内石窟整体异地搬迁复原成功的第一人。1975年，李云鹤创造性地对220窟甬道西夏壁画进行了整体剥取、搬迁、复原，并且把西夏壁画续接在唐代壁画的旁边，从而使两个历史时期的壁画展现在一个平面上，供学者研究、游人观看。他也是国内运用金属骨架修复保护壁画获得成功的第一人。1991年，李云鹤主持修复青海乐都瞿昙寺瞿昙殿壁画。他将地仗层与墙体整体剥取，把原修复材料切割成马赛克大小的方块"疏筋""松绑"，再精确调整平整度、精准拼对壁画接缝、背泥

1厘米加固地仗层，最后完整地把壁画整体挂上金属骨架固定在墙体上，成功解决了既往文物保护中材料选择不当造成壁画卷曲的问题。他更是国内原位整体揭取复原大面积壁画获得成功的第一人。1994—1995年，主持青海塔尔寺弥勒殿壁画保护和大殿建筑修复。他采取壁画整体剥取、原位固定、砌好墙体后再平贴回去的高难度修复技法。完工后，寺院住持走进大殿时疑惑地说："壁画没有修嘛……"李云鹤开心地笑了，说："我太喜欢您这句话了，这是对我们文物修复保护工作的最高褒奖！"2006年，他主持修复国内伊斯兰教四大清真寺之一的杭州凤凰寺穹顶壁画，2015年以来，他常驻榆林窟，主持修复第6窟24米高的大佛像。

◉ 余晖映莫高，精神励后人

1998年，敦煌研究院聘请刚退休的李云鹤先生继续从事文物修复工作。他把更多的精力放在言传身教、培育新人上。几十年的工作实践中，他养成了一丝不苟、严格要求、精益求精和高度负责的工作态度，并且将其渗透融入每一次修复保护工作中。已经80多岁高龄的他仍然坚持亲临一线，一边自己动手修复，一边指导年轻人工作。他对文物修复极端负责的态度和对年轻人无微不至的关怀，使每一个参与修复人员都心生敬畏、充满感激。"一切手工技艺，皆由口传心授。"李云鹤将壁画修复的技艺传授给他的一批批学生，壁画修复工作他已经干了60多年，可他对敦煌研究院院长王旭东说："只要我能干动，我就还要接着干。"

这些人就是现代鲁班——大国工匠的代表，他们，在平凡中坚守，用岁月轮回，铸就民族腾飞的臂膀；他们，在执着中超越，将无限忠诚，转化为彰显中国的力量，技能报国，匠心筑梦，让我们向他们学习、致敬！

第三节 大国重器

可上九天揽月、可下五洋采冰；誓与风竞速，向海逐浪高。中国，正进入"惊喜不断绽放"的时代：复兴号、大飞机、国产航母、蓝鲸1号……一个个大国重器精彩亮相，让国人自豪、世界赞叹。

大国重器，诠释中国实力。大国重器来之不易。科研水平不够，核心技术就突破不了；工业基础不足，就会影响整体性能发挥；行业门类不全，发展就会受到制约；资金保障不到位，很可能会阻碍研制进程。一批大国重器集中涌现，背后是中国工业水平、科技水平、人才素质以及综合国力的总体提升，成为中国经济转型升级、迈向中高端的实力证明。

大国重器，凝聚中国智慧。大船、大飞机、大平台，赢得掌声不仅因为大，更在于其全球领先的核心技术。从可耐超高温、超强压力的复合材料，到精度达纳米级的作业系统，从反应灵敏的感应器，到功能强大的芯片，几乎每个大国重器都拥有一系列"世界第一""全球首创"，成为"自主创新""中国创造"的生动注解。大国重器的研制过程，更发挥着强大的牵引作用，带动整个中国新兴产业的崛起。

大国重器，打造中国名片。中国高铁、中国核电、中国船舶……越来越多的大国重器走出去，把中国技术、中国标准带到全球。今天，高铁的每一次提速都会引起外媒的热议；中国的核电、量子卫星，更是频频登上欧美杂志的封面。从追赶到并跑，再到领跑，响当当的中国名片，向世界展示一个锐意创新、充满活力的中国。

装备强则国强。大国重器承载着国人梦想，为民族复兴夯实发展之基、汇聚前行之力！

一、"复兴号"引领中国速度

2016年7月15日11时20分，郑徐高铁上，不到2秒，又一个新的世界纪录诞生了！

两列中国标准动车组，以超过420千米的时速在郑徐高铁高架桥上交会，创造了高铁列车交会、重联运行速度的世界最高纪录。

在"擦肩"的瞬间，中国标准动车组的两车仅相距1.6米，相对交会时速超过840千米，相当于大飞机的巡航时速；交会时产生的压力波相当于1平方米瞬时受重近200千克，如此高的压强，车内人员却没有任何不适感。中国又为世界高铁"教科书"写下崭新的一章。

"复兴号"动车组

"这是一次非常成功、极具意义的高铁试验。中国高铁探索了时速400千米及以上高速铁路系统关键技术参数变化规律,填补了世界空白,为俄罗斯、美国等国家发展高等级高铁提供了有力的技术支撑。"中国工程院院士何华武说。

2017年6月25日,中国标准动车组正式被命名为"复兴号"。

2017年9月21日,7对"复兴号"动车组在京沪高铁率先实现350千米时速运营,中国重新成为世界铁路运营时速最高的国家。

"复兴号","身材"更好,寿命更长。"复兴号"采用全新低阻力流线型头型和车体平顺化设计,线条更优雅,列车阻力比既有CRH380系列降低7.5%~12.3%,在时速350千米下运行,人均百公里能耗也下降约17%。为适应中国地域广阔、温度横跨正负40℃等运行需求,"复兴号"在多种工况下进行了60万千米运用考核,比欧洲标准还严格,设计寿命达到30年。

"复兴号",舒适度更高,安全性更强。列车高度从3700毫米增高到了4050毫米,旅客感觉更宽敞。车厢内无线网络全覆盖,使旅行生活更精彩。"复兴号"还有强大的智能化安全监测系统,全车2500余项监测点实时采集信息,为全方位故障诊断、维修提供支持。

从拿着国外的图纸打造"舶来品",到基于原有技术平台再创新出"混血儿",再到完全自主设计制造的"纯中国血统","复兴号"跑出了创新中国的时代节奏。

二、"国产航母"镌刻中国力度

这哪里是一艘舰船?简直就是一座漂浮在水上的钢铁城市!走近国产航母,你首先会为这个庞然大物的巨大身姿惊叹。

从远处望去,高高上翘的船头看上去有些"傲娇",舰载机将从这里起飞,直冲云霄!

2013年11月开工,2015年3月开始坞内建造,2017年4月正式下水——我国拥有的第二艘航空母舰为我国自行研制,被人们亲切地称作"国产航母"。它有"颜值",更有"气质"——排水量能达到6万吨,是目前世界上最大的常规动力航母,在全球同等级的中型航母中,技术水平处于前列。

万丈高楼平地起。从1987年提出建设航母规划,到对辽宁舰进行续

山东舰航空母舰

建、改造，于2012年顺利交接入列，再到如今自行研制，"航母"二字凝聚了国人太多的心血。仅就焊接技术来说，"国产航母"就突破了不少技术瓶颈。航母是由一块块钢板焊接而成的，飞行甲板上采用的特殊钢板，强度是民用船舶的几倍，在我国是首次大规模使用。钢材越硬，焊接就越困难。为此，工程人员攻坚克难，一根根地认真焊接成功，最终将舰面的平整度控制在3‰以下。

"国产航母"与一些发达国家相比仍有距离，然而，有了自主设计制造的能力，我国就有了建造性能更优、体量更大航母的坚实基础。

三、"蓝鲸1号"标注中国深度

2017年8月22日清晨，"蓝鲸1号"稳稳地驶入烟台港中集来福士码头，早已等待多时的人们爆发出一阵热烈的掌声。

这是中国又一项世界第一！全球最大、作业水深最深、钻井深度最深的海上钻井平台"蓝鲸1号"首次出海，实现了中国在可燃冰开采领域"零"的突破，经受住12级强台风考验，累计采气60万立方米，创造了产气时长和总量的双世界纪录。

"蓝鲸1号"海上钻井平台

蓝鲸是地球上最大的动物，中集集团十年磨一剑的"蓝鲸1号"也是实打实的海上"巨无霸"。放眼望去，整个钻井平台长117米、宽92.7米、高118米，从船底到钻井架顶有37层楼高、7万吨排水量比"辽宁舰"航母的满载排水量还要大。更让人惊艳的是其作业能力——最大钻井深度15240米，比地球上最深的马里亚纳海沟还要深，电缆拉放长度达120万米，相当于从北京到上海的距离，代表了目前人类在海洋工程领域的最高水平。

"蓝鲸1号"不仅大，而且有大智慧。

"蓝鲸1号"装载了全球领先的定位系统。茫茫大海上，这一定位系统如同"定海神针"，通过精确的计算机计算，感应水流、风速、浪潮，精准调整8个螺旋桨的运行速度和方向。任凭狂风巨浪，平台在海上的漂浮距离都能固定在数米之内，保证钻杆稳定作业。

"蓝鲸1号"先进的防沙技术，让黑黝黝的可燃冰变得"白净"。全球90%以上的可燃冰混合在海底泥沙中，不少国家在试采时因海底泥沙堵塞钻井通道而被迫停止。"蓝鲸1号"采用"地层流体抽取""天然气水合物二次生成预防"等一系列新技术，实现了海底水、沙、气的有效分离。

"蓝鲸1号"本身就是一台超大型智能机器。遍布平台的2万多个探测器、5万多个感应报检点、4万多根精铸管路、独创双钻塔系统、全球首次实验认证的100毫米超厚钢板……中国，一举实现海洋工程的新跨越！

四、"运-20"飞出中国高度

2013年1月26日13时55分，西安市阎良航空城，机场跑道的一侧，穿着深蓝色航空工业工装的人群像一片茂密的森林，他们是来自一飞院、西飞、试飞院以及其他单位的"亲友团"。

"同意大型运输机按批次试验大纲首飞！"随着时任航空工业集团公司副总经理耿汝光的一声令下，巨大的轰鸣声震耳欲聋。14时00分，代号为"鲲鹏"的我国自主研制的首款大型多用途运输机"运-20"，滑

"运-20"运输机

向起飞线,稍停片刻,开大车,起步,加速,抬前轮,主起落架离地,起飞完美。一个灵巧的低空盘旋,大运向地面上的人们致意之后扶摇直上。

刚刚还屏息静气的人群忽然爆发出雷鸣般的欢呼声。"飞行状况良好,一切正常!"大运渐渐消失在人们视线中。14时48分,大运又回到机场上空,这次它来了个低空通场,边通场边摇晃机翼,再次向人们致以空军礼节。15时00分,大运稳稳地降落到跑道上,减速,停稳。

大运首飞,成功!

最大起飞重量220吨,载重超过66吨,最大时速大于或等于800千米,航程大于7800千米,实用升限13000米,"运-20"飞机具备了复杂气象条件下执行各种物资和人员的长距离航空运输任务的能力,并达到了民用飞机的适航安全性要求。

2016年7月6日,"运-20"飞机正式列装我空军航空兵部队。"运-20"飞机总设计师唐长红院士表示,大运顺利交付是中国形成远程投送能力的起点,也是国家大飞机工程的新起点。

世界上只有极少数国家具备研制大型运输机的能力,中国凭自主创新正式进入"全球大飞机俱乐部",也意味着中国空军向"战略空军"迈进。

"每一行代码都是我们自己写的,每一个元件都是中国人做的!"这是大运研制团队最自豪的话语。大国重器铸成,航空报国梦圆,大运是名副其实的"争气机"!

五、中国"天眼"深探苍穹

世界最大的单口径球面射电望远镜(FAST),被形象地称作中国"天眼",是由国家科教领导小组审议确定的国家九大科技基础设施之一,采用中国科学家独创设计和我国贵州南部喀斯特洼地的独特地形条件,建设的一个约30个足球场大小的高灵敏度巨型射电望远镜。

中国"天眼"

FAST可以把中国空间测控能力由地球同步轨道延伸至太阳系外缘，将深空通信数据下行速率提高100倍。其应用价值可以为自主导航这一前瞻性研究制作脉冲星钟；诊断识别微弱的空间信号，为国家安全服务；提供高分辨率和高效率的地面观测；跟踪探测日冕物质抛射事件，服务于太空天气预报。

FAST项目的科学意义非常重大。建望远镜是瞄准21世纪的科学前沿，寻找暗物质、暗能量。现在宇宙中99%的质量和能量知道它的存在，但不知道它的特性是什么。FAST不仅让中国的天文学家为之振奋，全世界的天文学家也在紧盯着它——寄希望于这个最大的"天眼"或许能找到外星人，并解开宇宙起源之谜。

中国"天眼"有多大？沿着FAST的圈梁走了一圈用时43分钟。"天眼"的"眼眶"是一圈钢铁结成的圈梁，登上圈梁往下看，巨大的天坑里，星罗棋布地排列着一个个"网结"。FAST的圈梁被50根6~50米高低不等的钢柱支在半空，周长约1.6公里。FAST口径有500米，组成的球形反射面相当于30个足球场大小。

国家天文台FAST工程技术人员介绍说，探听地球之外的音信，"天眼"的能力和大小息息相关。简单来说，眼睛越大，看得越远。尤其是，这只"天眼"并非"死眼"，FAST的索网结构可以随着天体的移动自动变化，带动索网上活动的4450个反射面板产生变化，足以观测到更大天区的天体，同时，馈源舱也随索网一同运动，采集天体发射的无线电波。如同人类转动自己的眼珠，调整视线的指向，遥远的太空对它来说将不存在方向上的死角。

中国"天眼"的视野有多远？哪怕是远在百亿光年外的射电信号，中国"天眼"也有可能捕捉到，还可能发现高红移的巨脉泽星系，实现银河系外第一个甲醇超脉泽的观测突破；用于搜寻识别可能的星际通信讯号，寻找地外文明等。

建成后的"天眼"，有能力巡视宇宙中的中性氢、探测星际分子、观测脉冲星、搜寻星际通信讯号。FAST作为一个多学科基础研究平台，能用一年时间发现约7000颗脉冲星，研究极端状态下的物质结构与物理规律；有希望发现奇异星和夸克星物质；发现中子星——黑洞双星，无须依赖模型精确测定黑洞质量；通过精确测定脉冲星到达时间来检测引力波；作为最大的台站加入国际甚长基线网，为天体超精细结构成像。

中国"天眼"与号称"地面最大的机器"德国埃菲尔斯伯格100米口径望远镜相比，其灵敏度能提高约10倍，与被评为人类20世纪十大工程之首的美国阿雷西博300米口径射电望远镜相比，"天眼"的灵敏度是其2.25倍。

2017年10月10日，FAST团队携脉冲星发现的成果甫一亮相，就引来了国内外的格外注目，享誉世界的澳大利亚帕克斯射电望远镜的科学主管乔治·霍布斯评价：这是国际天文学界目前最令人激动的事件之一。这个位于中国贵州的全球最灵敏的单口径射电望远镜，已经发现6颗新脉冲星，其中最早一批获得国际系统认证的就有两颗。

中国实现了一个"零的突破"：我国自主设计制造的天文设备第一次发现脉冲星。在此之前的50年里，人类已经观测到2700多颗各种类型的脉冲星。目前已经发现的脉冲星大多在银河系，而FAST可以在距离200万光年的空间有所探索。FAST通过"漂移扫描"，同时对中性氢、脉冲星、银河系结构和分子谱线等多科学目标进行同时扫描的巡天观测，是世界上其他望远镜从未实现过的。

在这个最值得欢愉的时刻，人们没有忘记FAST项目的最初发起者、首席科学家、总工程师南仁东——尽管老先生再也看不到这一切。

六、北斗导航，太空的引路者

北斗星是古人辨别方向和季节的重要途径。从北斗七星的斗口（即天枢和天璇）方向，向上延长5倍就可以找到北极星。北极星长期固定位于北天极的位置，故用作辨认北方的指标。

另外，北斗星在不同的季节和夜晚不同的时间，出现于天空不同的方位，根据初昏时斗柄所指的方向来决定季节：斗柄指东，天下皆春；

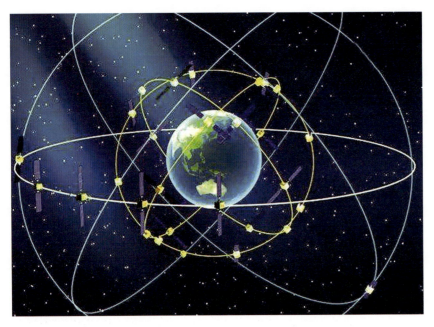

北斗导航系统

斗柄指南，天下皆夏；斗柄指西，天下皆秋；斗柄指北，天下皆冬。

而北斗卫星导航系统就是通过发射人造卫星，形成类似北斗七星，但比北斗七星复杂得多的人造星座。实际上北斗卫星导航系统空间段由5颗静止轨道卫星和30颗非静止轨道卫星所组成，2020年完成了全球覆盖。

卫星导航的原理，就是地面接收机接收多颗卫星（3颗以上）所发射的测距信号，导航仪内的处理器据此及时计算出本导航仪当前所在位置（经纬度），结合导航仪内存的地图数据，实现自身的定位。

目前常见的全球卫星导航系统有美国的GPS、中国的北斗、俄罗斯的GLONASS和欧洲的伽利略四大卫星导航系统。最早出现、最为成熟的是美国GPS系统。

GPS在一定程度上甚至已经成为全球卫星导航系统的代称。

俄罗斯GLONASS系统已经相对比较完善。

中国的北斗系统奋起直追，目前已完成全球覆盖并已全面开启亚太地区的导航服务。

北斗系统有一个独门绝技，用户终端具有双向报文通信功能，用户可以一次传送40~60个汉字的短报文信息。

北斗的首次成功应用是2008年5月12日的汶川地震。当时地面基础设施遭到大面积损坏，常用的QQ、微信、微博、短信等通信手段全部瘫痪。

北斗导航系统的定位和短信能力充分发挥了其作用，成为救援指挥部队和前线救援人员最得力的通信助手，最大限度地保证了"72小时黄金抢救时间"的有效利用，彰显了北斗服务民生的技术优势。

北斗导航系统是真正的大国重器，在个人定位、气象应用、道路交通管理、铁路智能交通、海运水运、应急救援等各方面具有广阔的应用前景。

在军事方面，北斗导航系统更是我国实现军事自主和国家安全的重要保障。无论从军队的战略层面，到技术层面，从指挥一场战役，到一次小型的战斗，卫星定位系统都发挥着无可替代的作用，它甚至可以直接嵌入智能武器中，引导导弹、炸弹、炮弹准确命中目标，让武器性能获得质的飞跃。

第六章 匠心筑梦

袁隆平

"劳动者素质对一个国家、一个民族发展至关重要。技术工人队伍是支撑'中国制造''中国创造'的重要基础,对推动经济高质量发展具有重要作用。要健全技能人才培养、使用、评价、激励制度,大力发展技工教育,大规模开展职业技能培训,加快培养大批高素质劳动者和技术技能人才。要在全社会弘扬精益求精的工匠精神,激励广大青年走技能成才、技能报国之路。"这是习近平总书记于2019年9月23日对我国选手在世界技能大赛取得佳绩作出的重要指示,同时是对教育、对企业、对社会的文化发展提出的一个新要求、新目标。

第一节 在现代职业教育中弘扬新时代工匠精神

2017年3月5日,党的第十二届全国人民代表大会第五次会议在北京开幕,国务院总理李克强作政府工作报告,明确强调2017年要加快发展现代职业教育,大力弘扬工匠精神,推动"中国制造"向中高端迈进。李克强总理指出,要大力改造提升传统产业。深入实施《中国制造2025》,加快大数据、云计算、物联网应用,以新技术新业态新模式,推动传统产业生产、管理和营销模式变革。把发展智能制造作为主攻方向,推进国家智能制造示范区、制造业创新中心建设,深入实施工业强基、重大装备专项工程,大力发展先进制造业,推动"中国制造"向中高端迈进。完善制造强国建设政策体系,以多种方式支持技术改造,促进传统产业焕发新的蓬勃生机。

要全面提升质量水平。广泛开展质量提升行动,加强全面质量管理,健全优胜劣汰质量竞争机制。质量之魂,存于匠心。要大力弘扬工匠精神,厚植工匠文化,恪尽职业操守,崇尚精益求精,培育众多"中国工匠",打造更多享誉世界的"中国品牌",推动中国经济发展进入质量时代。

一、产教融合，校园文化——弘扬新时代工匠精神的新举措

根据《国务院办公厅关于深化产教融合的若干意见》，在现代职业教育中弘扬新时代工匠精神，应做好以下几个方面的工作。

（1）多措并举，在深化产教融合中孕育工匠精神。"立足当地、服务区域经济发展"，在深化产教融合中孕育工匠精神。在职业教育中培育和弘扬工匠精神，是坚定道路自信、走高质量发展道路的必然选择；是坚定理论自信、全面贯彻党的教育方针政策以促进教育事业优先发展的具体体现；是坚定制度自信、深化产教融合以培育大国工匠的时代要求；是坚定文化自信、传承和弘扬中华优秀传统文化的内在需要。在新时代技术技能型人才的培养过程中，应赋予工匠精神鲜明的新时代特色，强调把成就个人事业发展与服务国家社会需求结合起来，赋予新时代技术技能人才新理想；强调把继承前人经验智慧与创新求异思维结合起来，赋予新时代技术技能人才新理念；强调把综合素质全面发展与终身持续学习结合起来，赋予新时代技术技能人才新能力。在现代职业教育中弘扬新时代工匠精神，加快发展具有中国特色世界水平的现代职业教育。

学校和企业共同制定招生、招工方案，让学生在收到录取通知书时就签订就业意向协议；学校和企业共同制定培养方案，让学生在文化素质和职业技能上得到全面发展；学校和企业签订科研合作协议，建立院校教师和企业工程技术人员双向流动、两栖发展机制，促进教师的实践教学能力与时俱进。

职业学院要大力推进校企合作办学，创新人才培养模式，在工学结合、产教融合方面不断创新发展。一是可构建校企合作模式。与企事业单位签署校企合作协议。建立产学合作企业，紧密型合作企业，校外实习基地，企校共建专业，专业产学合作率100%。二是建立企业学院，推行订单培养。开展校企合作办学，成立校企合作班。与企业合作，联合冠名开展订单培养。三是推行"多元投资，引企入校"政策，和企业联

合共建校内生产性实训基地。四是校企合作制定教学标准。努力争取校企合作"双元制"人才培养方案的修订项目。

　　以就业为导向、以市场为依托进行设置专业，学校与企业联合办学，注重动手实践能力，实现企业工匠进校园，教师进企业，教师爱岗敬业、精益求精的精神也会感染着学生，从而进一步促进现代工匠的培育。比如，德国的双元制教育，就是依靠学校和企业密切合作的教育体制，职业教育的学生在学校的学习基本理论知识的时间仅有30%，70%的时间在企业中培养实践的技能。

　　弘扬工匠精神不能限定在中职和高职层次，不能孤立在职业院校和技能培训机构的范围内，而应在与基础教育、特殊教育、普通高等教育等合作融通和搭建"立交桥"的过程中持续发力，形成广泛共识和浓厚氛围，让"工匠精神"广泛生根，遍地发芽，满园开花，处处结果。支持普通高中和职业高中多样化发展，形成学分互认、学籍互转机制；学生可根据自身兴趣，在两类学校间进行自由转学；根据学生自愿选择进行分类考试辅导，达到因材施教的目的。尽快把"职教高考"制度落到实处，突出"30%文化素质+70%职业技能"考核特点，形成两类教育、两类高考"双轨制"格局，完善中职毕业生通过"职教高考"升入应用型本科高校和普通高校应用型专业的招生考试办法；探索高职毕业生直接报考或推荐免试接受"专业硕士"阶段培养，培养理论与实践相结合的创新型人才。可在高校招生计划中增加中职毕业生比例，逐步实现两类考试在录取人数上的大体相当。高等职业院校招录中职毕业生的比例应不少于1/2，转型高校或应用技术性较强的本科院校招录中职毕业生的比例应不少于1/3，"211""985"等一本院校中的应用技术型专业也应有一定比例来面向中职招生。树立技能宝贵、创造伟大的社会风尚，建立健全技术技能型人才职级晋升机制、奖励机制和荣誉机制，体现技术技能型人才的自身价值与社会价值。邀请技能大师、大国工匠进校园、到课堂，既面对面地传授专业知识，又身体力行地参与生产制造，更要现身说法，把工匠精神的要求传递给学生。

（2）工匠精神融入校园文化建设。工匠精神是中华优秀传统文化的重要内涵和精彩呈现，匠心文化是中华优秀传统文化的重要内核。职业学院作为弘扬卓越匠心文化的发源地，职业教育义不容辞地担负起弘扬卓越匠心文化的责任与使命。实施校园文化建设工作，增强中华文化的生命力和影响力，实现卓越匠心校园文化建设，促进学院的内涵式发展，提升学院的核心竞争力。

在物质文化建设中融入工匠精神。职业学院要着眼匠心文化，切实将特色文化发展贯穿于校园文化工作之中。以校园的楼、路、墙、水、园、实训基地、图书馆等为载体，打造环境优美、格调高雅、丰富多彩、健康向上的校园环境。在教学楼走廊、教室、学生公寓、餐厅、大学生活动中心、广场等公共区域场所进行建设。校园文化的景观，体现出学院"匠心"文化的追求。通过"文化长廊"等文化景观，让学生耳濡目染"工匠"的主要事迹和发明创造，激发积极向上、开拓进取的工匠精神，秉承职业教育思想，传承发展其中的工匠精神和匠心文化，学院积极为师生打造创新文化与环境氛围。

枣庄科技职业学院校园文化中渗透鲁班文化

在校园精神文化建设中融入工匠精神。职业学院聚焦新时代卓越匠心文化，突出核心的学院精神，彰显地方文化特点和职业教育特点，强调以文化人，追求鲜明特色。学院要引导学院师生肩负起社会的责任感和国家的使命感，发扬精益求精的工匠精神。启发师生团结协作、和谐向上的工作学习氛围和崇尚技能、注重实践、与时俱进、追求创新的工匠精神。学院要引导广大教师能够加强学习，广博地获取知识，又自觉加强专业研修，精益求精，以适应现代职业教育的要求，追求爱岗敬业、心无旁骛的工匠精神。学院需要构建和谐的课堂氛围，为师生营造宽松和谐的学习环境，从而进一步培养学生勇于创新、精益求精的工匠精神。

在校园制度文化中融入工匠精神。学校制定规范，从细微入手、小事入手，让规矩、规范变成习惯来融入学生的生活学习中。在学生学习过程中，注重过程，尊重规律，教育学生用科学的态度去对待工作、用务实的精神去创造精品。习近平总书记指出，中华优秀传统文化"尚和合、求大同"。鲁班带领工匠为百姓造亭，是一种利人、共享的精神。职业教育需要融入这种相互协作、合作共赢的工匠精神。团队协作能力的培养需要教师的引导。根据专业课程的特点及学生的实际情况，在知识与技能相结合的前提下，合理制定教学内容、选择教学方法、确定合作项目，有意识地培养学生团结协作意识。对各团队的成果进行评价，鼓励团队协作的积极表现，肯定团队协作对项目完成的作用，从而将团队协作意识融入学生的思想中，成为其生活、学习乃至今后工作的一部分，使工匠精神成为学生一生重要的宝贵财富。

二、劳模工匠进校园——以工匠精神创新劳动教育的新模式

彭维锋，系中国劳动关系学院教授、中国工人历史与现状研究会副会长兼秘书长，他曾写过一篇文章：以工匠精神创新劳动教育。他指出，以工匠精神为抓手，切实推进新时代劳动教育，是探索具有中国特色的劳动教育模式的重要举措。随着学校特别是相关行业院校"劳模工匠进

劳模精神进校园

校园"工作的不断推进,以工匠精神创新开拓新时代劳动教育重在做好以下三个方面的工作。

(1)以"劳模工匠进校园"为载体,以课程设置为中心,将工匠精神融入劳动教育必修课程。一方面,进一步扩大"劳模工匠进校园"的广度和宽度,灵活运用劳模工匠讲师亲身讲述的授课方式,用鲜活的劳模工匠故事融入学生的情感世界中。在重点做好进入职业院校的同时,也要积极推动劳模工匠进入中小学、高校和科研院所,实现各级学校"工匠精神进校园"全覆盖。构建学校与劳模工匠长期联系机制和动态调整机制,以实现"工匠精神进校园"的制度化、常态化、规范化。另一方面,进一步提升"工匠精神进校园"的深度和厚度,引导学生心智成长。作为劳动教育必修课程的专业教师,在做好工匠精神研究的基础上,充分把握学生年龄特点、专业特色和接受心理,灵活运用集中讲授、分组讨论、心得分享等授课方法,点燃学生对工匠精神的向往,增强学生劳动能力培养。同时,要处理好课内与课外的关系。在课堂之上,要创新教育教学方式;在课堂之外,要充分运用各种现代传播方式,如微视频、公开课以及灵活多样的互动交流、活动和比赛，构建课内学习与课外延伸学习共同体。

（2）以劳模工匠工作室为依托，以劳模工匠团队为支撑，建设劳动教育实践基地，搭建劳动教育实践平台。形成以全国示范性创新工作室为引领、以省市级创新工作室为中坚，基层创新工作室蓬勃发展的良好局面。这些既具有较大数量又具有较高质量、既具有系统性又具有规范性的劳模工匠工作室，是实施劳动教育的重要实践基地，是强化学生劳动体验、亲历劳动过程、提升育人实效性的重要实践平台，也契合《关于全面加强新时代大中小学劳动教育的意见》的要求。由此，立足新时代劳动教育的实践导向，要以劳模工匠创新工作室为依托，充分利用全国的劳模工匠工作室资源，开辟"第二课堂"，为各级各类学校多样化劳动实践提供实践基地，让学生在劳模工匠工作室的动手实践中树立劳动光荣的观念，培育勤俭、奋斗、创新、奉献的劳动精神，提升劳动能力、实践能力、创新能力和就业创业能力。

（3）以劳模工匠选树为契机，以弘扬工匠精神为手段，传播劳动光荣、技能宝贵、创造伟大的时代风尚，营造劳动教育的良好氛围。校园之内，要把工匠精神融入校园物质文化、精神文化、制度文化和活动文化，特别是精心打造校园氛围，将工匠精神融入校园景观熏陶人，融入校园生活培养人，融入校园文化涵育人，融入校园制度规范人。精心设计主题性校园文化活动，积极建设劳模工匠文化"场景圈"，让工匠精神元素融入学生的学习生活环境中。系统整合各种媒体资源，在充分利用橱窗、海报、标语、报纸等传统媒体的同时，更要精心打造网络、APP、微信、微博等新媒体平台，全媒体传播弘扬工匠精神。在校园之外，应以劳模工匠选树为契机，创新探索弘扬工匠精神的方法，以劳模和工匠人才为学习榜样，唱响劳动最光荣、劳动最崇高、劳动最伟大、劳动最美丽的主旋律，涵养劳模文化、工匠文化，厚植奋斗理念和劳动情怀，推动全社会形成尊重劳模工匠、爱护劳模工匠、学习劳模工匠、争当劳模工匠的良好风尚和社会氛围，从而将工匠精神渗透到学生学习生活的内部和细部中，融入学生衣食住行和日常生活全过程。

不断探索以工匠精神加强劳动教育的实践路径，才能使其成为劳动教育的内在支撑、思政课教学的重要载体、成为立德树人的重要抓手，有利于培养德智体美劳全面发展的社会主义建设者和接班人。

三、世界技能大赛——展现工匠精神的新舞台

世界技能大赛由世界技能组织举办，被誉为"技能奥林匹克"，是世界技能组织成员展示和交流职业技能的重要平台。世界技能竞赛在47个技能门类中设定了国际标准，内容涵盖艺术创作与时装、建筑与工艺技术、信息与通信技术、制造与工程技术、社会与私人服务、运输与物流等。第41届世界技能大赛于2011年10月4日晚在英国伦敦开幕，中国首次派出代表团参加这一赛事，参加数控车床、焊接等6个项目的比赛。在这次比赛中，中国石油天然气第一建设公司员工裴先峰勇夺焊接项目银牌，使中国首次参赛即实现了奖牌"零"的突破。

第42届世界技能大赛于2013年7月2日在德国莱比锡开幕，中国派出26名选手参加其中22个项目的竞赛，最终中国队收获1银（胡已雪—美发）、3铜（谢海波—数控铣，冼星文—制冷，王东东—印刷）及13个项目的优秀奖。第43届世界技能大赛于2015年8月11—16日在巴西圣保罗举行。中国代表团取得5金6银4铜的成绩，实现金牌"零"的突破。第44届世界技能大赛于2017年10月在阿联酋举行。我国选手参加了47个比赛项目，获得了15枚金牌、7枚银牌、8枚铜牌和12个优胜奖，取得了中国参加世界技能大赛以来的最好成绩。并且，中国以15枚金牌列金牌榜首位，并获得"阿尔伯特·维达尔奖"。在俄罗斯喀山举行的第45届世界技能大赛上，我国选手共获得16金14银5铜和17个优胜奖，位列金牌榜、奖牌榜、团体总分第一名。

中国上海获得2022年第46届世界技能大赛举办权。

第六章　匠心筑梦

> **小故事** ▶
>
> ● 世界技能大赛按期筹办，彰显工匠精神追求
>
> "中国欢迎你！上海欢迎你！"2020年9月22日，在第46届世界技能大赛倒计时主题活动上，上海市人力资源和社会保障局局长、第46届世界技能大赛组委会秘书长赵永峰向五洲四海"寄出"了上海世赛的邀请函。
>
> 第46届世界技能大赛将在上海举行。"客观上讲，疫情给大赛能否如期举办带来了一定的不确定性。"人社部副部长、第46届世界技能大赛组委会副主任汤涛说，经慎重研究，仍按"时间不变、目标不变"来推进各项准备工作。"疫情出现后，我们及时调整了工作模式，坚持一手抓疫情防控，一手抓世赛筹办。"人社部国际合作司司长郝斌说，经过梳理，筹办工作被分为可按原计划推进、待疫情受控后再行推进、可视情调整计划三类分别组织实施。目前，各项筹办工作均按计划有序推进。
>
>
>
> 2021年世界技能大赛口号
>
> 上海市副市长、第46届世界技能大赛组委会副主任彭沉雷说，上海正在扎实推进世赛筹办工作，在国家会展中心（上海）规划了11个展馆30多万平方米的赛场总体布局，赛场面积将超过历届世赛。
>
> 上海市政府副秘书长、第46届世界技能大赛事务执行局局长赵祝平说，上海世赛预设比赛项目为63个，工业设计技术、工业4.0、机器人系统集成、可再生能源等9个项目为本届新增项目，有望成为比赛项目最多的一届世赛。

中国技能人才"新故事"：从一个到一群。

"技能改变人生，技能成就梦想，希望能用自己的努力诠释新时代工匠精神，也希望更多的有志青年能够凭借精湛的技能让人生出彩。"2020年9月22日成为第46届世界技能大赛梦想大使的宋彪说。

2017年，在阿布扎比举行的第44届世界技能大赛上，19岁的宋彪不仅获得工业机械装调项目金牌，还从68个国家和地区的1200多名选手中

江苏省常州技师学院智能装备学院教师宋彪

脱颖而出,一举摘得号称"世界技能巅峰"的"阿尔伯特·维达尔奖",成为首位获得该荣誉的中国选手。

一名中考成绩不理想的安徽农村少年,苦学技能后,加工零件组装后的误差比成年人的头发丝还细,宋彪在江苏省常州技师学院完成了从学生到老师的"华丽转身"。

"我是'圆梦者',我想帮助更多的青年,以技能实现自己的梦想。"宋彪说。

结合大赛的筹办,人社部正在从多方面推动我国技能人才工作再上新台阶,包括加强培养培训,全力推进职业技能培训和技工教育,启动实施"互联网+职业技能提升培训计划",完善新职业信息发布制度和职业分类动态调整机制,深化技能人才评价改革等。2020年1—8月,全国累计补贴培训达1700余万人次。

汤涛说,人社部将坚持以赛促训、以赛促建,不断完善以世界技能大赛为引领、以中华人民共和国职业技能大赛为龙头,以全国行业职业技能竞赛和地方各级各类竞赛为主体,以企业技能练兵比武为基础的职业技能竞赛体系。

第六章　匠心筑梦

抓住世赛机遇，上海加速构建技能人才高地。顶尖技能人才走出学校，走进工厂，在一线做创新；举办各类技能比武，让优秀人才脱颖而出；开展青少年职业启蒙、职业认知、职业体验和劳动技术教育，在他们心中埋下"技能梦想"的种子……在上海，围绕世界技能大赛的申办和举办，"技能成就梦想"正在成为越来越多人的共识。

获得第44届世界技能大赛金牌的杨山巍，现在在上海汽车集团（以下简称上汽集团）乘用车公司临港基地工作。年轻的他在这里拥有一个以自己名字命名的杨山巍技师工作室，进行人员培训、技术攻关等。

杨山巍的"师兄弟"、获得世界技能大赛奖牌的罗良和徐澳门，现在也是上汽集团的员工。数据显示，上汽集团多年来累计投入超过6.5亿元，用于高技能人才培养基地建设，形成一支2.6万人的高技能人才队伍。

获得第44届世界技能大赛金牌的杨山巍

赵永峰说，以申办和举办世界技能大赛为契机，上海将学习推广世赛标准，把世赛标准转化为技能人才培养标准，使职业教育培训更贴近企业需求和产业技术发展要求，为上海经济社会高质量发展提供坚实的技能人才支撑。

四、鲁班工坊，承载传递——助力工匠精神走出国门

大约2500年前，我国春秋时期的工匠鲁班因发明各种工具而闻名于世。2500年后，中国职业教育品牌鲁班工坊承载着新时代的中国工匠精神，为世界发展贡献东方智慧。

鲁班工坊是天津率先主导推动实施的职业教育国际知名品牌。以鲁班的"大国工匠"形象为依托，在泰国、印度、印尼等国家相继设立"鲁班工坊"，将天津作为国家现代职业教育改革创新示范区的优秀职业技术和职业文化，采用学历教育与职业培训的方式走出国门，与世界分享，搭建起天津职业教育与世界沟通的桥梁。以天津作为"国家现代职业教育改革创新示范区"探索的优质教育资源为支撑，让中国职业教育优秀成果带动中国技术和产品"走出去"，为中国与其他国家合作提供支撑。中国工匠精神与智慧正通过鲁班工坊向当代世界传递。

鲁班工坊走出国门

231 | 第六章 匠心筑梦

合作共建尼日利亚鲁班工坊签订仪式

  自2016年首个鲁班工坊在泰国成立以来，中国陆续在"一带一路"沿线国家展开合作，搭建中外职教合作的新舞台。2016年12月，英国奇切斯特学院和天津市第二商业学校进行合作，在英国设立烹饪相关专业的鲁班工坊。2017年12月8日，天津轻工职业技术学院和天津机电职业技术学院与印度金奈理工学院共同建立印度鲁班工坊，提供了数控机床、光伏发电、3D打印、工业机器人、IEEE国际标准电脑鼠走迷宫、POWERON创新课程套件等智能型教学设备。2017年12月12日，天津市东丽区职教中心和印度尼西亚东爪哇省波诺罗戈市第二职业技术学校联合共建的中国—印尼鲁班工坊正式启动建设。2018年7月18日，天津现代职业技术学院和巴基斯坦旁遮普省技术教育与职业培训局（TEVTA）合作建立的鲁班工坊正式落成并启动运营，服务中巴经济走廊项目建设。2018年10月28日，由天津中德应用技术大学与柬埔寨国立理工学院合作建设的澜湄职业教育培训中心暨柬埔寨鲁班工坊在柬埔寨金边落成。2018年12月6日，天津与塞图巴尔共建葡萄牙鲁班工坊，惊艳葡萄牙。中国计划在非洲设立10个鲁班工坊，为非洲青年提供职业技能培训。非洲首家鲁班工坊已于2019年3月在吉布提成立。2019年12月16日上午，南非鲁班工坊揭牌仪式在南非德班理工大学隆重举行。

  工程实践创新项目教学模式（EPIP）是鲁班工坊的核心内容，是天津借鉴发达国家经验的基础上创建的教学模式。EPIP四个字母分别取自工程（Engineering）、实践（Practice）、创新（Innovation）、项目（Project）的英文首字母。将理论教学与实践教学融为一体，在真实的工作情境中，形成与发展学生的综合职业能力与创新能力。以实际工程项目为导引，以实践应用为导向，培养学生科学探究能力和问题解决能力的工程实践创新项目教学模式（EPIP），得到了吉布提教育部部长穆斯塔法的充分认可。

2018年经天津市教委批准，由EPIP国际教育联盟主办，天津市东丽区职教中心学校携手启诚科技联合承办，首届"启诚杯"EPIP鲁班工坊国际邀请赛在天津鸣金开赛。来自印尼、巴基斯坦、泰国、蒙古等国家的鲁班工坊师生和天津中职院校东丽职教中心学校、南洋工业学校、北辰职专、经济贸易学校参加了本次国际邀请赛。对于拓展鲁班工坊服务功能，探索"中、高、本、硕"贯通的EPIP国际职教人才培养模式具有深远意义。

2019年5月8日，由天津市教委主办的"启诚杯"第四届中国EPIP Micromouse国际邀请赛暨2020年第34届APEC电脑鼠国际大赛中国区选拔赛在天津开赛。来自北京、河南、河北等省市区，以及来自泰国、印度、印尼、巴基斯坦、柬埔寨、葡萄牙等国家"鲁班工坊"共计52支参赛队参加比赛。通过举办竞赛让中国选手开阔国际视野、掌握实践与创新经验，助力"双创"发展。

（1）"鲁班工坊建设·体验馆"揭幕，将在境外建设10个鲁班工坊。

鲁班工坊体验馆

2020年5月6日，由教育部职成司指导，天津市启动的"鲁班工坊建设·体验馆"在天津轻工职业技术学院正式落成开馆。场馆整体面积为560平方米，其中主厅420平方米，序厅140平方米。主厅包括序言、建设缘起和内涵、建设历程、已建成的4个鲁班工坊展区、建设中的4个鲁班工坊展区、空中课堂、鲁班工坊研究与推广中心、政策保障和展望8个部分。

鲁班工坊内的学生作品

"鲁班工坊建设·体验馆"设计融合中国和其他国家的文化特色，将古老"班墨文化"与现代信息技术相结合，以多元形式呈现鲁班工坊建设的历程和成效，让参观者真实感受新时代的匠气、匠心、匠技，将鲁班工坊打造成中外人文交流的新品牌。以鲁班工坊为载体，使职业教育走出书本理论，走进实践动手环节，培养出高技能人才。同时也让工匠精神深入人心，感受到职业教育的重要性，并展现出职业教育的风采和魅力。

（2）搭建鲁班工坊职业教育"立交桥"，扩大职业教育国际交流合作。

2020年7月22日，国务院新闻办举行"坚持以人民为中心推动天津高质量发展"发布会。中共天津市委常委、天津市人民政府常务副市长马顺清在回答记者提问时表示，天津是我国近代工业发源地之一，职业教育传统非常深厚，全市职业院校达100所，其中高职院校26所，职业教育体系非常完备。

天津有全国唯一一个现代职业教育改革创新示范区，同时还是全国大专院校中职业技能大赛永久的举办地，天津中德应用技术大学已经成为我国第一所本科层次的职业教育院校。天津是全国的中西部职教师资培训中心、国家职业教育发展质量研究中心。

结合天津职业教育的发展，天津首创了鲁班工坊，目的就是为了传播工匠精神，培育高技能人才。与世界各国，特别是"一带一路"沿线国家共享职业教育成果的高级技能人才的培养模式，已经是"一带一路"

建设中亮丽的名片。自2016年以来，天津已经在泰国、英国、印度、印尼、巴基斯坦、柬埔寨、葡萄牙、吉布提建设了8个鲁班工坊。2018年9月3日，习近平总书记在中非合作论坛北京峰会开幕式上明确提出，我国要在非洲建设10个鲁班工坊，向非洲的青年提供职业技能培训。2020年3月下旬，我国在非洲建设的第一家鲁班工坊，在吉布提揭牌启用。把原来已经建在别的国家的鲁班工坊的成果巩固提升，内涵再扩大；要高水平、高质量地完成在非洲建设的10个鲁班工坊，充分体现展示强化中国职业教育的话语体系、标准体系，扩大中外职业教育、文化教育、技能教育交流合作平台。

一是加快建设进度，两年完成在非洲的10个鲁班工坊建设。二是完善标准体系。要在规范和标准、模式和机制、质量和评价、应用和推广方面规范鲁班工坊的建设体系，同时加强知识产权保护，持续优化运行机制。三是拓展服务功能。总结在泰国和英国的鲁班工坊的建设发展运营模式，进一步深化教育教学改革，强化教学实践环节，强化成果的转化。同时，要充分利用市场的机制来推动健全完善鲁班工坊的建设，加强政府、企业、行业、学校、协会、科研机构的深度合作；搭建鲁班工坊职业教育的"立交桥"，就是"中高本硕"贯通的教育模式，把这个名片进一步擦亮，扩大职业教育国际交流合作交往。

第二节　在企业发展中践行新时代工匠精神

有媒体曾统计，全球超过200年历史的企业在日本有3146家，为全球最多，德国有837家，荷兰有222家，法国有196家。这些长寿企业为什么能够做到基业长青呢？其中一个很重要的原因是：这些百年企业都在践行着工匠精神。企业经济要创新发展，企业产业链要转型升级，就要适应广大消费者日益挑剔的物质和精神需求；企业在人们追求更高品

第六章 匠心筑梦

老字号是工匠精神的代表

质生活的时代潮流中，就必须要补上工匠精神之钙，大力提倡专注、完美、标准、精确的工匠精神。

工匠精神并非舶来品，中国其实才是工匠精神的真正鼻祖。早在西周时期，中国就已设立了百工制度。古代"中国制造"闻名世界，中国可谓全球顶级奢侈品生产国，各种玉器雕琢、皇家造器、紫砂珍品、陶罐瓷器等精品数不胜数，充满文化艺术的高贵气息。

一代代工匠对每一凿、每一刀、每一种材料、每一种器型都专心雕刻，精心琢磨；用细心打造的认真态度，解决了一个个技术上的难题，成就了一件件非凡艺术品的传奇。工匠们不断改善自己的工艺，不断雕琢自己的产品，享受着产品在升华的过程。工匠们对细节有很高要求，追求极致和完美，对精品有执着的追求和坚持，其利虽微，却长久造福于世，这就是古老的工匠精神，润物细无声，却能打造出惊世骇俗的作品。

在工匠精神久已存在的中国，为什么在21世纪的今天，有很多企业却往往缺乏工匠精神呢？当今社会心浮气躁，很多企业只追求"短、平、快"（周期短、投资少、见效快）项目带来的眼前利益，从而忽略了产品的品质灵魂。因此，现代企业更需要工匠精神，才能够在长期的竞争中获得成功。

当其他企业热衷于"圈钱、做死某款产品、再出新品、再圈钱"的不良循环时，坚持工匠精神的企业，依靠信念、信仰，看着自己企业产品不断改进、不断完善，最终通过时间的检验和历练后成为企业的骄傲。

> **小故事** ▶
>
> ● 启迪多元思维
>
> "专注造就卓越。"企业大力弘扬工匠精神,有着很强的历史和现实意义,将对企业及社会带来深远的影响。
>
> 中国有很多企业的产品质量为什么做不好?其中的原因虽然很多,但是最终都可以归结一个方面,就是做事缺乏认真严谨的工匠精神。比如,中国制造的部分产品质量不如德国、日本,其重要原因之一就是人家做事情比我们更认真严谨,更具有工匠精神。
>
> 中国已经是制造大国,但还不是制造强国,要实现向制造强国的转型,企业就必须提倡工匠精神,鼓励员工发扬工匠精神,让更多的员工达到工匠的要求,才能够制造世界一流的高精尖产品。从另一个角度来看,工匠精神也是一种创新精神。创新并不是追热点、抓噱头,创新的本质是创造与众不同的、有长久价值的产品或服务。这样看来,工匠精神就是一种高级的、纯粹的"创新"。概括起来,工匠精神的内涵就是追求卓越的创造精神、精益求精的品质精神、用户至上的服务精神。
>
> 随着时代的进步,企业重视工匠精神成为时代的必然要求、大势所趋。当我们用人文素养的工匠精神去做企业的时候,会无愧于心,经得起历史和实践的检验,实现企业价值和社会价值的统一,让企业保持积极向上的状态,保持基业长青。

一、工匠精神,发展之道

新时代工匠精神集中体现在社会主义市场经济发展过程中,普通劳动者所秉承的优秀传统美德,以及在现代化建设过程中付出的艰苦卓绝的奋斗精神。今天的企业发展,更要以工匠精神作为发展之道。

工匠精神是实现企业效益的基础。以专业的态度,以专注的精神,致力于技术创新和管理创新,才能实现企业效益,促进企业发展。工匠精神是实现企业发展的动力。工匠精神转化成为企业发展的精神动力和精神能量,凝聚人心、聚焦发展。工匠精神是打造长青基业的基石。企业发展不仅需要外部环境、经济资源,还需要精神内核、精神动力,工匠精神尊重了劳动者的首创精神，以此成就企业源源不断的生机。

纵观中国"百年老店"，皆是尊重工匠精神的典范。如同仁堂秉承专注国药的初心，进入工业化制药的时代、依然坚守传统工艺，"修和无人见，存心有天知"，把工匠精神融入产品中，赢得消费者的信赖。再如，当代中国格力以"好空调，格力造"的工匠精神，专注于空调技术，成为中国制冷行业的翘楚。这些企业的成功都证明了工匠精神是企业发展的动力。

相反，如果一个企业以谋求眼前利益，哗众取宠于市场，丧失了工匠精神的依托，则意味着既无法成就长远发展，也无法适应竞争日益激烈的市场环境。此外，如无工匠精神的依托，更无法凝聚人心、成就价值，管理只能流于形式。

如互联网经济的热潮带来的"共享热"，一时间共享单车、共享汽车，甚至共享雨伞、共享充电宝纷纷问世。但能成就品牌、实现誉名的并不多见，究其原因在于，只求短期效益，并无工匠精神，不能专注于管理、不能专注于成长。再如，曾经中国三线城市奶粉的巨头——三鹿，丧失对产品的敬畏、丧失工匠精神，导致最终产品沦陷、成为耻辱。

综上所述，工匠精神是成就企业发展长青基业的基石。对于企业来讲，唯有坚守工匠精神、坚守初心，才能实现效益和长远发展。

小故事▶

● 六必居：传承工匠精神，成就中华老字号

六必居作为传统企业，优势体现在难以企及的文化底蕴、中央振兴老字号的战略、对工匠精神的传承及对消费者的负责态度。六必居是属于北京首农食品集团全资的一家国有企业，成立于明朝嘉靖九年（公元1530年），至今490年，是京城历史最悠久最负盛名的老字号之一。旗下有五个老字号，六必居、天源、桂馨斋主要做酱菜，还有金狮酱油和龙门米醋。其中六必居酱菜制作技艺被列入非遗名录。产品线分为五类，分别是酱菜、酱油、醋、料酒和酱料。

六必居原是山西临汾西杜村人赵存仁、赵存义、赵存礼兄弟开办的小店铺，专卖柴米油盐。俗话说："开门七件事——柴、米、油、盐、酱、醋、茶。"这七件是人们日常生活必不可少的。赵氏兄弟的小店铺，因为不卖茶，就起名六必居。六必居店堂里悬挂的"六必居"金字大匾虽数遭劫难，仍保存完好，现已成为稀世珍品。

六必居起初经营"柴、米、油、盐、酱、醋"，酱菜只是其中一部分，自从严嵩题匾之后，买酱菜的人越来越多，酱菜也从此出名。后来慢慢地就专门腌制酱菜。六必居老酱园坐落在前门外粮食店街路西，其门面房子是中国古式的木结构建筑，为1994年进行重新翻建，仍保持古香古色的建筑风格。六必居的酱菜由于选料精细、制作严格，有"黍稻必齐、曲蘖必实、湛炽必洁、陶瓷必良、火候必得、水泉必香"之说，清代被选作宫廷御品。"六必"在生产操作工艺上可以解释为：用料必须上等，下料必须如实，制作过程必须清洁，火候必须掌握适当，设备必须优良，泉水必须纯香。

六必居——中华老字号

这些酱菜酱味浓郁、色泽鲜亮、脆嫩馨香、咸甜适口，六必居的酱菜，酱制严格遵守规程，次料不用，操作不马虎。六必居的酱菜之所以出名，与它选料精细、制作严格分不开。精选北京大兴产的鲜嫩黄瓜，要6根共500克，须"顶花带刺"，还得"条顺"，再用500克自制的面酱，先腌制后酱制，冬季要10天左右的时间才制成一罐六必居甜酱黄瓜……北京人口口相传的美味就这么延续了480年。

老字号的传统在这里，文化内涵在这里，长盛不衰的奥秘也在这里。选料精细、制作严格、一分一秒的功夫都不能省。市场上一些酱腌菜产品用食品添加剂腌制，两三天就做好上市，能卖到八九角一瓶。可六必居不行，光做甜酱黄瓜的面粉成本就得一元多。六必居的要求代表了我国古代几千年积累的酿造工艺水平的最高要求。

六必居盛极一时，然而也饱经风霜。据史料载，庚子年间，八国联军进攻北京，义和团火烧卖洋货的商店，六必居所在的前门外粮食店街遍地火海，在大火殃及小店时，伙计张夺标冒着生命危险从浓烟中把大匾抢救出来，藏于崇文门外一带的临汾会馆。以后，东家返回被焚的店中，得知大匾幸存时，喜极而泣。有匾就有生意，六必居继续经营。相传抗战时期，蒋介石请客设宴，也曾点名让店里的伙计送六必居的酱菜，可见这里的酱菜名声之大了。后来名匾被当成"四旧"再度惨遭破坏，被送进了北京展览馆，店名也被改为"红旗酱菜厂"。

今天的北京六必居食品有限公司是经营酱腌菜及调味品的专业公司。以酱腌菜产品为主，产值过亿。六必居酱菜，这一百姓餐桌必备的开胃小菜，以其加工技艺精湛、口感酱香浓郁，自清代被选作宫廷御品，如今仍是国宴的"不可或缺"。除在国内销售外，还出口美国、欧洲等一些国家和地区，目前在北京近郊扩建厂房，建成国内一流的现代化的生产线，为企业的长远发展奠定了坚实的基础。

六必居是个老品牌，在发展过程中坚持传承精益求精的工匠精神，同时不断适应消费者需求开发新产品。六必居具有深厚的文化底蕴，六必居的"六个必"讲求的就是工匠精神。

工匠精神是一种坚韧不拔、一丝不苟、精益求精、追求卓越的精神。六必居人身上展现着工匠精神，虽然他们文化不同，年龄有别，但都拥有一个共同的闪光点——热爱本职、敬业奉献。他们之所以能够匠心筑梦，凭的是传承和钻研，靠的是专注与磨砺。六必居老字号企业蓬勃向上的发展态势和与时俱进的经营理念，在充分展现六必居独特的传统酱菜制作工艺的基础上，唤起了人们对古老饮食文化的热爱与回忆，品味中国传统饮食文化，感受中华大工匠精益求精、登峰造极的文化精髓。六必居的酱菜几百年风味不减，也让更多的人明白了六必居为何能几经沉浮却屹立至今——看得见的是酱菜，看不见的是功夫和匠心。

二、创建示范创新工作室，弘扬劳模精神

充分发挥劳模和工匠人才在创新实践中的示范引领和骨干带头作用，加快知识型、技术型、创新型技术工人队伍建设，推进新时期产业工人队伍建设改革，夯实创新驱动发展的群众基础，推动大众创业、万众创新，促进企业技术进步、产业转型升级和国家创新驱动发展战略，在全国创建示范性劳模和工匠人才创新工作室。

劳模创新工作室

  示范性创新工作室的主要任务是：弘扬劳模精神、劳动精神、工匠精神；发挥劳模和工匠人才在技术、业务等方面的专长；围绕本地区、本行业、本单位生产经营活动中的重点难点问题和工艺技术难题；积极开展技术创新、服务创新、管理创新、制度创新；增强企业核心竞争力；积极发挥劳模和工匠人才"传帮带"作用；开展技术培训、业务交流、师徒帮教等活动；推进新时期产业工人队伍建设，为实施创新驱动发展战略、制造强国战略提供人才保证和技能支撑。

  不少企业开设劳模创新工作室。劳模创新工作室是新时期职工群众的伟大创造，是工人阶级无穷智慧、创造活力的具体体现。劳模创新工作室拓展了弘扬劳模精神的新途径，为广大劳模更好地保持和发展先进性、展示劳模的时代风采，提供了平台，增强了劳模的感召力，让职工群众学有榜样、赶有目标。

  劳模创新工作室的作用体现在以下几个方面：引领广大职工参与企业创新，推动创新驱动发展战略的实施；发挥劳模的示范引领作用，弘扬劳模精神和劳动精神；打造职工成长的绿色通道，提升职工队伍素质。

国网江西省电力公司上饶供电分公司"余接永劳模创新工作室"

241 第六章 匠心筑梦

江苏扬州玉器厂"时庆梅劳模创新工作室"

重庆交通开投集团"黄德勇劳模创新工作室"

湖北宜都首个全国农民劳模工作室——"杨承清劳模创新工作室"

辽宁沈阳基层工会干部代表参观"马超劳模创新工作室"

2017年,全国总工会下发《关于进一步深化劳模和工匠人才创新工作室创建工作的意见》(以下简称《意见》),明确"到2020年,各级创新工作室创建总数将超过10万家,全国示范性创新工作室总数达到300家。"

全国总工会文件 　　　　　劳模创新工作室牌匾

从"顶层设计"层面完善发挥劳模和工匠人才示范引领作用的制度机制,带动提高职工队伍的整体素质,是全总贯彻落实《新时期产业工人队伍建设改革方案》的重要举措之一。

劳模和工匠人才创新工作室是深入开展群众性技术创新活动的有效载体。为此,《意见》提出:要使创新工作室真正成为发挥劳模和工匠人才作用,传承劳模精神、劳动精神、工匠精神的"新平台";解决生产技术难题的"攻关站";推动企业技术创新的"孵化器";培养高技能人才的"练兵场"。

《意见》强调，各级工会要多措并举，积极探索，不断深化创建工作。

加强对创建工作的指导。引导国有企业创新工作室加强制度建设、制定工作标准、规范运转程序，促进持续健康发展；提高非公企业对创建创新工作室重要性的认识，指导其深入挖掘本企业劳模和工匠人才的创新创造潜能，加快创新工作室的建立和推广；鼓励机关事业单位创建符合单位实际的创新工作室，从而进一步拓宽创建领域。

鼓励企业积极开展创建工作。鼓励企业将创建工作纳入企业创新工作总体规划，从场地保障、人员配备、资金投入、设备设施、活动时间等方面给予大力支持。引导企业探索建立跨区域、跨行业、跨企业的创新工作室联盟。

增强创新工作室的创新能力。技术攻关型创新工作室要紧贴企业生产实际，开展群众性技术攻关、技术革新和发明创造活动，破解技术难题，推动企业技术进步。技能传授型创新工作室要为劳模和工匠人才传授绝技绝活提供条件，达到"传帮带"效果的最大化，培养和造就一大批高技能人才。窗口服务型创新工作室要在适应客户需求、改进服务流程、拓展服务手段上大胆创新，不断提高服务质量和水平。

搭建创新成果转化平台。建立健全创新工作室创新成果网上展示系统，组建专家咨询委员会和专业技术委员会，举办技术推广、经验交流等活动，促进创新项目孵化和成果转化。

加大对创新工作室领衔人的培养力度。积极搭建各种有效平台，定期或不定期地开展有针对性的培训活动，拓展不同企业、行业创新工作室的交流合作，鼓励职业相关、技术相近、技能相通的工作室领衔人互学互鉴。

值得关注的是，在2017年7月初，全总书记处审议通过了《全国示范性劳模和工匠人才创新工作室命名管理工作暂行办法》（以下简称《暂行办法》），对进一步规范劳模和工匠人才创新工作室的运作作出安排。

示范性创新工作室必须要工作有计划、活动有开展、创新有成果。

同时还应具备以下条件。

（1）原则上以一名在技术、业务方面有专长，且具有较高技能水平、管理经验和创新能力的省部级（含）以上劳模、全国五一劳动奖章获得者或有精湛技艺的工匠人才为领衔人，组成的创新团队。

（2）已有效运行3年以上，以相对固定的团队协作模式开展创新工作。

（3）具有相对固定的活动场所、基本的设备设施、明确的技术攻关课题和创新目标、必要的工作经费、完善的管理制度，能定期开展技术攻关或创新活动，运作规范有序。

（4）具有较强的创新和攻关能力，能积极开展创新创造活动，承担本地区、本行业、本单位的创新课题或技术攻关项目，取得创新成果，产生显著经济效益和社会效益。

（5）能充分发挥示范引领、集智创新、协同攻关、传承技能、培育精神等功能，带动本地区、本行业、本单位的群众性技术创新活动和职工技能素质提升。

（6）应在省（区、市）总工会命名的劳模和工匠人才创新工作室、职工创新工作室等职工创新先进团体中产生。

全国示范性劳模和工匠人才创新工作室的主要任务包括：发挥劳模和工匠人才在技术、业务等方面的专长，围绕本地区、本行业、本单位生产经营活动中的重点难点问题和工艺技术难题，积极开展技术创新、服务创新、管理创新、制度创新，增强企业核心竞争力；积极发挥劳模和工匠人才"传帮带"作用，开展技术培训、业务交流、师徒帮教等活动，推进新时期产业工人队伍建设，为实施创新驱动发展战略、制造强国战略提供人才保证和技能支撑等。

我国每3年将命名100个示范性创

新工作室,并引导有条件的示范性创新工作室加强横向联合,创建跨区域、跨行业、跨企业的创新工作室联盟。同时还会定期对示范性创新工作室进行考核,不达标的予以摘牌,确保创新工作室创建工作的质量和实效。

(一)创新工作室:为企业创新增添动力

党的十九大报告提出,要建设知识型、技能型、创新型劳动者大军,弘扬劳模精神和工匠精神,营造劳动光荣的社会风尚和精益求精的敬业风气。

2017年,为弘扬劳模精神和工匠精神,营造劳动光荣的社会风尚和精益求精的敬业风气,激励广大劳模和工匠人才发挥示范带头作用,中华全国总工会命名了100个全国示范性劳模和工匠人才创新工作室。

(二)齐名创新工作室:创新是工作室的灵魂

齐名(中)和同事在工作

1. 268项成果创造直接经济效益3000多万元

在位于石家庄开发区的华药金坦公司,有一间小屋门口挂满了牌子,其中之一就是"齐名创新工作室",而最新挂上去的一块牌子是中华全国总工会命名的全国示范性劳模和工匠人才创新工作室。

据了解,"齐名创新工作室"成立于2010年,以华药金坦公司首席技师齐名的名字命名,主要负责华药金坦公司生产、动力、质检、供储、安全、环保设备控制系统等重大攻关课题的研究、设计、开发、应用工作。

据工作室负责人齐名介绍,工作室十几名成员均是专业水平突出,拥有精湛的技艺和出色的创新能力,并且拥有浓厚兴趣的员工。在日常工作中,成员以工作室为平台,以相互合作的方式,以项目课题研究与应用为载体,围绕降低成本、节能减排、技术改造、技术革新、安全生产等主题,组织开展技术攻关、技能培训、管理创新、科学研究、学习交流等活动。

《进口恒温摇床控制系统改进》《紧急处理基因消毒锅不开门故障》《层流控制器死机问题处理》……翻开工作室创新成果目录,一项项成果赫然在列。据统计,近年来,工作室完成268项成果,累计创造直接经济效益3000多万元,循环综合创效近亿元。

齐名指着一项名为《生物分装隧道烘箱控制系统改造》的创新成果说:"这是一项进口设备的控制系统改造成果。"这套从德国进口设备的控制系统瘫痪,如果请德国生产厂家人员来维修,不仅维修费用高,而且周期长。在这种情况下,齐名带领工作室成员展开了攻关,两个月后,团队重新编写了一套程序,使设备恢复运转。

2. 知识永无止境,有压力才会去钻研

齐名不仅在企业内部进行技术创新,还把自己的所学带到课堂上。2013年,他被河北省劳动关系职业学院聘为客座教授。在这里,他创建了省会首家高职院校劳模创新工作室,选拔了一些对电工电子、电子仪器方面有兴趣并有专长的学生,亲自授课,毫无保留地向机电专业的师生传授实用技术。在2016年全省电子信息技能大赛上,获得一等奖的河北省劳动关系职业学院的5人参赛小组,有4名同学早已参加了齐名的创新兴趣小组。

"技术岗位的知识永无止境,今天在技术上是老大,明天就不一定。

只有你把掌握的技术传授给别人,才有了压力去钻研更新的技术。没有压力,创新就没有动力,技术型班组长一定要有这样的胸怀和魄力。"齐名曾这样对工作室成员说。就是这样,带着"创新就在我身边"的精神理念,齐名创新工作室在创新的路上取得了一个又一个成绩。

3. 工作室遍地开花带来真金白银

据了解,在"齐名创新工作室"的引领和带动下,华药金坦公司目前已拥有1个全国级、1个省级、4个市级、39个公司级及一批子分公司"职工创新工作室",五级创新网络平台得以建立。职工创新工作室为大力倡导劳模精神、积极发扬工匠精神,支持职工创新活动提供了强大支持,并为企业创造了真金白银的效益。据统计,职工创新工作室于2016年共完成创新项目264项,较2015年翻了一番,累计创造直接经济效益4000万元;获得专利11项,实现专利转让1项,创新先进操作法92项、绝招绝技37项。

(三)杨普创新工作室:创新为企业发展带来巨大经济效益

杨普在织造车间作业

在石家庄常山股份恒盛分公司,"杨普创新工作室"同样是一支名副其实的知识型、技能型、创新型技术队伍。同样,该工作室以织造车间技术员杨普名字命名。目前，工作室成员共30人，平均年龄28岁，均为全国劳模、省劳模、市劳模、企业操作技术骨干等，工种涉及粗纱、细纱、布机、整理、动力等操作和保全。

"杨普创新工作室"主要职能包括带徒弟、开展技能大赛、组织技术攻关等方面，均取得了显著成绩。

在带徒弟方面，师徒履责承诺签约，在规定时间内提高学员操作技能，导师坚持做到"五勤"带徒法，即嘴勤、手勤、教学勤、分析勤、总结勤，对操作技术中的要点、难度反复讲，不厌其烦地讲，手把手地教，通过建立"学员培训跟踪卡"，培训模式由原来"放羊式"精细完善成"孵小鸡式"。近3年来，工作室累计培训近600课时，培训万余人次，培养出102名操作技术精湛的新工，为搞好生产奠定了坚实的人才基础。

在劳动竞赛练技能提素质方面，工作室广泛开展操作技术练兵、操作技能比武，提升生产操作人员、工艺技术人员、设备维修骨干的技术水平。几年来，在"杨普创新工作室""传帮带"下，青工们已经熟练驾驭牛奶纤维、汉麻纤维、天丝、莫代尔、羊绒、甲壳素等高难度新型纤维面料产品的织造，并全部保质保量地交付订单。

在项目攻关解难题方面，工作室围绕企业实际生产情况，每年至少确定一项攻关课题。2020年，工作室把"提高粗厚织物双喷品种效率"作为攻关课题，以工作室为平台，整合各工序技术骨干优势资源，织造效率由80%提高到90%，疵布率降低20%以上，出口合格率提高1%以上，年产值提高1000万元以上。

（四）创新工作室激发职工创新热情

2017年12月24日，山东能源淄矿唐口煤业公司开拓一区维修班班长陈德林特别高兴，以他名字命名的"陈德林创新工作室"正式被投入使用。

"工作室里技术资料、专用工具、配套设施等一应俱全，为开展创新活动、研究创新项目提供了非常好的条件，我们的积极性也更高了。"身处设施齐全、宽敞明亮的工作室里，陈德林的喜悦之情溢于言表。

唐口煤业公司工会把劳模（高技能人才）创新工作室作为全员创新创效的阵地，2017年，他们建立了"创客中心"，创新工作室增加至16个，确保每个单位都有创新阵地。

"我们高标准、全覆盖建设劳模（高技能人才）创新工作室的目的，就是充分发挥劳模、高技能人才的带头、带动作用，激励全员立足岗位开展群众性技术创新活动，为企业发展注入不竭动力。"公司工会主席姜金生说。2017年以来，在劳模、高技能人才的引领下，该公司累计完成群众性经济技术创新成果157个，创效170余万元。

为调动职工参与群众性技术创新的积极性，释放全员创新活力，公司重新修订了《职工创新工作室管理办法》，进一步明确了创新工作室的基本任务和日常运行机制。姜金生告诉记者，在创新工作室管理上，他们进一步完善创新项目课题选定、实施、验证、申报、推广等工作流程，根据企业生产经营中的难点问题，合理规划创新工作室中长期和短期的攻关课题，并制定了严格详细的管理、考核、奖惩制度，为创新创效提供坚实的制度保障。同时，加大对创新工作室的扶持力度，保证职工创新有活动场地、设备设施、技术支持、经费保证。2017年11月，该公司"舒高芝创新工作室"领头人、综采工区职工舒高芝研发的"液压支架四连杆高压供液管路改造"项目搁浅，压力数据测算、压力损失计算等专业性很强的技术难题，成为制约项目进展的瓶颈。"在公司工会协调下，技术部、机电部的专业技术人员给我们提供了大力支持，仅用几个小时就帮助我们完成了数据计算工作，保证了项目按期完成。"舒高芝说。

此外，公司加大创新奖励力度，对技术创新实行"完成20万以上创新项目奖励10万元"的激励政策，对小改小革、装备改进、工艺改进、系统改善等群众性技术创新成果，成熟一个评审一个，并根据成果技术含量和产生的经济效益，给予500~2000元不等的奖励。

创新工作室不仅为企业带来效益，也在打造知识型、技能型、创新型高技能人才队伍方面发挥了重要作用。带头人王峰将工作室作为培训基地，结合生产一线实际，从设备安装调试、维护保养等方面入手，采取启发引导、案例剖析、专题讨论等方式，对工作室成员及青工进行系统技术培训，提升他们技能水平，目前已培养出9名高级工，均成为工区的技术骨干。

创新没有休止符，下一步他们将全力打造以"空间支持、技术援助、人才培养、成果转化、经费支持"的"五位一体"综合创新平台，逐步实现与外部市场无缝对接，为企业新旧动能转换提供技术支持。

三、向世界学习工匠精神

（一）日本"工匠之国"——务实精神

日本被称为"工匠之国"，其企业群体的技术结构犹如"金字塔"，底盘是一大批各怀所长的几百年的优秀中小企业。这些企业或许员工不足百名，但长期为大企业提供高技术、高质量的零部件、原材料。日本人追求完美、严谨、执着、精益求精，当自认为技术还不够完美时不会拿出手。

一个日本青年企业家是做汽车轴承的，汽车轴承是一个小产品。但他一说到自己产品的时候，就很兴奋，两眼发光，似乎特别享受设计和生产的过程。原来他父亲是公司董事长，他哥哥是总经理，他是主管技术的董事、副总。公司规模不大，一百多人，但是服务的客户却是丰田、本田、铃木这些大名鼎鼎的公司。他们家里好像也没有别的生意。据他所介绍，轴承需要研究的东西太多了，几代人都研究不透，没有精力再去做别的。

工作不是赚钱，脚踏实地才是做事业。其实仔细看看全球著名的品牌，无论是任天堂、微软、尼康、奔驰、丰田、麦当劳……它们似乎都永远只专注于某一个领域，始终在他们的行业里面越做越深，越做越有乐趣，越做越大。

中国离社会主义现代化强国还有很远的路要走，要想成为真正的强国，需要向日本学习务实精神，通过脚踏实地、培养扎实的实业做支撑。

（二）德国制造：培养工匠精神的"套路"

"德国制造"就像一个精品保证，这种信任感的建立离不开在德国备受推崇的工匠精神。德国的工匠精神并不仅是抽象的"精神"，它的母体更是一层层制度性质的毛细血管和支撑基石。这一精神被长久地传承和发扬，使得德国在工匠培养方面积累了相当多的经验，发展成了一种"套路"。德国之所以强大，其中最重要的核心是德国的家族企业。这些家族企业和想象的并不一样，它们往往是家族控制，但是由职业经理人进行管理，家族并不介入日常管理。比如汉高公司——世界上数一数二的化学公司，就是家族控制，不上市；做汽车零配件的博世公司也是百年老店。这种家族控制、职业经理人管理的模式一直传承下来，原因有二：一是德国的大家族注重教育。德国有几百家私立学校建在森林里，这些大家族对下一代进行严格的管理和教育。二是德国特有的遗产税体制。在德国，遗产税的征收最高可以达到70%，但对于家族企业的传承，遗产税却存在着特别规定。如果一个企业家创办了一家企业，他要把这个企业传给子女，同时子女承诺十年之内继续经营，那么他遗产税的上交金额几乎为零，遗产税的规定对于家族企业的传承、基业长青起到了正面的作用。

让企业能够真正发扬工匠精神，打造企业长远核心竞争力，企业需要"正心"，审视自己。是在追求卓越的创新产品或者服务，还是只满足于一直都在模仿；是在追求精益求精的品质，还是只满足于短期利润、即时利益；是在以用户为中心，真诚地提高服务价值，还是只满足于赚快钱。企业只有做到"正心"，静下心来实践工匠精神，才会产生"正举"，以众人积极向上的力量助力企业前进。企业的"发心"是否正确，决定着企业是否走得长久。企业发扬工匠精神的人文素养，才能够助力企业基业长青。工匠精神的形成绝不是一蹴而就的，而需要牢固树立创新意识和质量意识，树立精益求精的服务精神。

四、培养中国的工匠精神

工匠精神是一种精益求精、追求极致的敬业精神。华为可以说是引领新时代工匠精神的典范。华为成功的秘诀就是崇尚工匠精神，用工匠精神重新定义中国制造。

任正非很推崇日本的工匠精神，始终认为品质是企业的脸面，只有精工细作的品质才能树立良好的品牌形象。

在任正非看来，工匠精神是一种修行，更是一种品质、一种价值坚守。工匠精神依靠的是一种信仰和内心的信念，这个过程虽然痛苦但也是一种享受。

任正非说："工匠精神的核心不仅是把工作当作赚钱的工具，而是树立一种对工作执着、对所做的事情和生产的产品精益求精、精雕细琢的精神。在众多的日本企业中，工匠精神在企业上下形成了一种文化与思想上共同的价值观，并由此培育出企业的内生动力。"

任正非曾经多次去日本，他说，截至2013年，全球寿命超过200年

华为创始人任正非

的企业，日本有3146家，居全球最多，德国有837家，荷兰有222家，法国有196家。为什么长寿企业扎堆这些国家，是一种偶然吗？它们长寿的秘诀是什么呢？答案就是，他们都在传承着一种精神——工匠精神。

日本树研工业株式会社1998年生产出世界第一的十万分之一克的齿轮，为了完成这种齿轮的量产，他们消耗了整整6年时间；2002年树研工业又批量生产出重量为百万分之一克的超小齿轮，这种世界上最小、最轻的有5个小齿、直径0.147毫米、宽0.08毫米的齿轮被称为"粉末齿轮"。这种粉末齿轮到目前为止，在任何行业都完全没有使用的机会，但树研工业为什么要投入2亿日元去开发这种没有实际用途的产品呢？这就是一种追求完美的极致精神，既然研究一个领域，就要做到极致。

很多人认为工匠是一种机械重复的工作者，但在任正非看来，工匠其实意味深远，代表着一个时代的气质，与坚定、踏实、精益求精相连。

其实，在华为创立之初，就坚持以质量立命、以品质代言，崇尚工匠精神。工匠精神可以从华为手机上一窥究竟。

华为坚持走精品路线，把产品质量放在首位，对产品的每一个模具、每一款设计、每一个零件、每一道工序、每一个细节都精心打磨、专心雕琢。在华为人的眼里，只有对质量的精益求精、对制造的一丝不苟、对完美的孜孜追求，除此之外没有其他。正是凭借这种凝神专一的工匠精神，使华为手机在短短几年内誉满天下，畅销全球，跻身全球手机行业前三强。

2016年4月，华为在伦敦发布了全球首款配置徕卡镜头的双摄像头手机华为P9。一位P9用户在微博上说："华为P9能把两个摄像头做到没有凸起而且流畅、美观，难度非常大，绝大多数公司难以实现。"

多数普通消费者或许难以意识到，这款由好莱坞明星斯嘉丽·约翰逊和"超人"扮演者亨利·卡维尔代言的手机，涉及800多个元器件和上千种一级原料，涉及数百个供应商，仅仅一个高端摄像头上需要胶水点胶的点就涉及40多个元器件。

为确保产品的品质,华为一直在同整个产业链共同合作,不断提升供应链中各个环节的产品质量。在每一个环节上下功夫,建立质量管理系统,做到精益求精。

对于华为来说,最大的挑战就是他们不光要做好自己,还要联合整个价值链上所有的供应商一起把质量做好。华为主张优质优价,拒绝低质低价,如果供应商的产品质量好,愿意用更高的价格购买它的元器件。

任正非表示:"我们不关注供应商来自哪个国家,但必须达到我们的质量标准。高质量可以获得更多份额,华为要成为ICT业界高质量的代名词,需要和供应商一起扛起这杆大旗。华为更愿意选择那些能与华为深化协同、将优质资源投入华为的合作伙伴。"

华为消费者业务手机质量与运营部部长马兵举例说,手机摄像头中用到一个对焦马达,马达固定时要用到一种胶水,胶水的质量最终会影响手机在拍摄时的对焦灵敏性和速度。"如果想给消费者带来极致的使用体验,我们除了要管理好摄像头的供应商外,同时还要管理好马达和胶水的供应商,只有这样我们才能给消费者提供高质量的终端产品。"华为要把工匠精神体现得淋漓尽致,定义中国制造!

在奉行"优质优价"策略的同时,华为将其质量管理体系渗透到供应商的体系中。曾有用户向余承东反馈某款华为手机的充电线特别容易断,经调查发现,原来是一家供应商为了降低成本,减少了某些微量成分的使用,后来华为开发和采购了一些先进的检测设备来"拦截"单个元器件、单个模块上的潜在不良产品,杜绝各种隐患。

华为建立了全面领先的管理体系,从供应商的体系、流程和产品等方面对供应商进行筛选和认证,并对合格供应商的表现进行持续监控和定期评价,遴选出优秀供应商。华为针对供应链在终端生产过程中建立了多个控制点,收集产品质量表现信息进行统计和分析,并根据这些数据建立KPI指标,监控研发、物料、生产、客户等各个环节,分析绩效表现,以识别改进机会。

华为为何要倡导工匠精神？任正非说："一是只有工匠精神才能提供消费者所需要的高品质产品和服务；二是只有工匠精神才能提供传世之物，让后代人对当代人保存一份记忆和敬意；三是工匠精神是治疗社会浮躁的一剂良药；四是工匠精神契合了供给侧改革的需要；五是工匠精神是走向全球、提升中国产品国际竞争力的需要。"

由此可见，"以客户为中心"的工匠精神是华为不可动摇的执念。正如任正非所说："世界再嘈杂，匠人的内心，绝对是安静、安定的。"

"现代制造业更需要工匠精神，才能在长期竞争中获得成功。"任正非表示，当下很多企业老板心浮气躁，忽略了产品的品质和灵魂，乐于玩圈钱游戏，股市涨跌，房价疯涨，人心浮动。但必须指出的是，振兴中国经济，没有匠人精神，所谓"振兴"和"创新"只是空中楼阁、无本之木。迎接工业自动化、互联网革命、产业升级换代，不能忘本，本立而道生。

尤其是在互联网时代和产能过剩的当下，中国制造企业更需要专业、专注、精益求精的工匠精神，制造企业必须放下功利心、投机心，专心把产品做好。

20年前，中国企业对所谓"精益生产""六西格玛"已是耳熟能详，只是多年来，中国企业只注重优化企业流程、管理系统化，更关注如何与客户建立良好的关系，却恰恰忽视了精益的灵魂——工匠精神。精良产品或精益服务来自精良的职业锻炼和职业伦理。

任正非强调："我们要重视技师文化的建设，给他们合理报酬和激励，文员、支付系统的员工都是一种特殊的技师，我们都要关怀。只有让技工成长起来，我们才能后继有人，我们的产品质量才能百尺竿头，更进一步！"

20多年来，华为发扬工匠精神，坚定目标、专注执着，埋头苦干，从年产几百万元，到年产5000亿余元，成为业界和质量管理的标杆，这都是用工匠精神谱写出来的。

（摘自：《任正非和华为——非常人·非常道》）

第三节　在社会环境中培育新时代工匠精神

　　劳动光荣，创造伟大。"社会主义是干出来的、新时代也是干出来的。"习近平总书记在给中国劳动关系学院劳模本科班学员回信时强调，全社会都应该尊敬劳动模范、弘扬劳模精神，让诚实劳动、勤勉工作蔚然成风。厚重的历史底蕴是坚定文化自信的底气，辉煌的科技发展史是流淌的匠心文脉，精湛的大国工艺是中国技术的文化精髓。中华优秀传统文化代表中华民族独特的精神标识。匠心文化是中华优秀传统文化的重要内核，是职教文化之根脉。职教文化来源于厚重的中华文化，在中华民族五千年文明发展中孕育的中华优秀传统文化，是挺过艰难困苦的力量源泉，是匠心文化的植根沃土，是职教文化创新发展的历史根脉。我们曾经有过人类历史上最辉煌灿烂的教育文化传统，根植于此，中国的教育才有绵延不断的强大生命力和自信心。我们中国人完全有能力在世界历史上谱写中国教育新的辉煌篇章。我们要结合新的历史背景，传承和弘扬中华优秀传统文化，阐释和传承匠心文化，苟日新、日日新、又日新，为匠心文化插上科技的翅膀，把匠心文化基因融入一切创造之中，不断增强中华优秀传统文化的生命力和影响力，阐发时代价值，创造性转化，创造性发展，展现匠心文化的时代价值和永恒魅力。

一、社会保障不断完善

　　在党的十九大报告中，习近平总书记强调，党的初心和使命就是为中国人民谋幸福，为中华民族谋复兴。这个初心和使命激励中国共产党人不断前进，按照"幼有所育（生育保障，包括儿童福利等）、学有所教（教育保障）、劳有所得（就业保障，包括工资收入等）、住有所居（住房保障）、病有所医（医疗保障）、老有所养（养老保障）、弱有所扶（贫困保障）"的总要求，进一步完善社会保障体系，并向一线技工人员倾斜，不断提高产业工人的获得感，让人民群众共享振兴发展成果。社会保障是最基础的民生工程，对技术工人提供更可靠、更多样、更丰富的社会保障供给。健全完善对技术工人的社会保障体系，以习近平新时代中国特色社会主义思想和党的十九大精神为指导，紧密结合地方实际，遵循社会保障建设规律，更好地发挥社会保障维护社会公平、促进经济社会协调发展的制度功能。

完善的社会体系使产业工人安心本职工作。精神层面的鼓励无法完全替代物质待遇上的激励，微薄的薪酬难以激发工匠精神。在国外修剪草坪都是主人自己动手，因为人工成本太高，有技术含量的工作更是如此。提高技术工人的工资待遇，所谓"两耳不闻窗外事，一心只钻技术活"，只有给予充分的物质保障，工匠才能安心做好本职工作。不断完善产业工人特别是高技能人才薪酬体系和社会保障机制，鼓励地方对重点领域紧缺的技术工人在大城市落户、购租住房、子女上学等方面予以大力支持，让更多的技能人才安心在基层一线工作。

二、社会地位不断提升

社会为工人社会地位的提升提供制度性保障，要高度重视一线劳动工人的上升通道，使他们有充分的成就感、获得感和不断前进的目标动力。要加快提高工匠的社会地位、经济地位，形成尊重工匠的良好社会氛围，树立"技能光荣""造作伟大"的社会风尚，建立并完善"工匠制度"，形成工匠职级晋升、荣誉授予、国际交流的机制，收入分配要向能工巧匠倾斜，调动工匠创新的积极性。

对工匠技师的职业教育和职业资格制度不断完善，有很多并不需要太高学历而重在实际操作的岗位，逐渐建立起与之相适应的职业培养和评价体系。我国在积极探索新的工匠培养模式。国务院提出统筹考虑技能培训、职业教育和高等教育，建立职业资格与相应的职称、学历可比照认定制度；完善职业资格与职业教育学历"双证书"制度；研究制定高技能人才与工程技术人才的职业发展贯通办法。故宫博物院联合北京高校启动了文物保护与修复专业高端技术技能人才贯通培养试验项目，拟从初中毕业开始进行为期7年的职业教育，同时取得本科学历，为这一特殊行业培养专业人才，也完善了高技能人才培养评价机制。

贯通职业资格、学历等认证渠道。统筹考虑技能培训、职业教育和高等教育，建立职业资格与相应的职称、学历可比照认定制度。完善职业资格与职业教育学历"双证书"制度。研究制定高技能人才与工程技术人才的职业发展贯通办法。健全青年技能人才评价选拔制度，适当突破年龄、资历和比例等限制，完善高技能人才评价使用机制。

只有让工匠感到自身工作的意义和价值，才能真正发挥工匠的主人翁精神，自觉自发地提升工作质量，为企业和社会创造更大的效益。日本寿司之神小野二郎的故事为国人津津乐道，日本则更是将他视为国家珍宝，日本前任首相安倍晋三宴请美国前总统奥巴马都选在位于东京银座地下一层、仅可容纳十人的小店，这背后是日本社会对"手艺人"的尊重，对工匠精神的推崇。工作没有贵贱之分，但有高低之分，如果工人自己都不能认真对待本职工作，又如何获得别人的尊重。应当培育积极向上、勇于进取的工匠文化，倡导精雕细琢、追求完美的工匠精神，只有让工匠自己尊重自己，才能赢得企业和社会的尊重。

三、激励制度的有效实施

为创新技能导向的激励机制，2018年3月，中央办公厅、国务院办公厅印发了《关于提高技术工人待遇的意见》，提出要完善技术工人培养、评价、使用、激励、保障等措施，实现技高者多得、多劳者多得，增强技术工人获得感、自豪感、荣誉感，让技术工人焕发劳动热情，释放创造潜能，创造更加美好的生活。国家与企业对工匠设立标准，不同级别的工匠则对应不同的社会待遇。完善社会激励机制，为技能人才、科研人才等营造良好的发展环境，激发个体追求卓越、勇于创新的工匠精神。另外，还要建构与工匠精神相适应的信用制度。将信用制度建设作为工匠精神培育的重要制度前提,以完善的征信制度、科学的信用评价体系等激励社会成员,营造一种精益求精、精心制造、爱岗敬业、求真务实的社会文化氛围。完善征信制度需要:一是要完善企业信用制度,严厉打击企业竞争中的盗版侵权、投机专营、虚假宣传等行为,引导企业将精力投放到技术创新、产品研发、质量管理等活动中,不断推动"中国制造"向"中国智造"转型。二是要完善个人信用制度,加强对个体失信行为的惩处力度,培育求真务实、专心致志的劳动精神,在全社会培育追求卓越的工匠精神。

优化职业技能标准等级设置,向上增加等级级次,拓宽技术工人晋升通道。引导企业合理确定技术工人薪酬水平,促进高等级技术工人薪酬水平合理增长。加大对技能要素参与分配的激励力度,探索建立企业首席技师制度,鼓励企业采取协议薪酬、持股分红等方式,试行年薪制和股权制、期权制,提高技能人才收入水平。完善多劳多得、技高者多得的技能人才收入分配政策,引导加大人力资本投资,提高技能人才待遇水平和社会地位,大力弘扬新时代工匠精神,培养高水平大国工匠队伍,带动广大产业工人增技能、增本领、增收入。引导企业采用有效机制,激发职工创新创造积极性,提高技术工人收入水平,为建设知识型、技能型、创新型劳动者大军打下坚实基础。

提高技能人才待遇水平和社会地位,大力弘扬新时期工匠精神,探索建立企业首席技师制度。这样,通过物质激励和精神激励并举,不仅提高工匠的工资待遇,同时也给予工匠更高的社会地位,肯定和崇尚工匠技师的贡献,提高工匠技师在企业中的话语权和影响力。

四、充分发挥工会组织的作用

中国的工人阶级有着优良传统,践行和弘扬工匠精神,离不开工人阶级自身的群众组织——工会的引领和指导。各级工会组织将工匠精神融入职工思想教育、技术提升、维权服务等各个方面,作出很多有价值的实践,为涌现出更多"大国工匠"创造有利的条件。基层工会要牢牢把握自身作为职工群众组织的这一本质特征，履行好参与、维护、建设、教育四项基本职能，培育和弘扬工匠精神自然会水到渠成。关于工会组织如何传承和培育工匠精神，不少理论工作者有着精辟的论述，主要是紧紧围绕工会基本职能开展工作，在保障工人利益、塑造工人信念、构建工人创新平台、培养工人技能等方面下足功夫。

全心全意保障企业员工利益。各级工会，尤其是基层工会都要在为工人创新、创造和保障工人利益上作足文章，在保证职工应得利益不受损的基础上，力所能及地帮助其解决实际问题，消除职工后顾之忧。只有这样，工人才能有更多的时间和精力投入到企业生产、创新与提升当中。一线工人无后顾之忧，才能将更多的精力集中到流程、工艺等技术平台方面，通过工人的创新创造为企业获得持续发展动力和超额经济利益。在实现企业与工人和谐，且相互促进、逐步提高的良性循环方面，工会应当起到"润滑剂"的作用。

积极引导塑造工匠精神的意识和信念。精神文化的培育和弘扬是一个相对较长的过程，工匠精神也是伴随着工人从学习、入职、成长到熟练这一过程中形成的一种精神品质，不同的人、不同的企业所形成的工匠精神也各有侧重。工匠精神的形成过程就需要充分发挥工人的能动性，通过工人自我、工人之间、工人与企业之间反复交流、学习、沟通、锤炼形成的。在意识培养上，一方面，工会要让工人了解企业的情况、发展方向、实际困难等信息，急企业所急、想企业所想，为企业献计献策、贡献力量；另一方面，企业也要了解工人的想法，为工人提供平台和机会去创新、去实践，实现职工成长进步与单位发展的合力效应。在信念教育方面，工会应当积极践行"三爱教育"，即引导职工热爱岗位，磨炼技能；引导职工热爱企业，共渡难关；引导职工热爱国家，担负责任。尤其是工会要大力弘扬爱国主义精神，把广大职工群众的智慧和力量团结和凝聚在一起，推动社会全面发展和进步，引导职工维护国家的尊严和利益，把对祖国、对人民深厚的爱化为立志图强、报效祖国的实际行动，为实现全面建成小康社会贡献力量。

构建工人创新平台。基层工会建设职能最具代表性、最值得推崇的工作就是经济技术创新。工匠精神不是无意义的重复劳动，而是精神上的专注、技术上的革新和事业上的坚持。长期以来，我国不少地方的基层工会通过合理化建议和"小发明、小创造、小革新、小攻关、小建议"五小活动以及组建创新工作室等一系列方法举措，每年为企业及国家贡献了大量的创新成果，涌现出许许多多的优秀杰出人物。由这个角度而言，基层工会培育和弘扬工匠精神就是要把原有的、传统的、特色的工作做实、做细、做扎实。基层工会要从联系者、组织者、管理者的角色发展为体验者、创新者、参与者，将创新平台搭建好，培育和弘扬工匠精神自然就是一件水到渠成的事。

强化教育培训，提升工匠技能。培育和弘扬工匠精神离不开教育。目前，市场化培训、人力资源和社会保障系统组织的培训、企业自己的培训名目繁多，而工会组织反而在这方面有所缺位。对工人的教育不仅是开个会、上上课、办个培训班，培育和弘扬工匠精神，各级工会要发挥出自身独特优势，将教育化于无形。一方面，充分发挥工会"大学校"作用，建立职工素质提升和职业生涯规划体系，基层工会要敢于走出去、引进来，把企业内部职工的素质提升和职业成长同职业教育、学历培训等社会资源结合起来，借用外部优势资源助力工匠精神的培育和弘扬。另一方面，工会要助力企业整合内部优势资源，实现企业内部职工素质均衡发展，为职工打通职业成长路径，通过基层工会搭建的教育平台弥补自己的不足，发挥自己的优势，传播先进经验；实现工人素质能力逐年提升，将工人的成长与发展同企业的成长与发展紧密联系起来。此外，各级工会要善于树典型，发挥榜样的力量。既要搭建好培育和弘扬工匠精神的物质平台，又要在企业内部形成尊重劳动、尊重技术、尊重创造、尊重工匠的良好氛围，让劳动最光荣、劳动最崇高、劳动最伟大、劳动最美丽蔚然成风。

五、社会文化的建设

工匠精神需要工匠文化作为支撑。不是缺少工匠精神,而是缺少工匠制度。利用中国人的聪明和勤奋,通过制度创新,转变为工匠精神去创造物质财富。但是有时为什么这种聪明经常转化为它的反面:造假、模仿、偷工减料甚至为了赚钱而故意生产有毒食品?这就说明缺少工匠制度及制度背后相互作用的文化,才是缺乏工匠精神的深层次原因,即支撑工匠精神的文化,才是真正缺乏和必须重构的东西。缺失的是社会鼓励工匠精神的文化。所以,建立起支撑工匠精神的文化体系,顺利实现中国制造业的转型升级,从一个制造大国顺利走向全球制造强国。

建设工匠文化,实现制造业的转型升级。建设支撑工匠精神的物质文化。物质产品及其所表现的文化,满足的是人类生存发展的需要。如果在贫困阶段提倡工匠精神有些奢侈,那么随着我国全面建成小康社会,卖方市场下所形成的物质产品文化,将被买方市场下的物质文化彻底替代,供给的极大丰富和市场竞争的激烈,将会自动驱使企业追求品质和品牌。在买方的市场下,其物质文化的本质是竞争。未来培育精益求精、消费者至上的工匠精神,关键在于厚植市场竞争的土壤,加快市场化取向的改革。

(1)建设支撑工匠精神的行为文化。人们在生活、工作中所形成的有价值的、促进文明和文化及人类社会发展的经验及创造性活动,都可以称为行为文化。就重构国人的工匠精神来说,要鼓励消费者尤其是女性消费者的"挑剔"行为。美国管理学家波特在研究日本产品精细化的原因时指出,日本妇女在购物时近似于苛刻的"挑剔"行为,是日本企业改进产品质量的重要外在压力和动力。而国人"马马虎虎"的消费行为,其实是变相纵容企业在构建工匠精神上的不作为。因为只有讲究,才会有精神,处处"将就",工匠精神中最核心的"讲究"也就无从谈起了。

(2)建设支撑工匠精神的管理文化。企业组织必然有自己的做事标准和行为方式,这就是管理文化。精益求精、消费者至上的工匠精神,是企业具有强大生命力的最具体的、最核心的目标、信念、伦理及价值观。只有把客户、消费者摆在第一位，才能实现为股东创造价值的目标；只有精益求精，才能把商品和服务做到极致，才能把附加值做到最大，才能以最有利于社会的方式实现企业存在的价值。为实现企业的这一目标、信念、伦理及价值观，在管理上可能要采取许多方法。其中值得一提的是要把握好"灵活度"与"守纪律"的关系。国人的工匠精神不足，一个重要的表现是把聪明劲用在"灵活性"上，经常对应该遵守的程序和规则采取变通处理方法，这种工作态度很难想象可以生产出德国那种高精尖质量的产品。很多时候，固守某种程序，看起来是傻，其实是精明。这方面国人需要学习和补课的地方太多。

（3）建设支撑工匠精神的体制文化。工匠精神、工匠制度的确立，主要取决于政府对市场体系的管理规范和管理方式。例如，如果政府对市场中侵犯知识产权的情况不处理，就等于变相地放纵这类行为，最后出现劣币驱逐良币，使市场中充斥造假、模仿、偷工减料等自杀行为。为了给具有工匠精神的企业创造生存的土壤，鼓励技术创新和提高产品质量，政府必须严格地监管市场竞争者，惩罚造假、侵犯知识产权等不法行为。假货盛行是工匠精神的天敌。如果市场秩序混乱，假货制造与销售得不到应有的处罚，那么没有人会愿意去精益求精，结果就是毁了整个行业。中国许多行业在这方面教训惨痛，应尽快形成整合政府、企业、社会的力量，形成制假必重罚的机制。

（4）建设支撑工匠精神的价值观文化。价值观是人认定事物、辨别是非的一种思维或价值取向。工匠精神的价值观是一种层次最高的文化形态，它需要国家最高层面的大力鼓励和实质性的长期激励，才能慢慢形成。中共中央关于人才体制改革的重要文件指出，工人技师可以试行年薪制和股权制、期权制，这一政策给予了专业技术工作人员更多元的薪资和福利形式，鼓励更多人加入工人技师的行业中来。中国要崛起为真正的制造强国，必须高度重视技师队伍的培养和建设。让工人技师有地位、有身价，是鼓励实体经济复苏、抑制社会浮躁、恢复崇高实业和技术技能的开始。

（5）建设支撑工匠精神的物质文化、行为文化、管理文化、体制文化及价值观文化。让劳动有尊严、劳模最光荣、工匠最体面成为劳模精神和工匠精神的成长之基、弘扬之源。大国工匠高凤林从普通技校毕业生成长为航天制造领域的国家级技能大师，这是多重因素共同作用的结果。剖析其经历不难发现，其中一个重要原因就是："好苗子"播在了适宜的"土壤"里。但这种"土壤"亟待厚植。现在我们追逐着明星要签名，如果在未来哪一天能看到全社会追着劳模要签名，请工匠为产品质量来代言，那么技术岗位也就会成为大家更加追捧的职业，作为技术工人也将会更加感受到光荣和自豪。

德国工匠不相信物美价廉，德国的一口锅可以用上百年，完美品质的背后必然包含大量的成本和心血，价格自然也不会便宜。质量是由工匠创造的，当前我国把质量摆到了前所未有的高度，与此同时，也应当把工匠摆到更高的高度，让全社会认识到"物美"价格可以很高，"手艺好"掌声可以更多。高技能人才待遇水平和社会地位的不断提高，不仅仅提高工匠的工资待遇，同时给予工匠更高的社会地位，肯定和崇尚工匠技师的贡献，提高工匠技师在企业中的话语权和影响力。

劳动最光荣、劳动最崇高、劳动最伟大、劳动最美丽。为培养和弘扬热爱劳动、崇尚技能、鼓励创新的工匠精神而营造良好的社会氛围，需要全社会的共同努力和参与。在习近平新时代中国特色社会主义思想的指引下，以社会主义核心价值观为基础，在民族复兴的伟大实践中，培育和弘扬社会主义核心价值观，推进中华优秀传统文化传承发展工程。每一位"匠心人"将大有作为，每一位"匠心人"都有出彩人生。我国职业教育必将为实现"两个一百年"奋斗目标和中华民族伟大复兴的中国梦作出更大贡献。匠心筑梦，不负韶华！

参 考 文 献

[1] 王崇杰.鲁班文化研究论丛(第一辑)[M].济南:山东人民出版社,2015.
[2] 王崇杰.鲁班文化研究论丛(第二辑)[M].济南:山东人民出版社,2017.
[3] 墨翟.墨子[M].扬州:广陵书社,2009.
[4] 刘向.战国策[M].上海:上海古籍出版社,2015.
[5] 刘安.淮南子[M].上海:上海古籍出版社,2016.
[6] 董晓萍.跨文化民间叙事学:鲁班研究个案[M].北京:中国大百科全书出版社,2019.
[7] 王中.鲁班的传说[M].济南:齐鲁书社,2000.
[8] 高承.事物纪原[M].北京:中华书局出版社,2000.
[9] 段成式.酉阳杂俎[M].上海:上海古籍出版社,2012.
[10] 李诫.营造法式[M].北京:中国书店出版社,2006.
[11] 范文澜,蔡美彪.中国通史[M].北京:人民出版社,2008.
[12] 孔丘.论语[M].扬州:广陵书社,2018.
[13] 李剑平.中国古建筑名词图解辞典[M].太原:山西科学技术出版社,2011.
[14] 韩非.韩非子[M].北京:中华书局出版社,2015.
[15] 朱光潜.朱光潜谈美[M].上海:华东师范大学出版社,2012.
[16] 杨树达.积微居小学述林[M].北京:中华书局出版社,1983.
[17] 中国书店.山海经[M].北京:中国书店出版社,2018.
[18] 钱大昭.广雅疏义[M].北京:中华书局出版社,2016.
[19] 何庆先.中国历代考工典[M].扬州:广陵书社,2003.